中国商业文化遗产文库

盐业资本的逻辑

清代盐商捐输研究 1644—1820

江晓成 著

本书为用友基金会『商的长城』资助项目

GUANGXI NORMAL UNIVERSITY PRESS
广西师范大学出版社
·桂林·

盐业资本的逻辑：清代盐商捐输研究（1644—1820）
YANYE ZIBEN DE LUOJI: QINGDAI YANSHANG JUANSHU YANJIU (1644-1820)

出版统筹：汤文辉
出 品 人：乔祥飞
特约策划：李 振
冯丽婕
策划编辑：陈显英
责任编辑：郭婷婷
责任校对：闫 曦
责任技编：王增元
书籍设计：田 洁

图书在版编目（CIP）数据

盐业资本的逻辑 ：清代盐商捐输研究 ：1644—1820 / 江晓成著. -- 桂林 ：广西师范大学出版社，2024. 12. --（中国商业文化遗产文库）. -- ISBN 978-7-5598-7838-0

Ⅰ. F426.82

中国国家版本馆 CIP 数据核字第 202467Z7J7 号

广西师范大学出版社出版发行
（广西桂林市五里店路 9 号 邮政编码：541004
网址：http://www.bbtpress.com）
出版人：黄轩庄
全国新华书店经销
三河弘翰印务有限公司印刷
（河北省三河市黄土庄镇二百户村北 邮政编码：065200）
开本：710 mm × 1 000 mm 1/16
印张：16.5 字数：250 千
2024 年 12 月第 1 版 2024 年 12 月第 1 次印刷
定价：148.00 元

目 录

绪　论

一、选题缘起与研究意义

盐商是清代中国最大的商业资本集团之一，以行业论，其与经营外贸业的广东行商、经营银钱业的山西票商并驾齐驱。清代盐商的兴起与专制政治的发展息息相关，对此，佐伯富研究指出，宋代以降专制君主为筹集支撑军队和官僚开支的财政收入，授予商人专卖盐、茶等生活必需品的权力，“商人替政府从人民手里搜括财富，再交给专制君主”，因此这些获得专卖权的商人“无论以何种方式经商，都是与政府有密切关系的有政治影响的商人，其中直接影响政府财源的是盐商”。[①]换言之，从宋代到清代，盐业收入为国家统治提供了财政支持，盐商是官府汲取社会财富的重要依托。就清代而言，在食盐专卖制度之下，官督商销是食盐运销的主要形式。[②]因而清代盐商具有一定程度的“官商”色彩，对官府的依附度较高。

作为对官府授予特权的回报，盐商在以税收形式上缴常规盐课之外，还需要供给其他形式的利益，其中最为典型的就是捐输，即盐商向朝廷的“公捐”“捐助”“报效”，其数额动辄银数万至数百万两，《清史稿》总结称：

---

① 〔日〕佐伯富著，顾南、顾学稼译：《清代盐政之研究》，《盐业史研究》1993年第2期。

② 按：“官督商销”是指“政府控制食盐专卖权，招商认引，按引领盐，划界行销，承包税课；并设立相关的盐政衙门，对商人的纳课、领引、配盐、运销进行管理稽查，同时借助于相应的商人组织进行管理”（郭正忠主编：《中国盐业史（古代编）》，人民出版社，1997年，第674页）。

> 或遇军需，各商报效之例，肇于雍正年，芦商捐银十万两。嗣乾隆中金川两次用兵，西域荡平，伊犁屯田，平定台匪，后藏用兵，及嘉庆初川、楚之乱，淮、浙、芦、东各商所捐，自数十万、百万以至八百万，通计不下三千万。其因他事捐输，迄于光绪、宣统间，不可胜举。盐商时邀眷顾，或召对，或赐宴，赏赉渥厚，拟于大僚；而奢侈之习，亦由此而深。①

《清史稿》所论盐商捐输，主要集中在雍正末年至嘉庆初年的战时军费，其他事由的捐输则持续至清末且数额“不可胜举”，据此不完全统计，盐商捐输已逾银3000万两，则可推知其总额相当可观。由此可见，盐商捐输是清代国家财政的重要补充，商人集团通过“急公好义”的捐输为统一战争等国家要务提供支持，从而表达其政治认同。再，此处所论政府对盐商的奖励、盐业收益的流向以及由此导致的盐商奢侈习性问题，亦为我们理解政商关系和盐商兴衰问题提供了线索。

清代国家建立的是一个不健全的财政体制，国家常规财政收入不足以支撑财政支出。②在这种背景下，当国家为重要战事筹款之时，或因赈济、水利、河工等地方公共事务亟须经费之时，或因皇室重大事务而临时增加财政开支之时，盐商往往捐出为数不赀的银两或实物，是为“捐输”。作为反馈，清朝政府也往往对盐商予以政治和经济方面的奖励。在清代三大行业性商人中，盐商是绝对的捐输主力。盐商捐输不仅数额最高，时间上也较早（顺康时期已见诸记录，乾嘉两朝达到顶峰）。可以作为对比的是，同样是集体捐输，广东行商捐输最早见于乾隆三十八年（1773），总额亦相对有限（详见附表1《乾嘉道三朝广东行商捐输统计表》）。至于山西票商捐输，多系个体行为，且主要见于晚清时期。③除此

① 赵尔巽等：《清史稿》卷123《食货四·盐法》，中华书局，1977年，第3613页。

② 何平：《清代赋税政策研究：1644—1840年》，中国社会科学出版社，1998年；〔美〕曾小萍著，董建中译：《州县官的银两：18世纪中国的合理化财政改革》，中国人民大学出版社，2005年；〔日〕岩井茂树著，付勇译，范金民审校：《中国近世财政史研究》，江苏人民出版社，2020年。

③ 黄鉴晖：《山西票号史（修订本）》，山西经济出版社，2002年；黄鉴晖等编：《山西票号史料（增订本）》，山西经济出版社，2002年。

之外，亦有学者论及内务府皇商的捐输，不过皇商并非单一的行业性商人，其经营业务除盐业外，亦包括矿业、外贸业等。[①]与票商类似，皇商捐输亦属个体行为，因此总额无法与盐商相比。

在清代的商人捐输中，盐商之所以成为绝对主力，既是因为其财力最为丰厚，也是因为其特权商人身份。对此，乾隆帝和嘉庆帝均有明确的表达。例如，乾隆二十年（1755）谕旨称："闻前次南巡时，浙省办差，至有当商捐费者。此断不可，着再行晓谕，严加禁止。"[②]在乾隆南巡中，盐商往往捐输巨款，但乾隆帝这里却特别强调不可令典当商人捐输。与此类似，乾隆三十六年（1771）湖南巡抚永德奏称"通省典商情愿公捐银两恭祝万寿"时，乾隆帝斥其"殊属非是"，并颁发谕旨声明原因称：

> 若典商不过里巷逐利细民，并非淮、浙盐商各有职衔、世受国恩者可比。盐商等向有公捐之请，朕尚不允行。至此等微末经商，即其姓名亦不宜轻达。今忽公请捐资，从来无此情理……所有伊等已缴之银，俱着即行发还。永德识见卑鄙，着交部严加议处。[③]

在乾隆帝看来，典当商人属于小商人（"微末"商人），与两淮、两浙盐商有本质区别，因此典当商人并无资格捐输。与此类似，嘉庆十八年（1813），两淮盐政阿克当阿奏请"令各省当商捐输银两，赏给职衔议叙"，嘉庆帝斥责其"所奏鄙陋已极，不知大体""所奏断不可行"，并"传旨严行申饬"。何以如此？因为嘉庆帝认为"现在豫、东等省善后抚恤各事宜，及堵筑要工，需费未免支绌。然国家筹款之道自有正办，何至谋及商贾"。[④]概言之，虽然当时军需、河工经费给国家财政造成极大压力，但嘉庆帝仍然认为筹款不可"谋及商贾"。此处"商贾"特指典当商人，因为在此前后嘉庆帝反复

---

① 韦庆远、吴奇衍：《清代著名皇商范氏的兴衰》，《历史研究》1981年第3期。

② 《清高宗实录》卷492，乾隆二十年七月己卯，《清实录》第15册，中华书局，1986年，第186页。

③ 《清高宗实录》卷892，乾隆三十六年九月戊戌，《清实录》第19册，第955—956页。

④ 中国第一历史档案馆编：《嘉庆道光两朝上谕档》第18册，广西师范大学出版社，2000年，第427页。

指示各地盐政动员盐商捐输（同时亦指示粤海关监督动员广东行商捐输）。总体而言，无论乾隆帝还是嘉庆帝，他们均将盐商与普通商人区别开来，这种区分既由于盐商财力的丰厚，也由于盐商属于特权商人（即乾隆帝所言“世受国恩者”）。因此，盐商捐输既具有一定的义务成分（因感戴皇恩而“情殷报效”），又属于一种特权（相对并无资格捐输的典当等“微末”商人而言）。

综上，盐商是清代商人捐输的主力，清朝国家有意识地将盐商等特权商人的捐输作为筹集非常规经费的重要手段。清代盐业资本并非寻常的民间商人资本，在很大程度上可说是隐性的官僚资本甚至皇室资本，因此盐商捐输并非单纯的经济行为，其所遵循的与其说是市场逻辑，不如说是官场逻辑，因此本书以“盐业资本的逻辑”为主标题。对盐商捐输的考察，有助于加深我们对清代商业经济发展、商人地位与政商关系的认识，进一步反思清代的财政制度、国家治理等问题，并在此基础上思考清朝国家形态与国家性质问题。

二、既有研究的时代特征及其未尽之处

盐商捐输在清代中期成为令人注目的现象，清人对此已有较为系统的论述。因此，我们不妨先论清人的认识，再考察现今学术规范下的相关研究。之所以采取分时段论述的方式，是因为不同时期的研究呈现出鲜明的时代差异。此外，笔者将在正文各章围绕具体主题详述直接相关的研究成果，以展开学术对话。读者在这里可以看到不同时段研究风格和关注问题的差异，而在正文部分则可以看到具体主题的研究始末与学术发展历程。

（一）清人对盐商捐输问题的典型论述

清人对盐商捐输问题的关注与系统论述始于嘉道以降。随着王朝财政危机的加深，具有经世理念的士大夫愈发留心盐务等关乎国计民生的要务。清代盐务归户部山东司管理，该司的官员因职务之便可以看到系统的档案资料，故而对盐务的理解也更为深刻。笔者所见清人关于盐商捐输问题的经典论述，即出自两位在户部山东司任职的官员汪喜孙、王守基，兹分述如下。

汪喜孙为乾隆朝扬州学派名儒汪中之子，生于乾隆五十一年（1786），嘉庆十二年（1807）中举，并于嘉庆十九年（1814）捐纳内阁中书，道光朝开始任职户部，先后任户部山东司行走、主稿、员外郎等职。[①]汪喜孙论及盐务的文字较多，在此仅讨论其关于盐商捐输之议。其一论户部收入曰：

> 查解部之项，盐课、关税、常捐三项最多。乾隆六十年之内，商人捐输只千余万两，嘉庆二十五年之内，几及两倍。在商人始则踊跃急公，继乃不能依限完缴；并正项钱粮，亦逐年展缓，积至三十年之久。愈积愈多，不知何时方能全完；若非大加清厘，恐久之有名无实。[②]

其二记道光初年朝廷豁免两淮盐商捐输欠款之事曰：

> 淮商捐输，在雍正时，不过二十余万。至嘉庆年间，百文敏公龄，总督江南，举库帑以供捐输，亏商课以为报效，累至五千万之多。计已交者三千余万，分纲代交者千余万，至今上即位，尚有五百万未交。
>
> 喜孙家于扬州，官于户部，贫不自立，不与商通。伏见嘉庆二十五年冬，皇上豁免长芦积欠至数十万，恩至渥也。喜孙既不与商贿通，不必引嫌，遂乃陈于上官，豁免积欠至五百万，淮商至今未之知也。
>
> 二十年来，故商已死，喜孙于役东河，不复在部，更无嫌疑可避。谨书于篇。[③]

既有论述清代盐商捐输的研究成果，鲜见引用上述两条重要史料。据笔者所见，仅有学者在考察皇商范氏时引用后者的前两句强调两淮盐商捐输银数在雍正年间“不过二十余万”，至嘉庆年间“累至五千万之多”，并认为“商捐

① 杨晋龙：《导言：汪喜孙著作述论》，杨晋龙主编：《汪喜孙著作集（上）》，“中央研究院”中国文哲研究所，2003年，第1—45页。

② 汪喜孙：《从政录》卷3《户部库帑议》，杨晋龙主编：《汪喜孙著作集（中）》，第469—470页。

③ 汪喜孙：《从政录》卷3《记豁免淮商捐输银两事》，杨晋龙主编：《汪喜孙著作集（中）》，第505页。

的直线上升，显然是在乾隆时期恶性发展起来的”。[①]需要特别说明的是，这一结论主要是根据其他史料得出。如果根据本条史料，朝廷对捐输的过度索取即所谓“恶性发展”出现在嘉庆朝而非乾隆朝，这是汪喜孙明确表达的见解。

汪喜孙记载的价值表现在数据和分析两个层面，不过他关于盐商捐输的宝贵认知在此后长期湮没无闻，殊为可惜。

汪喜孙记载的数据具有准确性，并得到笔者研究的证实。史料二列举了两项重要数据，一是嘉庆朝两淮盐商的捐输银数：总计捐银5000余万两，截至道光初年已缴银3000余万两，分期缴纳者1000余万两，此外有500余万两尚无着落；二是道光初年朝廷豁免两淮盐商无着捐输银500余万两。汪喜孙关于两淮盐商在嘉庆朝捐银5000余万两的记载，长期为盐业史的研究者忽视。几乎所有对此做过统计的研究者，由于主要依据的是嘉庆朝数据严重欠缺的盐法志资料，其统计所得数据大多在1000万两左右，与5000余万两相差甚巨。既有专门论述清代盐商捐输的论著或未见到汪氏论述，或见到该论述大概也认为不可信而不予采用。至于汪氏提到的道光初年豁免款项数额，似乎也少有研究者关注。然而，汪氏的前述两项重要数据与笔者通过上谕档和奏折得出的确切数据相符（详见第五章），可见该数据确系他根据户部档案整理而来。

汪喜孙的分析具有精辟性，需要引起研究者的重视。首先，汪氏虽未明言，但两处史料的差额说明盐商捐输款项并非全数缴到户部，史料一所谓“解部之项”是指上缴到户部银库的款项，史料二的数据才是捐输总额（其中部分款项往往暂存运库，并直接指拨他处使用）。这一区分十分重要，因为有研究者误将解运户部或内务府的款项等同于盐商捐输总额。

其次，汪氏不仅观察到乾嘉两朝盐商捐输数额的剧增问题，还意识到乾嘉两朝的差异性。就捐输总额而言，汪氏虽未列举乾隆朝数据，但特别指出嘉庆朝百龄任职两江总督时期“举库帑以供捐输，亏商课以为报效”的问题，显然是强调朝廷对盐商的过度索取发生在嘉庆时期。以缴存户部银库的盐商捐输银数为例，乾隆朝在1000余万两，而嘉庆朝在2000万两左右，汪氏特意强调乾嘉两朝统治时长的差异，以凸显嘉庆朝对盐商捐输的攫取已失去节制，从而让本

---

① 韦庆远、吴奇衍：《清代著名皇商范氏的兴衰》，《历史研究》1981年第3期。

属“踊跃急公”的捐输蜕变为“不能依限完缴”“愈积愈多”。相较而言，近现代的研究者长期误以为乾隆朝是盐商捐输的顶峰，大抵是因为未曾认识到嘉庆朝盐商捐输数额的剧增问题，从而误将该问题归咎于乾隆朝。这一区分有助于我们重新认识清中叶盐商衰落的时间节点及其原因。

再次，汪喜孙建立了盐商捐输与拖欠盐课之间的关联。他认为正是因为嘉庆朝对盐商捐输的索取超过了盐商的承受能力，盐商才由积极参与转为变相应付，其应对策略就是将部分本应上缴的盐课以捐输的名义上缴，转而开始拖欠盐课（“举库帑以供捐输，亏商课以为报效”），由此带来的后果就是盐商的积欠问题愈发严重，所谓捐输也就“有名无实”。

另一位对清代盐商捐输问题作出系统论述的官员是王守基。王氏为咸丰二年（1852）进士，后授户部主事，“先后在山东司治事者二十年”“于盐务尤习”，其见解著于同治时期成书的《盐法议略》。[①]该书以长芦、山东等九个盐区为纲分别论述。其中，关于捐输问题的论述主要见于《长芦盐务议略》：

> 津门跨沧海之胜，逼近京邑，巡幸所至，首先驻跸。行宫船坞，岁资经费，动辄巨万。若夫翠华莅止，情殷瞻就，供亿丰备，尤为前所未有。至遇大庆典、大军需，淮商捐输或数百万，芦、东亦以百万为率。其余寻常捐输，难以枚举……盐商特邀圣主之知，或召对、或赐宴，赏赉优厚，拟于大僚。盖盐商际遇之隆，至此而极矣。盐商奢侈之弊，亦自此而深矣。日用则僭逾无度，酬应则糜烂无节……当斯时也，商人外强中干。凡遇需大经费，犹踊跃捐输。但空籍其数，恳请分限完缴，所完不过一二限，余皆留为积欠，芦纲积欠之多，半由于此也。[②]

王守基所论主要是针对长芦盐商的捐输，其贡献在于提出朝廷对盐商捐输的奖励，以及由此导致的盐商奢侈问题。如果留意措辞，我们可以很明显看出《清史稿》对这一表述的继承性，而且这一表述也时常为民国以降的盐业史研

① 潘祖荫：《〈盐法议略〉序》第1页，王守基：《盐法议略》，中华书局，1991年。

② 王守基：《盐法议略》，中华书局，1991年，第10—11页。

究者沿用，详见后文。此外，王氏还提出盐商捐款的分期缴纳，以及由此导致后续捐款实际流为积欠等问题。

值得一提的是，道光九年（1829）包世臣针对两淮盐商捐输论述曰："自嘉庆纪年兵兴以来，兵河两项，报效不过二千三四百万，而道光六年（1826）清查库项，商欠反至五千余万，可知以报效为说者，皆右商而左帑者也。亦宜奏请准令将报效之项，划抵欠款，追还议叙，以昭核实。"[①]因为包世臣的知名度，这条史料得到很多研究者的引用。但必须指出的是，包世臣的数据严重低估了两淮盐商捐输数额，其推论并不符合历史实际（详见第七章）。与曾经任职户部的官员相比，包世臣等学者未曾接触核心档案，因此，研究者在引用晚清学者关于盐商捐输的论述时，仍需要谨慎分析。

（二）民国初年盐务署对清代盐商捐输问题的论述

民国初年，北京政府成立盐务署作为盐务行政管理机构。[②]在该机构分盐区印行的《中国盐政沿革史》中，长芦、山东分册均有针对清代盐商捐输的系统论述。[③]而且，在论述清代盐商捐输问题时，这些不同分册并未限于具体盐区，而是做了整体论述，该书论点与贡献主要有二。

第一，该书开统计清代盐商捐输详细数额的先河。山东分册统计乾隆至嘉庆初年七次大规模战事中山东盐商的军需捐输银为124万两，具体包括"乾隆十三年金川用兵，捐银十万；二十年西域荡平，军营赏需，捐银十万；二十四年，伊犁屯饷，捐银十万；三十八年，金川用兵，捐银三十万；五十三年，平

---

① 包世臣撰，李星点校：《包世臣全集·中衢一勺》卷5《小倦游阁杂说二》，黄山书社，1993年，第132页。

② 丁长青主编：《民国盐务史稿》，人民出版社，1990年，第58页。

③ 按：该书仅见有铅印本，编撰情况不详，至今尚无研究者对该书做系统的解读。陈锋在21世纪初期提及见到该书的《长芦》《奉天》两册（陈锋：《近百年来清代盐政研究述评》，《汉学研究通讯》2006年第2期）。《中国盐业史辞典》（四川自贡市盐业历史博物馆编，上海辞书出版社，2010年）第77—78页该书词条称："盐务署编撰。五册。分奉天、长芦、山东、河东（附山西北路、陕西及新疆）、福建五盐区，每区一册。长芦区刊于民国三年（1914），奉天区刊于民国四年，福建区刊于民国四年，而山东、河东两区无刊行日期。实为各盐区发展史之汇编，重点在清代。有铅印本流传。"此外，仅见部分研究者零星引用该书。笔者虽见到全五册铅印本，但对于最核心的问题（如该书系何人主持、主要史料来源是什么等）仍未查到线索。

定台匪，捐银十五万；五十七年，后藏用兵，捐银十五万；及嘉庆初，川楚用兵，捐银三十四万”，并声明“而寻常捐输，若河工、若赈务，尚不在此内”。[①]随后，该书统计了嘉庆中晚期的数据，具体为：“东商捐输，自乾隆年间陆续报捐，商力已竭。及嘉庆时，犹复援例报效。嘉庆十一年，南河工需捐银十四万两；十三年，又捐河工银八万两；十六年，南河李家楼修举大工，捐银十六万两；十八年，曹属平匪军需，捐银七万两；二十五年，武陟河工，捐银十万两。共捐银五十五万。”[②]这第二份数据，已经包括军需和河工两类事由的捐输。

如果说山东分册的数据仅限于所论盐区，长芦分册的统计数据就完全跳出这一局限，该册将盐商的军需捐输溯源至雍正朝，认为：“雍正十年，芦商捐银十万两，备充军需，是为长芦商人捐输之始，名曰报效。报效之例，盖始于此。自此以后，每遇大军需，淮、浙、芦、东各商，无不捐输巨款。”随后详细罗列长芦、山东、两淮、两浙四个盐区自雍正十年（1732）至嘉庆初年的历次军需捐输数额，此处限于篇幅不再详细引用，其统计总额称：“总计乾嘉两朝，盐商报效军需将近三千万。此外寻常捐输，若赈务、若河工，淮商动辄捐至百余万，芦、东及浙商或十万至数十万不等。”[③]以该书所列数据加总，盐商军需捐输数据为：乾隆朝1820万两、嘉庆朝1150万两，合计2970万两。特别需要留意的是，该书强调这只是军需捐输的数额，此外还有对赈济、河工事务的捐输。

第二，该书明确将清代盐务的败坏归因于盐商捐输，并将时间节点确定在乾隆朝。山东分册在论述乾隆初年山东盐务时说：“惟时积弊既清，规制渐备。若能实力进行，本当不日有起色。无如报效例开，遂增商累。东巡数次，供应尤多。盐务疲弊，由是始矣。”在详细列举乾嘉两朝山东盐商捐输数额时又称：“报效既多，商力日疲。于是议发帑以济商，议加价以恤商，究之帑息虚耿，更增商累。盐估日高，转致私盛。商力益不能支……山东盐务，当雍正

① 盐务署编：《中国盐政沿革史·山东》，盐务署，出版时间不详，第60页。

② 盐务署编：《中国盐政沿革史·山东》，第62页。

③ 盐务署编：《中国盐政沿革史·长芦》，盐务署，1914年，第42页。

时廓清积弊，力加整理，年清年课者几四十年。及乾隆中叶，渐形疲敝。故盐务败坏，实基于乾隆一朝。”[①]此后，在整体论述清代山东盐务始末时，又再次称：“通观清代东盐之弊，积于顺康，雍正年间理之而未足，乾隆一朝坏之而有余。洎道光末，虽议变通，终以积重难返，莫可如何。”[②]

与山东分册仅针对所在盐区不同，长芦分册所论已扩展到多个盐区。该书认为，雍乾之际的改革本来极大地减轻了盐商负担，“然而报效之例开于斯时。捐输军需，淮商动辄数百万，芦、东亦以百万为率。其余寻常之捐，难以枚举”，在详细列举两淮、长芦、山东、两浙四个盐区在乾嘉两朝的详细捐输数额之后，该书总结称：“商力几何，虽曰踊跃急公，究之何一非出之于盐，即何一非取之于民。然捐输既多，商力亦因之日困。故报效之例，实有清之弊政也，而尤莫甚于乾隆一朝。兹特详述于此，庶盐法败坏之原可以考焉。”[③]该分册又以长芦为例，指出乾隆末年长芦盐商的巨额积欠“岂非报效之巨阶之厉耶？盐法败坏实原于此”，又说这并非长芦特例，即“故盐法之坏，实基于乾隆一朝，各区皆然，匪独长芦也”。[④]总之，该书的结论可以概括为：捐输是盐商财力不堪支持的主要原因，这项负担在乾隆朝最重，盐商因其拖累而积欠累累，清代盐法也因此败坏。

此外，该书亦简单论及盐商捐输存在官吏“勒派”、捐输款项分年缴纳等问题，此不赘述。

（三）民国时期学界对清代盐商捐输问题的论述

民国时期较早对清代盐商捐输问题展开系统论述的学者当属景学钤，他以“本白”之名先后发表两篇相关论文。其一专论清代盐商捐输的危害及其性质：

> 有清一代，盐政之腐败，官吏之贪婪，引商之专横，举世皆知，无可

① 盐务署编：《中国盐政沿革史·山东》，第57、60页。

② 盐务署编：《中国盐政沿革史·山东》，第89页。

③ 盐务署编：《中国盐政沿革史·长芦》，第42页。

④ 盐务署编：《中国盐政沿革史·长芦》，第43—44页。

为讳。然成此恶果，必有恶因。论者或归咎于引制太酷、加价太繁，二者虽亦受病之原，尚非致命之毒。最为盐法之梗、盐政之蠹者，实“报效”二字，阶之厉也。夫引制加价，虽系一代虐政，尚为法律所许；“报效”何为乎？既非国家岁入之正供，又非人民愿意之乐输。论其性质不外左之二说：一贿赂说……二勒索说……

综上两说，无论为贿赂、为勒索，其结果无不加吾民以苦痛。在国家所取得者什一，商人所取偿者什九。国家所取得者一时，商人所取偿者毕世。即为筹款计，亦非策也。使无此报效，政府自能以正大公平之眼光，治理盐务，断不至以瘠民肥商，为唯一义务。而商人无所借口，亦不能肆种种要求，以重累吾民。故报效者，直接病商，间接病民，而亦无益于国者也。[①]

就危害而言，景氏将捐输视为清代盐务不善的根源。他认为，清政府既然接受盐商捐输，就不得不给予盐商加价、加耗等经济奖励，盐商由此变相将负担加倍转移给民众，最终导致国与民交困的局面。对此他详细论述说：

每次报效，国家不过得数十万，多至数百万，而人民每年增加之负担，十倍不止。国课之损失（因加耗故）、私盐之增加（因加价故），百倍不止。吾不知饮鸩止渴，政府诸公何甘受此毒药耶？且国家既开此贿赂之门，上有好者，下必有其焉者。盐商报效国家者十之四，报效官厅者十之六。故他项官吏，犯赃无不败露，或受惩罚。惟盐务官吏，则以纳贿为本能。盖国家自身既犯赃，不能责官吏之洁白自好也。盐官又安得而不贪婪哉。[②]

概言之，他指出清朝政府接受盐商捐输不仅得不偿失，而且诱发盐务官员的中饱私囊问题，由此导致了清代盐务的败坏。

---

① 本白（景学钤）:《论报效》,《盐政杂志》1915年第19期。

② 本白（景学钤）:《论报效》,《盐政杂志》1915年第19期。

就性质而言，景氏指出“以报效为贿赂，说似新奇，实系正解”，因为盐商以捐输换取清政府的加价、加耗等经济支持，这种“发自盐商方面”的捐输与贿赂无异，“固属多数”；有时盐商是出于政府的强派而被动捐输，“万一商人不如其意，则政府可利用威权，加盐商以苦痛。或以种种卑劣手段，损害其利益。盐商迫于政府之威力，亦不能不俯首受命。此等报效，虽曰谓之非勒索不可”。[①]综上，景氏虽将“贿赂说”与“勒索说”并列，但显然更倾向于前者，即认为盐商捐输的性质主要是盐商主动贿赂政府，同时也有政府勒索盐商的性质。

此后，景学钤在论述盐业票本问题时，再次论及盐商捐输的贿赂性质及其危害，在此不赘。同时，他列表详细统计了雍正十一年（1733）至嘉庆九年（1804）两淮盐商捐输数额，统计结果为2615万两（其中雍正朝仅有一例10万两），并声明这只是官书所载数据，“其六次南巡、每逢万寿特别供献、不见奏报者，尚不在内”。[②]就数据而言，此前盐务署的统计包括两淮、长芦、山东、浙江四区盐商的军需捐输，此处景氏统计的盐区限于两淮，事由则更为宽泛，包括皇室事务之外的所有捐输。由于统计盐区和事由的差异，我们无法比较二者统计的准确性，不过二者的共性在于主要统计的时段都是乾嘉两朝。

景学钤之后，对清代盐商捐输研究推进较大的学者是刘隽，其贡献之一是列表统计了乾隆初年至嘉庆九年（1804）两淮盐商的各类捐输数额，具体分为：（1）军需报效，乾隆朝1480万两、嘉庆朝550万两；（2）助赈报效，乾隆朝210万余两、嘉庆朝30万两；（3）助工报效，乾隆朝231万余两、嘉庆朝310万两；（4）备公报效，乾隆朝927万两，嘉庆朝无。如此，乾隆朝为2849万余两、嘉庆朝为890万两，两朝合计3739万余两。[③]刘隽选择与景学钤一样统计两淮的数据，但数据质量有大幅提高，这既表现在刘隽统计的捐输事由超过景学钤且有意分四类做了全面统计，也表现在刘隽统计数据大幅超过景学钤统计数据。

笔者想要特别强调的是，在刘隽之后的很长时间内，学界对两淮盐商在

---

① 本白（景学钤）:《论报效》,《盐政杂志》1915年第19期。

② 本白（景学钤）:《票本问题》,《盐政丛刊》1922年第2期。

③ 刘隽 :《道光朝两淮废引改票始末》,《中国近代经济史研究集刊》1933年第1卷第2期。

乾嘉时期的捐输统计少有推进。究其原因，可能是因为刘隽误将统计表格的数据来源标注为《清盐法志·捐输门》，而该志并无“备公报效”这一分类及数据。至于该统计数据的来源，根据其分类及详细数据可以推断为嘉庆《两淮盐法志》，而且该文此前已引用过这份史料。更为不巧的是，嘉庆《两淮盐法志》属于罕见史料，因而此后的很多研究者未见到这份数据相对翔实的记载，这些因素共同造成此后诸多统计数据反而不及刘隽数据的结果。

刘隽的贡献之二是论及清政府在政治层面对盐商捐输的奖励政策。在此之前的研究者都只是论及清政府允许盐商加价、加耗等经济层面的奖励，刘隽则注意到政治层面的奖励，他在概述乾嘉时期政府对盐商捐输的反馈时称：“其时盐商特邀恩幸，或奖以监司，或赐以官衔，赏赉优渥，拟于卿相。”[①]所谓“监司”在清代本意是指道员，但刘隽这里将具体的某个官职（“监司”）与笼统的“官衔”（职衔）对举，一个可能的解释是前者之后应该有个“等”字。总之，刘隽明确指出清政府会在盐商捐输后回馈盐商以官职、职衔等政治奖励。

另外，朱偰根据《清盐法志》分别列表统计了长芦、山东、两淮三区盐商的捐输数额。其中长芦的数据起自雍正十一年（1733），止于咸丰六年（1856），总计294.57万余两；山东的数据起自乾隆二十四年（1759），止于嘉庆二十五年（1820），总计186.4万两；两淮的数据限定“助饷”“助工”两类，起自雍正十一年（1733），止于光绪三十三年（1907），总计3826.6万两。[②]比较而言，山东的数据与盐务署的统计相近，其贡献主要在对长芦、两淮的统计时段更长，但其中对乾嘉两朝两淮的统计数据质量尚不如刘隽。朱偰的这一数据，此后为蒋静一重复统计。[③]

此外，民国时期多部代表性盐业史著作均沿袭了盐务署和景学钤的论点。例如，欧宗佑称：“洎乾隆时，用度奢广，加以南巡数次，跸路所经，供应浩繁，差费取给，出自商捐者居多。淮商捐输，动辄百万；芦、东、两浙，亦各数十万。国家因盐商勇于报效，额加优恤，一则曰‘加价’，再则

① 刘隽：《道光朝两淮废引改票始末》，《中国近代经济史研究集刊》1933年第1卷第2期。

② 朱偰：《中国盐法中之专商制问题》，《国立中央大学社会科学丛刊》1935年第2卷第1期。

③ 蒋静一编著：《中国盐政问题》，正中书局，1936年，第183—185页。

曰‘加耗’，欲借之以资调剂。然加价徒以病民，盖一加之后，不能复减，人人皆受其累也。‘加耗’徒紊盐法，盖盐商借口加耗，捆载大包，任意多带。夫夹带多一斤，则正盐壅一斤，夹带日多，正盐日壅，盐法安得而不紊？说者谓前清盐法坏于乾隆一朝，诚非虚语也。”[①]该作者原书此处未加注释，不过关于盐商捐输与加价、加耗的关系以及其影响，显然是概括景学钤的论点；最后一句盐法坏于乾隆朝的论点则是取自盐务署。这里的论述只是更加详细，在论点方面并无创新。又如，田斌统计雍正至嘉庆朝两淮盐商捐输总额为2615万两，则是重复前引景学钤的统计；其论清代盐商捐输与政府反馈则曰：“政府既受如许之厚赂，乃不能不予以特殊之恩惠。于是加价、加耗、贷帑、赐官，视如常例。自乾隆四十年至四十九年，单就免课缓征之银计，竟有五百五十四万四百二十四两之巨。故报效名出自盐商，实则取给于民，利私病民而已。”[②]这一观点应是综合景学钤、刘隽的论点。

在这些代表性盐业史著作中，现代盐业史研究者最常引用的是曾仰丰的研究。曾氏论清代盐商捐输时称：

> 洎乾隆时，用度奢广，报效例开，每遇大军需、大庆典、大工程，淮、芦、东、浙各商捐输，动辄数十万至数百万。总计乾嘉时各区盐商报效军需将及三千万，此外若河工、赈务、庆典等项捐输，尤不可胜计。加以南巡数次，供应浩繁，差费取给，出自商捐者居多。国家因盐商勇于报效，于奖给职衔之外，复加优恤，初则准其“加价”，继则准其“加耗”，以资调剂。然加价徒以病民，盖一加之后，不能复减，人人皆受其累也。加耗徒紊盐法，盖盐商借口加耗，捆载大包，任意多带，夹带日多，正盐日壅，盐法遂至败坏……而报效款目，又复分年带征，款项愈繁，积欠愈多，各省盐务皆有不可收拾之势。说者谓前清盐法坏于乾隆一朝，而其致病之原，实“报效”二字为阶之厉，诚笃论也。[③]

① 欧宗佑：《中国盐政小史》，商务印书馆，1927年，第41页。

② 田斌：《中国盐税与盐政》，江苏省印刷局，1929年，第16页。

③ 曾仰丰：《中国盐政史》，商务印书馆，1937年，第24—25页。

显然，曾氏的论述基本是综合了清人王守基和民国盐务署、景学钤的论点，其优点在于论述更加系统且清晰。概言之，民国时期针对清代盐商捐输问题的系统研究发轫于盐务署，此后刘隽、景学钤的研究推动最大，次之则为朱偰，欧宗佑、田斌、蒋静一、曾仰丰等学者的论述基本是沿用并整合前人旧说。

（四）1950年代以来学界对清代盐商捐输问题的论述

在1950年代之后的30年，学界对清代盐商捐输问题的研究陷入低潮期，笔者只见到佐伯富[①]和何炳棣[②]的相关研究。不过，两位学者都只是在研究更宏大的问题时提及盐商捐输数额而已，前者数据出自《清史稿》，后者数据出自嘉庆《两淮盐法志》，因此对该问题亦无推进。

如果说民国前期是第一个研究热潮，那么第二个研究热潮出现在1980年代。1981年，王思治、金成基在考察清代两淮盐商的盛衰问题时，认为嘉庆朝白莲教起义是“两淮盐商走向衰落的一个转折”。作者根据嘉庆《两淮盐法志》统计了乾隆至嘉庆前期两淮盐商对军需、河工、灾济等事务的捐输数额，并认为“乾嘉年间如此浩繁的各项捐输，即使是挟资千百万的淮商也不能不感到疲惫了”，“这一次又一次的庞大捐输，正是淮商走向衰落的原因之一”，“综上所述，曾经称雄一时的淮商，他们的疲惫和衰败主要是由于无穷无尽的捐输、日益沉重的盐课负担和官吏的种种贪污勒索”。[③]本文的推进之处主要有二：一是关于捐输与盐商中衰的关系，此前的相关研究主要集中于捐输这种单一因素，作者这里做了更全面的考察，认为捐输是盐商衰落的三大原因之首（另外二者是盐课的不断提高、官员勒索）；二是关于两淮盐商的捐输负担问

---

① 〔日〕佐伯富：《清代における鹽業資本について（上）》（特輯中國近世の資本形態），《東洋史研究》1950年第11卷第1号。

② Ping-tiHo, “The Salt Merchants of Yang-chou:A Study of Commercial Capitalismin Eighteenth-Century China”, *Harv ard Journal of Asiatic Studies*, Vol.17, No.1/2(Jun1954), pp.130-168.（何炳棣著，巫仁恕译：《扬州盐商：十八世纪中国商业资本的研究》，《中国社会经济史研究》1999年第2期。）

③ 王思治、金成基：《清代前期两淮盐商的盛衰》，《中国史研究》1981年第2期。

题，此前研究者主要强调乾隆朝或乾嘉并论，作者这里特别指出嘉庆初年白莲教战事时期两淮盐商的捐输负担过重问题。

从1982年到1988年又有多篇相关论文。薛宗正以《清盐法志》为主要资料统计了乾隆年间两淮、两浙、山东、长芦、两广五个盐区的捐输银两数额，其贡献主要在于首次将两广盐商纳入统计，至于其他四区的数据并未超出此前学者的统计。此外，作者提出“捐输议叙是盐商列身缙绅的重要途径，这实际上是一种变相的买官鬻爵”，即指出盐商捐输及其由商向士的身份转变问题，可惜只是简单举例，未展开论述。在性质方面，他论述“清代前期盐商同封建官府的勾结进一步加强”的两个表现之一就是盐商通过捐输获得政府的奖励。[①]鞠德源、林永匡根据档案补充了若干乾隆朝盐商捐输的数据，其中所统计乾隆二十六年（1761）为太后七旬万寿庆典和乾隆五十五年（1790）为乾隆帝的八旬万寿庆典两次盐商捐输数额，属首次被纳入统计。[②]与之类似，林永匡、王熹的系列论文，也是根据档案补充若干两淮、长芦盐商捐输的具体案例。[③]

此外，叶显恩根据嘉庆《两淮盐法志》统计了康熙至嘉庆年间两淮盐商捐输银两和米谷的数额，其中银两数据未超出此前研究，但该文首次将实物（米谷）捐输纳入统计。至于性质，叶显恩指出在清代食盐专卖制度下，盐商捐输出于朝廷勒索，“实是不得已的贿赂”。他总结称，清代盐商通过捐输的形式换取朝廷的庇护，反过来政府用庇护来换取盐商的财政支持，两者休戚与共。[④]赖福顺根据《清实录》和宫中档奏折，统计了乾隆朝“十全武功”的盐商捐输军需银两数额，属于使用档案较多的研究；[⑤]左步青总结了清代盐商捐输的议叙程序，即盐商捐输后，皇帝会“给予一定的擢拔和奖赏，以酬答输诚，

① 薛宗正：《清代前期的盐商》，中国社会科学院历史研究所清史研究室编：《清史论丛》第4辑，中华书局，1982年，第49—64页。

② 鞠德源、林永匡：《乾隆勒索盘剥官商民史料》，《故宫博物院院刊》1982年第1期。

③ 林永匡：《乾隆帝与官吏对盐商额外盘剥剖析》，《社会科学辑刊》1984年第3期；林永匡、王熹：《清代长芦盐商与内务府》，《故宫博物院院刊》1986年第2期；林永匡、王熹：《清代两淮盐商与皇室》，《故宫博物院院刊》1988年第3期。

④ 叶显恩：《徽商利润的封建化与资本主义萌芽》，《中山大学学报（哲学社会科学版）》1983年第1期。

⑤ 赖福顺：《乾隆重要战争之军需研究》，台北故宫博物院，1984年，第413—428页。

在每次收受较多的捐输银两后，往往谕令地方官员查明各商捐款多寡，定等呈报，‘从优’议叙”。[①]作者虽未展开论述，但准确地概述了这一关键流程。

1988年，陈锋著作《清代盐政与盐税》出版，该书以单独一章全面考察了清代盐商捐输的起源与演变、不同时段盐商捐输的特征及其差异、盐商捐输的动机与性质、清政府对盐商捐输的奖励政策、捐输对国家和盐商的影响等重要问题。此外，该书在《清盐法志》和各区盐法志的基础上补充档案史料，以详表形式全面统计了有清一代的盐商捐输银两数额为8103万余两。[②]关于该书对各个具体问题研究的推进，笔者将在正文各章开头予以详细阐释，以便展开学术对话。

典范研究的出现似乎意味着这一领域的研究告一段落。也许是因为陈著的权威性和系统性，此后至今的三十余年间，学界对这一问题的探讨基本陷入停滞。其后对各个盐区的研究虽多论及捐输问题，但其数据仍主要来源于盐法志资料，因此统计方面并无新的突破，论述方面也只是部分内容更加详细，至于其具体论点似乎仍未突破陈锋的研究。[③]不过公允地说，盐商捐输只是这些研究的边缘问题，研究者对其的关注程度可谓微乎其微，因此自然也不宜苛求。例外出现在对两淮的研究，徐泓、黄凯凯两位学者对此做了较大推进。

徐泓的突出贡献体现在两个层面：第一，他根据盐法志资料和中国第一历史档案馆藏《录副奏折·盐税》作“不完全统计”之后认为：“乾隆三年至嘉庆二十四年的81年间，两淮盐商的报效捐输就不止三千万，总计捐输45次，银47 506 000余两、米35万余石”，“其他的皇室庆典报效、乾隆帝六次南巡两淮盐商建造行宫园林及招待费用尚不在内”，至于“尚不在内”的数额，他在注释中估算为927万两（即刘隽、陈锋根据嘉庆《两淮盐法志》统计的乾隆朝

① 左步青：《清代盐商的盛衰述略》，《故宫博物院院刊》1986年第1期。

② 陈锋：《清代盐政与盐税》，中州古籍出版社，1988年，第215—240页。

③〔美〕关文斌著，张荣明等译：《文明初曙：近代天津盐商与社会》，天津人民出版社，1999年，第258—261页；周琍：《清代广东盐业与地方社会》，中国社会科学出版社，2008年，第138—148页；纪丽真：《明清山东盐业研究》，齐鲁书社，2009年，第158—164页；张毅：《明清天津盐业研究：1368—1840》，天津古籍出版社，2012年，第165—170页。

"备公报效"数额），如此总额5677.6万余两。[①]在此，不妨比较既有研究对乾嘉两朝两淮盐商捐银的统计：景学钤统计为2605万两（不包括对南巡、万寿等皇室事务的捐输），刘隽统计为3739万余两，陈锋统计为4156万余两，徐泓统计为5677万余两。简单的数据对比，即可看到徐泓对统计工作的大幅推进，只是作者未列出详细统计表格，我们无法确知作者增补了哪些数据。

第二，徐泓的统计虽然远远高出此前学者的数据，但他对捐输与盐商兴衰之间的关系问题却得出了与此前学者截然相反的结论。总体来看，此前学者基本都认为捐输给盐商带来沉重负担，因此也是盐商在清中期衰落的重要原因。徐泓则认为，乾嘉时期两淮盐商捐输"约占成本十分之一，不可谓不重"，不过盐商捐款系分年缴付，朝廷因此还给予盐商借帑、加斤等经济补助，所以不能视捐输为盐商衰落的主要原因，"若以捐输、报效，勾结官吏，发展政商关系，视为盐商消乏的原因，倒不如视之为致使其兴盛之有利操作"。清代盐商捐输"有如今日资本家以政治献金发展政商关系，交换政府给予的商机、工程与有利于企业发展的优厚政策，清代盐商之兴起，成为皇室与朝廷之卵翼，不能不说是一重要因素"。[②]这一观点相当新奇，目前尚无学者正面予以回应。

黄凯凯的突出贡献主要体现在研究思路的创新。针对既有研究的主流认识即"盐商捐输助益国家财政论"，黄凯凯提出完全相反的观点："清代盐商捐输很少起到补苴国家财政的效果。"具体而言，他认为研究清代盐商捐输不能忽视盐运司库账目的管理，"如果不深究运库账目中捐输款项的会计核算方式，就会被虚虚实实的捐输数据蒙蔽，也就无法理解捐输对国家财政和盐商经营的真正意义"，从这个角度出发，他对前人关注不够的盐商捐输款项的管理做了深入考察，认为乾隆朝之前两淮盐商的捐输虽然数额少，但系上缴现银，对国家财政有益，而乾隆朝起盐商捐输多系"借帑报效，分纲纳还"，从而捐款与正杂盐课等收入混淆，部分总商反而借机侵吞库款。因此他认为"乾嘉时期两淮盐商频繁捐输巨款，不过是把运库存银贴上捐银的标签而已，表面上为

① 徐泓：《清代两淮盐商没落原因的探讨》，卞利主编：《徽学》第7卷，黄山书社，2011年，第10—32页。

② 徐泓：《清代两淮盐商没落原因的探讨》，卞利主编：《徽学》第7卷，第10—32页。

朝廷带来大笔额外收入，其实不过是虚假的账面数字，不仅捐银‘无锱铢纳库’，就连库存正项最终也被瓜分殆尽”。[①]

黄凯凯的研究从援引包世臣等经世学派对盐商捐输的批评入手，突破了既有研究就数据论数据的局限，他通过考察两淮盐商捐输银款的会计核算方式与运库管理制度，认为盐商捐款不过是虚假的账面数字。虽然清代以来就有学者声称盐商捐输的虚伪性，但至此才有研究者从逻辑层面予以证明。至于这种逻辑推理是否符合历史事实，笔者将在正文中进行详细的辨析。

综上，学界对清代盐商捐输问题的研究起步较早，然而自20世纪90年代以来基本陷入停滞。不过，研究的长期停滞并不等于该论题已经题无剩意，不论是在史料发掘还是问题阐释方面，这一领域仍存在广阔的空间。

三、研究思路与方法

本书旨在系统考察清代盐商捐输的制度、数额与影响，即盐商如何捐输、为何捐输、捐输数额多寡、捐输之后政府有何反馈、盐商如何应对、捐输对清代财政有何作用、捐输对盐商本身有何影响等问题，并在此基础上反思清代盐商捐输的动机与性质、清代的政商关系与商人地位、清代国家形态与国家性质等问题。

具体到框架结构，本书第一章厘清研究概念的界定与选用问题，从而为学术对话与深入考察提供可能；第二章重新考察清代盐商捐输的起源，并分三个时段考察其发展趋势，指出不同阶段的特征；第三章从动员模式、上报方式、缴款制度到议叙程序考察盐商捐输的制度运作，展示盐商如何捐输的问题，其间也部分解释了盐商为何捐输的问题；第四章考察政府的反馈方式问题，即政府在政治层面如何奖励捐输的盐商，重在解释盐商为何捐输的问题；第五章是对捐输银数的详细统计和分析，考虑到清代盐商捐输集中在乾嘉两朝，因此本章即是针对这一时段，笔者期待为这一领域提供最接近历史真实的

---

① 黄凯凯：《清代两淮盐商捐输新探》，《清史研究》2022年第2期。

数据；第六章考察盐商对捐输的因应机制，分析盐商是如何分配捐输的成本与收益、如何化解捐输的负担，以弥补既有研究缺乏从盐商角度考察的缺憾；第七章考察盐商捐输对国家财政和对盐商本身的影响，重点对此前学界的争议做出新的解释。

至于研究方法，本书主要强调两点：第一，文本比较与考证。本研究重视档案资料，将题本、奏折、上谕档等档案资料与盐法志、实录等官书记载对比印证，以此复原制度运行的轨迹，发掘以往忽视的环节，展示制度的全貌；将官方记载与私家记载相比较，以理解双方记载的异同及其产生的原因，重在揭示官方记载的讳饰之处。第二，计量史学方法。在考察制度的基础上系统梳理史料中的数据，并不限于简单罗列数据，而是检验和分析数据的完整性与可靠性，从而增强数据的说服力。同时需要强调的是，制度研究是统计的基础，只有建立在制度研究基础上的计量数据才具有科学性。

清代盐商势力的发达主要在前中期。经过顺治、康熙、雍正三朝的酝酿，盐商捐输在乾嘉两朝到达顶峰，并旋即于道光朝呈现出颓势。咸丰朝的太平天国战争对两淮、两浙这两个最大的盐商集团造成了毁灭性的打击。自此之后，盐商捐输无论从频次还是银数上讲均微不足道。因此，本书的考察时段主要集中在清初至嘉庆朝，同时在个别章节根据需要论述至道光时期。

四、核心论点与创新之处

在过去三十余年间，学界对盐商捐输的研究基本陷入停滞。对这个看似题无剩意的论题，笔者又有何新见？为了打消读者的疑虑，展示关于本书的推进之处，在此不妨先抛出几个核心论点。

（一）对盐商捐输的概念界定：既有研究倾向将何为盐商捐输视为不言自明，不加定义，但在实践中却面临统计口径的差异。笔者认为，盐商捐输是指盐商以所属盐区为单位集体向国家捐献银两或实物，具有“公捐”属性，从而将盐商个人的独捐区别开来。此外，盐商集体以捐为名的“善举”属于惯例性长期缴款，多系对地方慈善事业、一般公共工程的固定资助，而且往往由盐商自行管理，因此并不属于捐输的范畴。简言之，只有理解盐商捐输的特殊性，才能将前述“独捐”和“善举”排除在外，而且可以澄清将盐商集体捐输视为领衔者个人捐输的误解。

（二）对清代史料中“盐商”名实的分析：一些盐业史的研究者早已指出，史料所载两淮、长芦大盐商（总商）多系“引名”（商名），而非“本名”（真实姓名）。然而，这似乎并未引起充分重视，研究者时常误将史料所载“盐商”之名视为真实姓名，并尝试赋予生卒年。至于普通盐商以及其他盐区是否如此，更未见系统论述。通过对比盐商请捐名单与请奖名单，至少可以确定，对作为捐输主体的两淮、两浙、长芦、山东、两广等五区盐商而言，请捐时使用“引名”而请奖时使用“本名”的现象普遍存在，且为绝大多数盐商所采用。概言之，清代史料所载“盐商”之名多系“引名”而非“本名”，不可将其视为真实姓名。

（三）对盐法志的认识：既有研究的数据统计主要依赖单一的盐法志，是以该史料本身的缺陷也直接被研究者继承。尤其是，作为绝对主力的两淮、两浙盐区的盐法志存在系统的数据遗漏。两区均在嘉庆前期重新修志，两淮数据截至嘉庆九年（1804）、两浙数据截至嘉庆六年（1801）。随后，由于江浙地区在咸同时期长期被太平军占领，两淮、两浙盐务衙门的相关档案不复存在，清末民初再次续修的志书便完全缺失嘉庆朝中后期的数据，所载道光、咸丰、同治三朝的数据仅有寥寥数例。对于这一明显的系统数据缺失，既有研究均未作出解释，似乎是默认事实如此。然而，笔者根据上谕档等资料复原了嘉庆晚期和道光朝的数据，发现嘉庆朝和道光朝盐商捐输的数额远远超出以往学者的统计结果。质言之，对两淮、两浙盐务的研究不可过度依赖盐法志，因为盐法志对嘉道两朝的记载存在较大的遗漏。

（四）对盐商捐输制度层面的考察：既有研究多系对盐商捐输数额的统计，至于制度层面如何运行则少有考察。本书的研究旨在弥补这一缺憾。具体而言，笔者将运作流程和奖励政策分别予以全面考察，厘清了盐商捐输从动员、上报、缴款到议叙的全部流程，并且考察了清初至嘉庆朝奖励政策的演变。总之，对制度的考察是本书与既有研究的一个显著区别。

（五）对盐区差异的解释：既有研究对盐商捐输数额的统计，基本停留在罗列数据的层面，未曾解释不同盐区捐输差异的原因，更未检验数据的完整性。根据笔者的考察，在清代内地11个盐区中，两淮、两浙、长芦、山东、两广五区盐商是捐输主力；河东、福建两区盐商偶有捐输；四川、云南、陕甘、奉天四区盐商并未捐输（截至道光朝）。概言之，部分盐区少有或未见捐输记载，并非记载的偏差或统计的遗漏，而是因为朝廷明悉各区盐商财力的差异，对捐输区别对待。尤其对于财力较弱盐区的捐输，朝廷通常会酌情拒收。

（六）对捐输数额的辨析：既有研究统计的盐商捐输数额均系请捐银数（朝廷接受的部分），少有学者关注缓征或减免问题，更未见学者考察盐商实际缴纳的捐输银数与未完银数。根据笔者的考察，顺治、康熙至雍正时期盐商捐输十分有限，乾嘉两朝是盐商捐输的顶峰，而道光朝起盐商捐输呈断崖式下跌之势。就乾嘉两朝而言，见于统计的盐商请捐而政府接受的银数分别约3927.1万两、6927.6万两。鉴于乾嘉两朝两淮、两浙盐商捐输合计占比接近90%，本书关于实缴银数的部分，仅统计此两区数据，得出如下结论：两淮盐商在乾隆朝请捐银约2906.1万两、实缴银约2342.1万两，嘉庆朝请捐银约5466.7万两、实缴银约4240.3万两。两浙盐商在乾隆朝请捐银608万两、实缴银约556万两，嘉庆朝请捐银836万两、实缴银约735.4万两。

（七）对捐输负担与盐商盛衰关系的认识：民国以来的主流观点均认为捐输是清中期盐商衰落的重要原因，尤其对两淮盐商而言更是如此；近年来有学者提出相反论点，认为捐输负担对两淮盐商的压力有限，并非其衰落的主要原因。然而，无论旧说还是新说，都只是根据请捐总额以及由此计算出的年均数额来评估捐输对盐商盛衰的影响，又都缺失嘉庆朝的大量数据。本书详细考察了两淮和两浙盐商捐输的实际缴纳情况，尤其是减免和缓交的详情，从而准确得出每一年实际缴纳的捐输银数。基于这种科学的统计，笔者进一步认为，两淮盐商衰落的时间节点应是嘉庆朝晚期，原因是嘉庆朝的无节制捐输。相对而言，捐输对两浙盐商的影响比较有限。

上述七点认识，属于笔者对盐商捐输若干“事实”层面的考察。在结语部分，笔者将在此基础上对若干“评价”层面的问题提出自己的见解。

第一章　盐商捐输的概念界定及其选用

盐商捐输在清代是一种令人注目的现象，清人已用多种不同词汇指称这一行为。进入民国之后，研究者们虽对清代盐商捐输问题论述较多，但以描述为主，罕见清晰的概念界定。然而，何为盐商捐输并非不言自明，不同的研究者之间并未达成共识。概念的模糊性影响到研究者之间的对话，制约了研究的深化，故本章以“必先正名”的理念展开论述。

第一节　盐商捐输的概念界定

何为“捐输”？笔者曾将其与捐纳做对比，并定义为“臣民并非出于义务地将财产直接或间接捐献于国家，政府事后可能酌情奖励”。[①]具体到盐商捐输，又有其独有特征，兹详述如下。

第一，不是所有的盐商“捐”都属于“捐输”。“捐”字在清代有着多重内涵，清代文献中所见“捐”字常用于指代捐输、捐纳、捐税等不同类型的款项，有时也用于指代罚款、摊派等款项，因此我们不能仅根据史料的字面措辞判断其实际属性，而是需要根据语境来判断。盐商以“捐”为名的款项中，常见的类型有两种：“捐输”“善举”，兹以盐法志若干典型盐区的分类及其说明统计如下（表1–1）。

---

① 江晓成：《清代捐纳、捐输概念考辨》，《清史研究》2023年第2期。

表1-1 盐法志对清代盐商两类常见“捐”的分类及其说明统计表

盐区	“捐输 / 捐助”及其说明	“善举 / 义举”及其说明	条目安排
两淮	（两淮盐商）若捐余赀以急公务，屡奉给还之旨，而戴恩者弥踊跃而乐趋焉	至育婴、普济、救生诸义举，以及建书院、修古迹、崇庙祀、葺祠墓，次第毕举，巨细有赖	乾隆《两淮盐法志》卷39《杂志》立有《捐助》《善举》两个条目
两广	偶遇军兴、工赈……（粤商）输将恐后。凡值典礼、兴作诸大事，往往急公踊跃，自献悃忱……志《捐输》	粤商经权子母，乃能以有剂无，凡创捐书院、婴堂、义冢之举，慨然兴行……志《杂记》	道光《两广盐法志》卷29《捐输》，卷34《杂记》
长芦	芦商捐输之举，有因水旱偏灾筹济振款者，有因军事孔亟报效饷糈者，或以巨寇荡平备充赏赉，或以河防紧急愿佐工需……要皆在乾嘉时为多，迨咸同以降则罕见矣。兹汇纪之，以觇今昔商力之赢绌焉，志《捐输》	芦纲当全盛之时，商力殷阜。凡遇国家有大工大赈，靡不捐输巨款。即寻常地方善举，亦多能出其有余以济不足。今虽纲情疲敝，迥不如前，而地方善举，犹能维持于不敝，亦可纪焉，志《善举》	《清盐法志》卷33《杂记门一·捐输》，卷34《杂记门二·善举》
两浙	各省商捐之举，以芦、淮为最著，浙省弗逮也。然当乾嘉盛时，凡遇国家大工、大役，亦多出巨款，以效输将……同光以来，财用日绌，于是塘工有捐、海防有捐，多方奖掖，而输纳不前，则商力亦告疲矣……志《捐输》	两浙盐商捐输善举，以盐义仓为最巨。兵燹以还，元气未复，商力凋敝，迥不如前。而一切地方慈善之举，尤取资于鹾业者为多……志《善举》	《清盐法志》卷186《杂记门一·捐输》，卷188《杂记门三·善举》

资料来源：王世球等纂修：乾隆《两淮盐法志》卷39，于浩辑：《稀见明清经济史料丛刊》第1辑第9册，国家图书馆出版社，2009年，第1—59页；阮元等修：道光《两广盐法志》卷29《捐输》、卷34《杂记》，于浩辑：《稀见明清经济史料丛刊》第1辑第43册，第129、130、531页；民国盐务署编：《清盐法志》卷33《杂记门一·捐输》，卷34《杂记门二·善举》，于浩辑：《稀见明清经济史料丛刊》第2辑第2册，国家图书馆出版社，2012年，第423、435页；民国盐务署编：《清盐法志》卷186《杂记门一·捐输》，卷188《杂记门三·善举》，于浩辑：《稀见明清经济史料丛刊》第2辑第9册，第279、301页。

除了表1–1所列部分盐法志做了明确的分类及其说明，也有盐法志虽未展开论述，但已将二者分在不同卷次。例如，嘉庆《长芦盐法志》在卷5《盛典》集中记载雍正十年（1732）至嘉庆八年（1803）长芦盐商为军需、赈济的捐输及其所得奖励；在卷19《营建》记载长芦盐商“公捐公办”的皇家工程（行宫、海河楼、皇船坞）、地方公共工程（护坨堤、浮桥、拨船、衙署、学校、庙宇）和“捐施”（育婴堂、义冢等慈善事业），并将这些行为统称为“芦鹾之善举”。[①]

同样是盐商出资办理各项事务，并非所有的款项都被视为“捐输”。从盐法志的措辞来看，盐商对“大事”（军兴、大役、大工、大赈等）的捐献被称为“捐输”，而对“寻常对方善举（义举）”（一般慈善事业、一般地方公共工程等）的捐献则被称为“善举”。对此，《清盐法志》在“两淮”部分专设“善举”条目时解释说：“淮纲当全盛时，商力殷阜，大工、大役踊跃输将，已见前《捐输篇》矣。其于寻常地方善举，有司提倡于上，众商乐输于下，凶荒夭札、备鳏寡孤独废疾有所养，拯饥援溺，掩骼埋胔，与夫桥梁之利涉、道路之平治，亦靡不出其羡余，以资津逮。”[②]据此，盐法志似乎是以事务的大小来区分二者。

这种不同的历史话语区分，背后的逻辑是款项的管理和归属差异问题，对此道光《两广盐法志》言之甚明：“旧志无生息、捐输二门，查发帑营运及因事输将，皆有关于库款，毋庸缺略，今特补入。若商捐义举，无关帑项者，则附于杂记，不入正款。”[③]概言之，盐商因军需、重大工程、赈济等事务捐献的款项（一般数额较大），原则上需上缴政府管理（即“关于库款”），属于“捐输”；因地方慈善等事务所捐的款项（一般数额较小），基本是由盐商自行管理（即“无关帑项”），所以不属“捐输”而称“善举”。

---

① 黄掌纶等撰，刘洪升点校：嘉庆《长芦盐法志》卷5《盛典》、卷19《营建》，科学出版社，2009年，第81—90页、第399—411页。

② 民国盐务署编：《清盐法志》卷157，于浩辑：《稀见明清经济史料丛刊》第2辑第8册，国家图书馆出版社，2012年，第75页。

③ 阮元等修：道光《两广盐法志》卷首《凡例》，于浩辑：《稀见明清经济史料丛刊》第1辑第39册，国家图书馆出版社，2009年，第158页。

事实上，将盐商对善堂、书院、道路、桥梁等地方一般公共事务的资助排除在“捐输”之外，尚有更进一步的原因。清代地方政府财政收入长期紧张，商人资助办理这些事务成为常态，进而发展成为惯例。以两浙为例，自雍正四年（1726）捐建盐义仓始，“各商每年按引捐输，总名为‘盐义仓铺垫’”（简称“铺垫”），而实际亦用于“开浚盐运河等项”。该项名曰“铺垫”的长期缴款，在乾隆前期每年稳定在2万余两；至乾隆四十四年（1779）之后由于“商人等有应自行备办之事”而每年增至4万余两。此外，盐商为育婴堂、书院、浚河、救火等事务每年捐银万余两，“以上各项，均属商人自行按引公捐，为周济桑梓、好善乐施及筹补盐义仓公用之费，本非官项”，“盐政、盐道不过司其稽核，从无官为动用之事”。[①]也就是说这类长期“按引公捐”无须上缴官府，而是由盐商自行管理，用于地方各项公共事务。

两浙并非特例，实际上各个盐区均需长期“按引公捐”一定数额的银两办理地方公共事务，只是名目略有差异，例如两淮称“外支银”：

> 乾隆二十六年四月大学士公傅恒等条奏，两淮从前遇有额外公务，无项可动，乾隆六年盐政准泰“奏定成本案”内议定：每纲酌设外支银四万八千两，除办理常贡银一万二千两外；余银三万六千两，作为奏考书工纸张，开桥开所，赈恤火灾，修理道路、桥梁，给发救生红船并普济、育婴工食，庵观寺院香火之用。纲竣造册报部查核。一切往来应酬、助恤等项，亦于此内取给。尚有不敷，仍系众商摊出。[②]

据此，从乾隆六年（1741）起，两淮盐商为地方道路、桥梁等公共工程和普济堂、育婴堂等慈善事业的捐助，就是从每年定额缴纳的4.8万两“外支银”中支出。当然，这笔银两并非全部用于捐办地方公共事务。

---

① 《阿桂奏为遵旨查明富勒浑所奏浙省海塘岁修经费其请以商捐交接铺垫两项改归塘工作为修费之处毋庸议折》，乾隆五十一年六月十七日，台北故宫博物院编：《宫中档乾隆朝奏折》第60辑，台北故宫博物院，1982年，第758页。

② 单渠等纂修，方濬颐等续纂：嘉庆《两淮盐法志》卷25《经费上》，于浩辑：《稀见明清经济史料丛刊》第2辑第29册，第445页。

长芦盐区也有类似款项，乾隆五十九年（1794）长芦盐政征瑞为兴办育婴堂筹集经费时称：

> 查芦商有奏明按引捐银二钱，为弥补参商无着帑课及津贴官造拨船饭食之用。请即于此项银两内，每年视收养之多寡，酌拨银自五千至七千两为止为经费。本年收养尚少，即以此银兼办堂屋。仍按年具报内务府查核。本系商捐之项，抵商人应办之公，于事有济矣。[①]

据此，在乾隆末年长芦盐商每年“按引捐银二钱”作为公共事务经费，因此盐政才认为每年需银数千两的育婴堂经费可以由此开支，并认为以“商捐”银作为该项开支理所当然。这种说辞与嘉庆二十四年（1819）长芦盐政延丰的奏报如出一辙，该盐政在报告盐商“公捐银两”用处时称“查系通纲公捐修造浮桥及施粥、棉衣等项公用，本属商捐商办之事”。[②]据嘉庆十二年（1807）长芦盐政李如枚奏报，此项经费称“商捐公费”：

> 此项公费（“商捐公费”）由来已久，系按引捐银一钱二分，统年销引九十余万道，各商捐出盐平色银，约收实银十万有奇，内以七八万两添补办贡，其余银两支发行宫、河楼、船坞、船只等处岁修及看守兵丁巡役饭食油舱、四处浮桥水手桥夫工食、修理救火器具、津店辛工条费、领缴引目盘费等项之用，按年尽数动支，并无盈余。[③]

长芦盐商这笔“商捐公费”，此处明确声明“由来已久”，显然已成为盐商每年持续缴纳的定额款项。与两淮的“外支银”类似，其中只有部分款

---

① 《长芦盐政征瑞奏为来春商捐公办兴挑天津护城河及设立公办育婴堂委员专司皆天津应办之事》，乾隆五十九年九月三十日，朱批奏折，档号04-01-05-0080-022。

② 《长芦盐政延丰为调剂永平府引地章程事奏折》，嘉庆二十四年八月十七日，中国第一历史档案馆等编：《清代长芦盐务档案史料选编》，天津人民出版社，2014年，第327页。

③ 《长芦盐政李如枚为查明征瑞穆腾额进贡珍珠挂屏事奏片》，嘉庆十二年六月十三日，中国第一历史档案馆等编：《清代长芦盐务档案史料选编》，第230页。

项是用于地方公共事务。换言之，当盐商声称捐办育婴堂、浮桥等事务时，并不需要另外再单独出银，而是从这项“商捐公费”中支出。上述分析也得到了盐法志的证实，在前引嘉庆《长芦盐法志》“捐施”条目下，明确记载育婴堂“所有岁需经费，即于众商捐交参课项内视收养之多寡酌拨”，义冢每年需费168两“由商捐公费内给发”，施棺会“每岁由商捐公费内给发银二百四十两”。[①]

总之，这类已成为惯例的款项虽然也使用了“捐”这一词汇，但由盐商自行管理，每年有相对固定的数额且需一直缴纳，与临时确定数额且缴完即止的捐输不同。因此，这类未成为国家收入的款项不计入“捐输”。本书所论盐商捐输，亦尊重这一基本区分，不包括属于“善举”的“捐”。

第二，不是所有身为盐商者的捐输都属于“盐商”捐输。人的身份具有多元性，有些盐商在捐输之时是以其他身份出资，因而这些款项不能视为盐商捐输。例如，有研究者将“王太来”（王廷扬）于康熙六十年（1721）、雍正元年（1723）、乾隆十三年（1748）的四次捐银计入盐商捐输，其依据是《永宪录》，兹查具体记载如下：

> （雍正元年）候补道员王廷扬捐银八万两，长芦盐商王太来捐银十万两，俱以一等议叙。廷扬子鋐授一品荫生。廷扬泽州人，富甲山右，康熙六十年曾助饷二十万，自运军前。太来其懋迁之字号，各处有之。乾隆十三年大金川用兵，粮运艰难，日费帑金七万，米升三两六钱。今上（乾隆帝）令其家助饷，只献银十万。查其家产现银一千七百万有奇，他物称是。因令京师山、陕富户十六家各捐输军需。[②]

此处记载的捐银包括：康熙六十年（1721）王廷扬“助饷”（捐输军需）银20万两；雍正元年（1723）王廷扬捐银8万两、“长芦盐商王太来”捐银10万两；乾隆十三年（1748）“其家”（王廷扬家）捐输军需银10万两。据此可

① 黄掌纶等撰，刘洪升点校：嘉庆《长芦盐法志》卷19《营建·捐施》，第410—411页。

② 萧奭撰，朱南铣点校：《永宪录》，中华书局，1959年，第130页。

知，上述捐输虽然均出自泽州王氏，但捐输的主体并不一致，或为个人、或为商号、或为家族。《永宪录》的上述区分反映出作者了解以下基本事实：泽州王氏是资产丰厚的晋商大族，在康熙末期至乾隆初期该家族的主事者为王廷扬；“王太来”是该家族在长芦盐区的盐务引名（即经营盐务的商号名称）。

关于泽州王氏在雍正元年（1723）的捐输，官方档案也有记载。其一称：“候补副使道山西泽州王廷扬，仰副皇上抚育生民之至意，于赈济、运米等项下具呈情愿进银八万两。”[①]其二称：“雍正元年，候补道王廷扬情愿急公，于赈饥事务捐银八万两，又捐银十万两以备军需。”[②]相较而言，官方的记载更为准确。据此，雍正元年为赈济事务捐银8万两、为军需捐银10万两的主体是王廷扬个人，他并未以长芦盐商的身份捐输。[③]至于康熙六十年（1721）和乾隆十三年（1748）的两次军需捐输，《永宪录》已明确记载前者的主体是王廷扬个人，后者的主体是泽州王氏家族，与长芦盐区无关。两份官私资料对照可知，前述泽州王氏在康熙末期至乾隆初期的这四笔捐银，均不可视为长芦盐商的捐输。

上文所论泽州王氏的案例并非特例。在清代，类似经营盐务的大商人家族往往在盐区之外另有巨额捐输，其典型包括康雍时期在长芦经营盐务的介

---

① 《山西巡抚诺岷题为候补副使道王廷扬捐银八万两赈灾请敕部议叙本》，雍正元年九月初七日，中国第一历史档案馆编：《雍正朝内阁六科史书·户科》第5册，广西师范大学出版社，2007年，第170页。

② 《吏部尚书隆科多题议准捐银修城之工部员外郎刘衮等照例于应升之缺即用本》，雍正三年四月二十五日，中国第一历史档案馆编：《雍正朝内阁六科史书·吏科》第20册，广西师范大学出版社，2002年，第7—8页。

③ 按：即使按照《永宪录》的记载认为雍正元年其中10万两捐银的主体是“长芦盐商王太来”（也就是说，王廷扬以个人名义在山西原籍捐输赈济银8万两之外，又以“王太来”的名义在长芦盐区捐输军需银10万两），也不影响笔者对该笔捐银是否应纳入“长芦盐商”捐输统计的判断。因为即便如此，该笔捐银也是某一盐商的单独捐输，与“长芦盐商”集体捐输有所区别，详见后文。而且，可以作为旁证的是，《长芦盐法志》所载长芦盐商的捐输始于雍正十年（黄掌纶等撰，刘洪升点校：嘉庆《长芦盐法志》卷5《盛典》，科学出版社，2009年，第82页），倘若在康熙六十年、雍正元年长芦盐商已有3次如此大额的捐输，盐法志很难不予记载。

休范氏家族、洪洞刘氏家族。[①]比上述晋商家族稍晚而活跃在乾嘉时期的盐商，还有在两淮经营盐务的歙县鲍氏、歙县江氏，在长芦经营盐务的海宁查氏等。[②]此类案例甚多，尤其是在嘉庆时期，这些捐输都不能计入“盐商”捐输。

以家族或个人身份在盐区之外捐输的行为，并不限于大盐商，这些富裕的盐商往往也属于地域性商人，他们在为家乡各项事务捐输之时，其身份与其说是某区盐商，不如说是所属原籍的乡贤。对此，近期的一项研究就探讨了雍正年间原籍徽州的两淮盐商以捐银方式代为缴完徽州府歙县积欠钱粮之事，其辞曰“淮南鹾业诸君，谊关桑梓，其倡义举，愿于四年之内公派捐输”。[③]显然，此处所载两淮盐商的捐银是“谊关桑梓”，即作为安徽原籍乡贤的捐输，与所在盐区无关。从另一个层面讲，两淮盐商中仅有部分原籍属于徽州，他们为歙县积欠捐输之举只是部分两淮盐商的行为，并非整个盐区的行为，因此不可视为两淮盐商的捐输。

盐商以乡贤身份为原籍捐输的行为屡见于晋商、徽商的资料汇编中，在此从《明清徽商资料选编》略选两例记载予以分析。其一载徽州府惠济仓曰：“乾隆十六年旱饥，太守何达善劝阖邑绅士醵金籴运济民，又札募歙人士之商于淮者输其力之所及，得六万金，买谷积贮，建仓六十间。”其二为乾隆十七年（1752）“歙绅《捐粜碑记》”，所载捐输者包括“扬商吴禧祖”等19人。[④]上述两例所载实属一事。所言捐输者，不论是“商于淮者”还是“扬商（扬州盐商）”，都是指两淮盐商，当其家乡需要赈济时，他们都积极参与，地方官府亦将他们视为家乡之“绅”而非某一盐区之盐商。何以知之？因为清代官方的报告已做过清晰的表达，乾隆十九年（1754）安徽巡抚卫哲治奏报称：

① 韦庆远、吴奇衍：《清代著名皇商范氏的兴衰》，《历史研究》1981年第3期；常建华：《捐纳、乡贤与宗族的兴起及建设——以清代山西洪洞苏堡刘氏为例》，《安徽史学》2017年第2期。

② 汪崇筼：《明清徽州盐商研究》，巴蜀书社，2012年；吉朋辉著，天津市档案馆编：《皇权的力场：清前中期天津大盐商的兴衰》，天津社会科学院出版社，2022年。

③ 舒满君：《盐商与积欠：雍正朝江南赋税清查中的异数》，《史林》2020年第4期。

④ 张海鹏、王廷元主编：《明清徽商资料选编》，黄山书社，1985年，第323页。

> 乾隆十七年内，有在扬徽商程扬宗等，感沐圣化，念切桑梓，乐输银六万两，以一半先为买谷积贮，以一半交典生息，为将来增贮之计。该府知府何达善敦请老成绅士吴钟等自行经理，将上年捐粜余银建造仓廒，名为惠济仓……所有歙县建设惠济仓，实系士商乐输……至乐输士商，出于任恤之诚，并无倖邀叙录之意，恳免题奏。但系地方义举，积储要务，自应奏明立案，以垂永久。[①]

显然，歙县惠济仓的资金来源于在两淮经营盐务的歙县盐商，不过安徽巡抚的奏报使用了“士商”的称谓。此外值得注意的是，奏报者的身份是安徽地方官而非两淮盐务官员。因此，这次捐输的参与者虽然都具有盐商的身份，但其捐输行为与盐区无关。

总之，盐商属于清代资产最为丰厚的商业势力之一，其身份是多元的。除以盐商身份参与所在盐区的捐输，他们往往还在盐区之外另有捐输，其典型就是以乡贤身份参与家乡事务的捐输，这类与盐商身份无关的捐输不可计入所在盐区。

第三，捐输既可以是个人单独行动，也可以是集体行动。但盐商捐输有着特殊的制度因素，也就是以盐区为单位的集体行动，故史料中往往称为“公捐”。换言之，某些盐商的单独捐输不可计入所在盐区的盐商捐输。在此我们同样以《永宪录》的记载为例，该书记载雍正六年（1728）两淮盐商捐输（“公捐”）银30万修浚河道之后说：

> 扬之盐商轻财好义，最贤者为汪应庚，宋（按：当为“字”）上章。如植万松，构亭台于平山堂，以成名胜。与同辈复梅花岭故址，建书院以课养士子，修萧子祠墓。每年设药局以济贫。皆身先之。（雍正）十年各邑买稻积贮，皆分派富户任之，江都当二万，以一人代办，合邑若不知有此事者。十二年朝命特授光禄寺少卿以旌之。乾隆二年又独力鼎建府县两

① 《安徽巡抚卫哲治奏报歙县士商捐建惠济仓折》，乾隆十九年三月二十四日，台北故宫博物院编：《宫中档乾隆朝奏折》第7辑，第809页。

学宫，费五万余金，又捐银万二千两置田以供后日修理。其所余助士子乡会应试，远近尤称异。[①]

这里所载两淮盐商汪应庚在扬州的捐输，也得到其他史料的证实，其中一份史料明确地将其捐输行为概括为“煮赈施药、修文庙、资助贫生、赞襄育儿、激扬节烈、建造桥船、济行旅、拯覆溺”。[②]类似汪应庚这样个人单独捐输的情况较多，与以盐区为单位的盐商集体捐输有所区别。例如，嘉庆十九年（1814）长芦盐政广惠奏报长芦盐商查世倓、查有圻捐输时称：“据商人已革刑部郎中查世倓、已革四品卿衔刑部郎中查有圻呈称……商于上年随同通纲捐输赏需，实不足以尽悃忱。今情愿各捐银三万两，共银六万两，以备善后工赈之需。”[③]显然，本次两位长芦盐商查世倓、查有圻的额外捐输，与长芦盐区的集体捐输（“通纲捐输”）有本质区别。

上述区分并非笔者的刻意辨析，而是清代官方的认定。嘉庆二十四年（1819），军机处奉旨开列嘉庆十四年（1809）以后“淮南商人公捐银两清单”（表1–2），与这份清单同时进呈的说明中，军机处声明“臣等查两淮商捐各款，自十五年后，共计银一千七百万两”。[④]因为至嘉庆中期淮北盐商早已衰落，所以军机处所言“两淮盐商”实即“淮南盐商”。将军机处的清单与说明相比，清单中的款项总额是银1790万两，但说明中却说捐输总额是1700万两。其中90万的差额，正是出自盐商鲍崇城（引名“鲍有恒”）的独捐。换言之，鲍崇城作为两淮的总商，其资本雄厚，在参与两淮盐区的集体捐输之外，又另外单独捐出一笔款项，而这笔独捐的款项不可计入两淮盐商的捐输数额内。

---

① 萧奭撰，朱南铣点校：《永宪录》，中华书局，1959年，第398页。

② 张海鹏、王廷元主编：《明清徽商资料选编》，黄山书社，1985年，第321—322页。

③ 《长芦盐政广惠为芦商查世倓等呈请捐银三万两事奏折》，嘉庆十九年闰二月二十五日，中国第一历史档案馆等编：《清代长芦盐务档案史料选编》，天津人民出版社，2014年，第309页。

④ 中国第一历史档案馆编：《嘉庆道光两朝上谕档》第24册，广西师范大学出版社，2000年，第552页。

表1-2　嘉庆十五年（1810）至二十四年（1819）淮南商人公捐银两清单

公捐时间	公捐事由	公捐银数（万两）	备注
十五年（1810）五月	筹备江广拨船	50	—
十五年（1810）十二月	嘉庆帝巡幸五台山	10	—
十六年（1811）正月	南河修筑高堰及高宝湖堤等工	150	—
十六年（1811）二月	马港大工合龙	30	鲍有恒独捐
十六年（1811）八月	王营减坝漫工	100	—
十六年（1811）九月	李家楼漫口工赈兼施	160	—
十七年（1812）八月	南河善后工程	300	—
十七年（1812）九月	南河善后工程	100	—
十七年（1812）十二月	建河神庙工程	30	—
十八年（1813）十月	军需	10	鲍崇城独捐
十八年（1813）十一月	河工、军需	100	此外捐谷10万石
十八年（1813）十一月	河工、军需	10	鲍崇城独捐
十九年（1814）闰二月	兴办睢工	10	鲍崇城独捐
十九年（1814）四月	睢工漫口工程	100	—
十九年（1814）八月	工需	20	鲍崇城独捐
十九年（1814）十二月	河工、赈济	400	—
二十二年（1817）二月	嘉庆帝万寿庆典	100	—
二十二年（1817）二月	嘉庆帝万寿庆典	10	鲍崇城独捐
二十二年（1817）六月	嘉庆帝万寿庆典	100	—
总计	—	1790	—

资料来源：中国第一历史档案馆编：《嘉庆道光两朝上谕档》第24册，广西师范大学出版社，2000年，第553—554页。

关于盐商“独捐”与“公捐”的差异，清廷知之甚确。嘉庆十六年（1811）谕称：“前此淮商报效工需，鲍有恒即在捐输之列。兹该总商复以办工吃紧之际，情愿独力捐银三十万两，以佐要需”，也就是说，鲍崇城在两淮盐区的集体“公捐”之外又单独另行捐输，因此朝廷认为有必要特别予以奖励，即“淮商节次捐输，俱经赏给议叙，此次鲍有恒应格外加恩”。[①]

① 中国第一历史档案馆编：《嘉庆道光两朝上谕档》第16册，第62—63页。

此外，请捐者是以个人身份还是以群体身份的区别，还可以帮助我们将一些以捐为名的其他款项排除在外，其中典型就是对个别盐商的“罚捐”。例如，雍正六年（1728）谕旨称：

> 前陈时夏奏扬州盐商黄光德父子不法一案，朕即料其因富招怨，被人诈骗，平情度理批示。陈时夏后果得屈抑之情，为之完结。旋据该督抚奏称，黄光德感戴朕恩，欲捐赀效力，朕谕以断不可行。即众商因每年节省浮费，合力公捐银两，亦皆留为地方公事之用，利益民生，此天下所共知者。[①]

雍正帝这里将盐商黄光德的个人请捐与“众商公捐”区分开来，显然这笔捐银不同于两淮盐商的集体捐输。至于缘由，陈时夏在奏折中声称，黄光德“家拥厚赀，为富不仁”，并建议应由黄光德与另一位“劣绅”共同出资兴修需银10余万两的江苏地方水利工程。[②]奏折和谕旨对读，可以看出黄光德请捐的实质。雍正帝将黄光德的请捐（当然据谕旨未收）归于“感戴朕恩”，然而黄光德之所以请捐，实则是因为他面临地方官的威胁。这种威胁虽然并未明确使用罚款之类的表述，但官府若勒令出资，究其实质无疑如此。与此类似，乾隆十三年（1748）乾隆帝亦谕称：

> 前曾传谕吉庆，查明塞楞额、安宁、周学健与两淮商人有无交结寄顿之处，令其据实查奏。原因塞楞额等罪犯重大，家产应行入官，而伊等久历外任，淮商实为利薮，恐平日有交结寄顿等弊，不可令其隐匿遗漏。吉庆惟应遵旨查办，如果毫无寄顿，何妨据实奏明，乃奏称“塞楞额等并无交结寄顿，惟商人吴裕大、江广达、程观泰等，与周学健往来交结，愿出

① 允禄奉敕编，弘昼续编：《世宗宪皇帝上谕内阁》卷76，《景印文渊阁四库全书》第415册，台湾商务印书馆，1986年，第172页。

② 《署江苏巡抚陈时夏奏报盐商黄光德等人家赀甚富请令彼等协济水利工程折》，时间不详，中国第一历史档案馆编：《雍正朝汉文朱批奏折汇编》第32册，江苏古籍出版社，1989年，第737—738页。

银十万两赎罪”等语。该商等既无寄顿周学健赀财，其素相往来，又无关说干请，何罪可治，而横加重罚，国家有此政体乎……从前淮商遇地方公事，捐赀报效，出自情所乐从，自属踊跃急公之义，尚无不可。至以无辜坐谴，令其出赀，有是理乎。[①]

概言之，乾隆帝亦将个别盐商的出资赎罪与盐商集体的“公捐”区分开来。不过，盐政吉庆之所以提议这些盐商“出银赎罪”，自然是因为此前有类似的做法。后续的类似案例，或许可以帮助我们更好地理解这类盐商捐银的真实内涵。例如，乾隆十四年（1749），署理两淮盐政吉庆奏报称，此前盐商程容德因“寄顿张广泗银两一案”本应“解京质讯”，由于获得皇帝“特敕释回”，该盐商因感激皇恩“情愿捐银三万两赎罪自新”。[②]这笔以捐为名的款项既为了“赎罪”，当然可以理解为一种变相的罚款。又如，乾隆二十七年（1762），直隶总督方观承等奏报，在直隶和山东经营盐务的盐商查懋呈称，自己此前被诬告贩卖私盐，幸得“讯属虚捏”，因此“私心感幸、图效情殷”，目前天津府城坍塌、子牙河道淤浅，“情愿捐银四万两，交直隶藩库为工程等项之用”。[③]盐商呈文中的说辞我们不可全信，如果该盐商实属清白，他有必要捐出数万的银两吗？对此，近期的一项研究指出查懋的违法行为大概率属实。[④]考虑到查懋此前被控告系由直隶总督方观承审讯，而案件结束后查懋呈请捐银的对象恰是方观承，我们很难不把二者联系起来。简单说，查懋本次的捐银与其说是因为感激而“情愿”捐银，不如说是通过呈交一笔官商双方都可以接受的“罚款”以换得结案。盐商作为官府庇护下的既得利益者，盐业的经营确实存在灰色地带。在这种背景下，某些盐商在受到指控后，往往以捐银的名义向官府输送利

① 《清高宗实录》卷327，乾隆十三年十月戊申，《清实录》第13册，第411页。

② 《署理两淮盐政吉庆奏请淮北商人程容德捐赎银交何处事》，乾隆十四年十一月十五日，朱批奏折，档号04-01-35-0453-024。

③ 《直隶总督方观承等奏报盐商查懋情愿捐银疏浚河道事》，乾隆二十七年九月二十三日，朱批奏折，档号04-01-35-0622-016

④ 吉朋辉著，天津市档案馆编：《皇权的力场：清前中期天津大盐商的兴衰》，天津社会科学院出版社，2022年，第315页。

益，从而换得免于追责，因此笔者将这些以捐为名的款项称为“罚捐”。

综上，笔者将“盐商捐输”界定为盐商以所属盐区为单位集体向国家捐献银两或实物，其主要特征除了“公捐”属性，还包括该项捐输在提出之时原则上存在确定的总额与有限的缴款期限。[①]与之形成对比的是盐商以捐为名的“善举”，此类款项虽然也以盐区为单位由盐商集体出资，但属于惯例性长期缴款，一般来说每年具有相对稳定的数额且需持续缴纳，而且往往由盐商自行管理。此外，文献所载个别盐商的“独捐”需分别看待，其中有些属于盐商在“公捐”之外向皇帝表达效忠之意，另外一些则属于具有惩罚性质的“罚捐”，不可不察。根据事由，盐商捐输可以分为军需捐输、皇室事务捐输和地方公共事务捐输三大类，其中军需即战时军费和军需物资，皇室事务主要是巡幸、庆典和皇家工程，地方公共事务最常见的是赈济、河工和水利。[②]

第二节　盐商捐输的概念选用

在概念界定之后，我们尚需对概念的选用做详细说明。民国时期的盐业史研究者对盐商捐输的称谓比较多元，或称“报效”，如景学钤考察盐商捐输性质的论文篇名即为《论报效》，另外一篇考察票本问题的论文亦统计“两淮引商报效一览表”，这种称谓为田斌沿用；[③]或将“捐输”与“报效”并用，如欧宗佑称“淮商捐输，动辄百万，芦东两浙，亦各数十万。国家因盐商勇

① 按：当然，盐商在捐输赈济时未必预先确定总额，有时是在赈济完成后核算总额或实际捐输超出预先声明的数额，不过此类款项是在很短的期限内缴纳，因此总额是确定的。

② 按：有研究者将皇室事务捐输称为“备公捐输（备公报效）”，这是沿用嘉庆《两淮盐法志》的类型划分，因为该志在记载此类捐输时，除了部分事由明确为巡幸、万寿庆典等，有些仅笼统声明捐银“以备内府公事之用”“以充内府公用之需”“充内府之用”，故将此类统称为“备公”（单渠等纂修，方濬颐等续纂：嘉庆《两淮盐法志》卷42《捐输》，于浩辑：《稀见明清经济史料丛刊》第2辑第31册，第391—444页）。据笔者所见，这种分类称谓既未被其他《两淮盐法志》采用，也未见于其他盐区的盐法志。此外，“备公”语义含混，其本意为“备内府公用”，实际包含盐商以各种名义捐献给皇室的经费，因此笔者不予采纳，而采用表意更为明确的“皇室事务捐输”。

③ 本白（景学钤）：《论报效》，《盐政杂志》1915年第19期；本白：《票本问题》，《盐政丛刊》1922年第2期；田斌：《中国盐税与盐政》，江苏省印刷局，1929年，第16—19页。

于报效，额加优恤”，朱偰称“凡遇国家有大工大赈，（盐商）靡不捐输巨款，所谓‘报效’是也”，曾仰丰称“然自雍乾时代，报效例开，淮商捐输动辄数百万两”；[①]或进一步称“捐输报效”“报效捐输”，如刘隽称清政府“每借军需、助赈、助工、备公等名义，劝盐商捐输报效”，蒋静一称“盐商利用这种宣传，以报效捐输为名縻当局以重利”“盐商捐输报效，动逾数十百万”。[②]多种概念并用的局面，一直持续至今，其中“报效”和“捐输”这两种称谓最为常见。

概念的使用并非无关紧要之事，为厘清概念的源流，兹统计顺治、康熙、雍正三朝盐商捐输的概念使用如下（表1–3），因为这一时期的盐商捐输还相对较少，可以进行全面的统计。需要说明的是，此处统计的部分款项未明确是上缴政府还是盐商自行管理，因此介于“捐输”与“善举”之间，但本表仅为统计用语问题，故一并纳入统计。

表1–3　顺康雍三朝盐商捐输用语统计表

盐商捐输详情	原文措辞	资料来源
顺治八年（1651）（两淮）盐商捐修永平城工银 18 000 两	共纳助饷银 / 捐助	增 1
康熙十年（1671）两淮盐商捐赈济折银 22 670 两	情愿乐输	淮乾 39–3
康熙十七年（1678）两淮盐商捐军需银 135 000 余两	急公济饷 / 捐助	淮乾 39–4
康熙十八年（1679）两淮盐商和官员捐赈济银 33 000 余两	捐输 / 各捐银两	淮乾 39–5
康熙三十八年（1699）两淮盐商为淮扬赈济捐米 5 万石	一体捐济 / 捐米	增 2
康熙四十四年（1705）两淮盐商捐建扬州驿宫	捐助 / 出银建造	曹 30
康熙四十九年（1710）两淮盐商为淮扬赈济捐米	捐米赈济	康 2–800
康熙五十一年（1712）两淮盐商为淮扬潮灾捐赈	捐助	康 4–403
康熙五十五年（1716）两淮盐商为扬州府旱灾捐赈	一体捐银买米	康 7–568
康熙五十五年（1716）至五十七年（1718）两淮盐商捐瓜州河工银 240 291 两	公捐 / 认捐完工	淮乾 39–6，康 8–58

① 欧宗佑：《中国盐政小史》，商务印书馆，1927年，第41页；朱偰：《中国盐法中之专商制问题》，《国立中央大学社会科学丛刊》1935年第1期；曾仰丰：《中国盐政史》，商务印书馆，1937年，第117页。

② 刘隽：《道光朝两淮废引改票始末》，《中国近代经济史研究集刊》1933年第1卷第2期；蒋静一编著：《中国盐政问题》，正中书局，1936年，第183、186页。

续表

盐商捐输详情	原文措辞	资料来源
康熙五十七年（1718）两淮盐商请为西北军需捐银15万两（未收）	捐输/捐助/献银	明39-229，康8-303
康熙五十八年（1719）两淮盐商请为西北军需捐银16万两（未收）	捐银	淮乾0-142
康熙六十年（1721）两淮盐商请为西北军需捐银24万两（未收）	献银	淮乾0-142
康熙五十九年（1720）两淮盐商捐修天宁寺14 243两（仅收部分）	照数公捐	康8-690
雍正三年（1725）两淮盐商为修范堤捐银34 532两	按引捐输	淮乾39-6
雍正四年（1726）两淮盐商捐银24万两“备交运库”	公捐	淮乾0-154，淮乾39-7
雍正四年（1726）两淮盐商为盐义仓（水脚等）捐银54 400两	捐银/输银/捐输	雍7-577，起1-734
雍正四年（1726）两浙盐商为捐银10万两买谷（盐义仓）	公输	浙18-384
雍正五年（1727）两淮盐商捐银24万两“以充公用”	公捐	淮乾0-157，淮嘉42-430
雍正五年（1727）两浙盐商捐“浮费银”182 572两（雍正七年题报）	按引公输	浙18-385，吏55-326
雍正六年（1728）两淮盐商为扬州水利工程捐银30万两（收否未详）	捐银/公捐	谕13，增3
雍正六年（1728）两淮盐商捐银10万两买谷贮仓	捐银	吏42-114
雍正七年（1729）两浙盐商捐银2万两建盐义仓	捐银	浙18-385
雍正十年（1732）两浙盐商捐盐义仓谷银10万两、建仓银2万两	捐银	浙18-385
雍正十年（1732）长芦盐商捐军需银10万两（未收）	公捐/捐输	芦5-82，户88-307、89-297
雍正十一年（1733）山东盐商捐军需银5万两（未收）	公捐	户89-298
雍正十一年（1733）两淮盐商捐军需银10万两	捐银	淮嘉42-392
雍正十二年（1734）两浙盐商捐修海塘工程银10万两	捐助/捐输/公输	浙18-385，吏82-385

说明：1.“资料来源”一栏，官书和已刊档案用简称，其中乾隆《两淮盐法志》（王世球等纂修，于浩辑：《稀见明清经济史料丛刊》第1辑第4—9册，国家图书馆出版社，2009年）简称为“淮乾”，其后数字为卷数和页码（该志相关资料集中在第4册卷首《制诏》［统计表格卷数标注为0］和第9册卷39《杂志一・捐助》）；嘉庆《两淮盐法志》（单渠等纂修，方濬颐等续纂，于浩辑：《稀见明清经济史料丛刊》第2辑第26—33册，国家图

书馆出版社，2012年）简称为“淮嘉”，其后数字为卷数和页码（该志相关资料集中在第31册卷42《捐输》）；嘉庆《长芦盐法志》（黄掌纶等撰，刘洪升点校，科学出版社，2009年）简称为“芦”，其后数字为卷数和页码；嘉庆《重修两浙盐法志》（延丰纂修，《续修四库全书》第841册，上海古籍出版社，2002年）简称为“浙”，其后数字为卷数和页码；《关于江宁织造曹家档案史料》（故宫博物院明清档案部编，中华书局，1975年）简称为“曹”，其后数字为页码；《康熙朝汉文朱批奏折汇编》（中国第一历史档案馆编，档案出版社，1985年）简称为“康”，其后数字为册数和页码；《“中央研究院”历史语言研究所现存清代内阁大库原藏明清档案》（张伟仁主编，联经出版事业公司，1986年）简称为“明”，其后数字为档号；《雍正朝起居注册》（中国第一历史档案馆编，中华书局，1993年）简称为“起”，其后为册数和页码；《雍正朝汉文朱批奏折汇编》（中国第一历史档案馆编，江苏古籍出版社，1989年）简称为“雍”，其后数字为册数和页码；《雍正朝内阁六科史书·吏科》（中国第一历史档案馆编，广西师范大学出版社，2002年）简称为“吏”，其后数字为册数和页码；《雍正朝内阁六科史书·户科》（中国第一历史档案馆编，广西师范大学出版社，2007年）简称为“户”，其后数字为册数和页码；《世宗宪皇帝上谕内阁》（允禄奉敕编，弘昼续编，《景印文渊阁四库全书》第415册，台湾商务印书馆，1986年）简称为“谕”，其后数字为页码。其他资料来源分别以“增1”“增2”“增3”等方式标注，其中“增1”为姚文然：《姚端恪公文集》卷1《永平造城抄参》，《四库未收书辑刊》编纂委员会编：《四库未收书辑刊》第7辑第18册，北京出版社，2000年，第212页；“增2”为宋荦：《西陂类稿》卷36《淮扬二属赈济疏》，《清代诗文集汇编》第135册，上海古籍出版社，2010年，第417—418页；“增3”为萧奭撰，朱南铣点校：《永宪录》，中华书局，1959年，第398页。

2.本表所统计两淮盐商在雍正四年（1726）、五年（1727）连续捐输24万两之时，尚有相关银两未纳入统计。雍正四年两淮盐商在捐银24万两“备交运库”的同时，又“噶尔泰名下有应得银八万”，盐政噶尔泰声明总计银32万两“报部拨解”，雍正帝指示赏给噶尔泰2万两，剩余30万两作为江南地区的盐义仓经费（《清世宗实录》卷40，雍正四年正月乙巳，《清实录》第7册，中华书局，1985年，第595页；《巡视两淮盐课监察御史噶尔泰题为奉旨以淮商捐项赐建仓廒买贮米谷并赏银议叙谢恩本》，雍正四年四月初三日，中国第一历史档案馆编：《雍正朝内阁六科史书·吏科》第27册，第200—201页）；雍正五年（1727），两淮盐商又再次请捐银24万两“以充公用”，同时备给噶尔泰“公务银八万两”，噶尔泰声称总计银32万两“一并交库”，雍正帝谕称，盐商本次捐银24万两“大非朕意”，“将此项银两，令众商各暂行存贮。将来遇有公事动用之处，再候谕旨。或将此项任伊等资生利息，亦从其便。向后不必再捐”，至于另外8万两“此系噶尔泰应得之项，若有需用之处，听其自行支用。伊若不接受，任其退还众商。朕不收受”（《清世宗实录》卷52，雍正五年正月乙巳，《清实录》第7册，第787页）。

3.既有研究对这一时期盐商捐输统计最为全面者当属陈锋《清代盐政与盐税》（中州古籍出版社，1988年，第215—234页），笔者此处统计约增加了一倍的案例。当然，笔者此处的部分案例尚介于"捐输"与"善举"之间，后文将详细论述。相较而言，该书根据档案所统计的康熙十七年（1678）两浙盐商捐军需银12 000两，笔者未能见到具体用语，未纳入统计。此外，该书所统计的顺治二年两淮盐商汪文德和汪文健兄弟捐军需银、长芦盐商王廷扬于康熙六十年（1721）和雍正元年（1723）的捐银，均系这些盐商以个人或家族身份所捐，与以盐区为单位的盐商集体捐输有本质区别，故本表不予统计。

如果回归历史语境，我们可以清晰地看到，从清初到雍正时期，盐商从未使用"报效"一词指称向朝廷捐银或捐物的行为。文献中经常直接用单字"捐"与具体的内容构成"捐银""捐米"等措辞，如果要用一个词组，最常见的称谓是"捐输""捐助""公捐"，此外也用"乐输""公输"等。

在记载顺治、康熙、雍正三朝盐商捐输的文献中，笔者只见到四次出现"报效"字样，其中前三次均为康熙五十六年（1717）至五十七年（1718）两淮盐政李煦关于两淮盐商为瓜州河工和军需捐银的报告，其措辞分别为"商人江楚吉等，感激天恩，无可报效，愿再捐九万八千余两"；[①]"数十年来商人仰沐圣恩最深最重，乃从古之所未有，自愧无可报效……今情愿于西边军需再捐银一十五万两"；[②]"两淮商人沐我皇上弘恩，浃髓沦肌，共图报效。今大军靖剿西鄙，各商踊跃急公，谨献饷银一十五万两以佐军需"。[③]另外一次是关于雍正十三年（1735）议叙两浙盐商捐海塘经费银时，盐商声称"急公报效，原属分所应当。况此项银两，系属众商按引公输，何敢滥叨议叙"。[④]显

① 《苏州织造李煦奏报商人愿再捐银做瓜州花园港等埽工折》，康熙五十六年十一月二十七日，中国第一历史档案馆编：《康熙朝汉文朱批奏折汇编》第8册，档案出版社，1985年，第58页。

② 《苏州织造李煦奏为淮商愿捐军需先借库银分年补完事折》，康熙五十七年闰八月初二日，中国第一历史档案馆编：《康熙朝汉文朱批奏折汇编》第8册，第303页。

③ 《苏州织造兼两淮盐政李煦题报两淮商人捐饷银数并自戊纲起分年照数完库》，清康熙五十七年闰八月六日，张伟仁主编：《"中央研究院"历史语言研究所现存清代内阁大库原藏明清档案》，联经出版事业公司，1986年，档号39-229。

④ 《兼吏部尚书张廷玉题浙省商人汪恒丰等捐银修堤请赏给匾额花红以示奖励本》，雍正十三年九月二十日，中国第一历史档案馆编：《雍正朝内阁六科史书·吏科》第82册，广西师范大学出版社，2002年，第385页。

然，这些文献中的“报效”都不是作为动词或者名词用于指称捐献这一行为，而是作为修辞表示盐商对皇恩的感激。换言之，盐商对于皇帝的恩德“无可报效”，因此通过具体的捐银或捐物以表达其知恩图报。总之，“报效”一词只能与明确的“捐”共同使用，无法单独用于表达捐输行为。

乾隆朝起盐商捐输呈现规模效应，因此史料中频繁出现“报效”一词，至此已无法进行完全的统计，兹以已刊乾隆朝奏折和实录为例，分别统计盐商捐输案例中“报效”的使用情况（表1–4、表1–5），以此反映该时段的基本面貌。

表1–4　已刊乾隆朝奏折盐商捐输案例的“报效”用词统计表

时间	原文措辞
十七年（1752）	两淮盐商“情愿公捐银三十万两”“两淮商等受恩深重，分宜力图报效”
十八年（1753）	两淮盐商“情愿公捐，稍伸报效”“群请捐输报效，情愿公捐银六十万两助兴大工”
十九年（1754）	长芦、山东盐商“感戴皇恩，莫由图报，情愿长芦捐银二十万两，山东捐银十万两”“该商等仰沐皇恩至深极厚，人人乐业安居，心殷报效……似应准其报捐”
二十年（1755）	两淮盐商“感戴天恩，情殷报效”“情愿公捐银二十万两”
三十九年（1774）	两浙盐商“虽称公捐出自至诚，不敢仰邀议叙，第念其踊跃急公，情殷报效”
四十七年（1782）	两淮盐商“具有天良，心存报效，情愿公捐银两，环庭吁请，实出至诚”
五十三年（1788）	两淮盐商“情愿公捐银二百万两”“当兹国帑充裕，固无俟毫末之捐输，而商等庆幸情深，庶以尽涓埃之报效”
五十三年（1788）	“兹长芦商等情愿敬输银三十五万两，山东商等情愿敬输银一十五万两……少抒报效”
五十三年（1788）	两浙盐商“感激愈深，报效弥切。现在大功即日告竣，商等情愿敬输银四十万两”
五十三年（1788）	两浙盐商“情殷报效……曾经捐银四十万两”“该商等报效情殷，捐输踊跃”
五十三年（1788）	两淮盐商“情愿公捐银一百万两，稍助工赈之需。在国帑丰裕，固不借此毫末捐输，而商等感激情殷，庶得少展涓埃报效”

资料来源：台北故宫博物院编：《宫中档乾隆朝奏折》，台北故宫博物院，1982年，第3辑第357页，第6辑第649—650页，第10辑第142页，第12辑206—207页，第34辑第659页，第52辑第137页，第66辑第851—852页，第66辑第865页，第66辑第871页，第67辑第221—222页，第69辑第562页。

表1-5 《清高宗实录》盐商捐输案例的“报效”用词统计表

时间	原文措辞
乾隆十三年（1748）	“从前淮商遇地方公事，捐赀报效，出自情所乐从，自属踊跃急公之义”
乾隆十六年（1751）	“今两淮商人，踊跃急公，捐输报效”
乾隆十九年（1754）	“是以于两淮、芦、东、浙、闽等处各商之急公捐输者，不便阻其报效之忱，俯允所请”
乾隆三十三年（1768）	两淮盐商“以提引应交官帑，冒称乐输报效，滥邀褒奖”
乾隆三十八年（1773）	两浙盐商“虽称公捐出自至诚，不敢仰邀议叙。第念其踊跃急公，情殷报效，自应一体加恩”
乾隆四十七年（1782）	“今浙商等呈请公捐，报效情殷”
乾隆四十九年（1784）	两浙盐商“共捐输银六十万两，以效下忱”“伊等桑梓情殷，输忱报效，甚属可嘉”
乾隆五十一年（1786）	河东盐商称“恭逢巡幸五台，情殷报效，愿备赏银二十万两，稍抒忱悃”
乾隆五十三年（1788）	“长芦商人愿输银三十五万两，山东商人愿输银一十五万两，共银五十万两，少抒报效”“该商……请捐银两，出自悃诚，自应俯如所请，以遂其报效之忱”
乾隆五十三年（1788）	两浙盐商捐银40万两，“自应俯准所请，以遂其报效之忱……至该商等踊跃捐输，殊属急公”
乾隆五十三年（1788）	两淮盐商“公捐”银200万两，“自应俯如所请，以遂其报效之忱。至该商等踊跃捐输，殊属急公”
乾隆六十年（1795）	两淮盐商“又请将前此公捐未收银一百万两一并输纳”“所有急公报效之该商等，俱着交部归并前次，一体照例议叙”

资料来源：《清高宗实录》卷327，乾隆十三年十月戊申，《清实录》第13册，中华书局，1986年，第411页；《清高宗实录》卷382，乾隆十六年二月丁丑，《清实录》第14册，第27页；《清高宗实录》卷477，乾隆十九年十一月辛丑，《清实录》第14册，第1165页；《清高宗实录》卷813，乾隆三十三年六月辛巳，《清实录》第18册，第989页；《清高宗实录》卷943，乾隆三十八年九月庚辰，《清实录》第20册，第766页；《清高宗实录》卷1166，乾隆四十七年十月乙亥，《清实录》第23册，第637页；《清高宗实录》卷1200，乾隆四十九年三月丁酉，《清实录》第24册，第50—51页；《清高宗实录》卷1249，乾隆五十一年二月癸卯，《清实录》第24册，第793页；《清高宗实录》卷1296，乾隆五十三年正月己巳，《清实录》第25册，第410页；《清高宗实录》卷1296，乾隆五十三年正月丁丑，《清实录》第25册，第420页；《清高宗实录》卷1297，乾隆五十三年正月壬午，《清实录》第25册，第427页；《清高宗实录》卷1493，乾隆六十年十二月戊戌，《清实录》第27册，第979页。

上述只是统计出现“报效”的案例，至于其他仅使用“捐输”等词汇的案例更多。分析表格可知，乾隆朝奏折和实录中“报效”这一措辞的使用仍然未脱离前述规范，即“报效”是用于表达盐商对皇恩的感激，不能单独用于表达盐商的捐输行为，该词汇是在强调盐商通过“捐输”表达对皇恩的“报效”之情。此外，上述统计中“捐输报效”的组合措辞是强调盐商以“捐输”来“报效”皇恩，“报效”并非“捐输”的同义词。

嘉道两朝基本沿袭此前措辞的使用规范，常见的表达仍是盐商“情殷报效”因而“捐输”若干。不过，至此“报效”一词偶尔也作为动词或名词使用。例如，嘉庆五年（1800）谕旨称“昨两淮、浙江、广东各商俱吁恳报效”，嘉庆十三年（1808）谕旨称“淮商报效之三百万两”，嘉庆二十五年（1820）官员奏疏称盐商捐款“徒有报效之名，转将正课亏挪”。[①]同时需要强调的是，在上述史料中，“报效”这一措辞在绝大多数情况下仍然是与“捐”同时出现。当然，这一时期的史料中也偶见单独以“报效”一词指称盐商捐输的做法。例如道光六年（1826）浙江巡抚程含章奏称“浙商报效银一百万两”，次年谕旨中也称“浙商等恳请报效银一百万两……此项报效银两着自丙戌纲起分作四纲完缴”。[②]即便如此，直到咸同时期记载盐商“捐”更常用的词汇仍然是“捐输”，简单检索《清实录》即可知，在此不再一一举例。单独的“报效”一词作为“捐输”的同义词并获得同等频次出现于史料中，主要是光绪朝的现象，而且这些措辞所针对的主要捐输对象也不再是盐商。这涉及清代捐输制度的复杂演变问题，在此不为详述。

总之，在清代的绝大多数时间内，史料中主要用“捐”（“捐输”“公捐”“捐银”）指代盐商向朝廷的捐银或捐物行为，“报效”一词往往是作为修辞表达盐商对皇恩的感激之情，并非作为“捐输”的同义词使用。而且，清代史料中的“报效”大多是指官员认真履职以报皇恩（即为报恩而“效

① 《清仁宗实录》卷61，嘉庆五年三月戊午，《清实录》第28册，第813—814页；中国第一历史档案馆编：《嘉庆道光两朝上谕档》，第13册第256页、第25册第386页。

② 《清宣宗实录》卷112，道光六年十二月丁卯，《清实录》第34册，第871页；中国第一历史档案馆编：《嘉庆道光两朝上谕档》第32册，第38页。

力”），次之才是指臣民进献财物（即以捐献财物的方式“效力”），因此不宜使用语义相对宽泛的这一词汇来指代盐商捐献的行为。至于“公捐”是表达其集体行动的属性，“捐银”是表达所捐的具体内容。此外，清代官书、档案等资料使用最多的就是“捐输”一词，因此本书采用“捐输”这一概念。

当然，正所谓“积非成是”，民国以来“报效”一词往往作为“捐输”的同义词被使用，因此根据研究者的习惯，称“捐输”或“报效”皆可，但不宜使用语义重复的合并词汇“捐输报效”或“报效捐输”。

小 结

盐商以捐为名的款项并非均属“盐商捐输”，其中需要排除作为惯例性支出且由盐商自行管理的“善举”，盐商以个人或家族身份的“独捐”与“罚捐”等。作为盐商的集体行动，这种行为往往又称“公捐”“公输”。清代盐商通过捐输向朝廷表达效忠之意，即以捐输的方式向朝廷“效力”，故“报效”一词出现的频率逐渐增加，至清末几乎成为“捐输”的代名词。至于本书考察的清前中期，“报效”尚未成为常用措辞，故笔者选择使用“捐输”这一措辞。

第二章　清代盐商捐输的起源及其演变

以商人身份向朝廷捐献财物的现象在中国古代有着悠久的传统，尤其是在明清时期。[①]不过这类捐献往往是个体行动，而本书所论盐商捐输则是一种集体行为，与商人以个人身份的捐献有本质区别。作为一种集体行动，盐商捐输不仅是清代的“新传统”，更是在经历清前期漫长的发展之后才成为一种稳定状态。这种行为始于顺治朝，不过在顺治、康熙两朝的79年之间，盐商捐输只是偶发现象，无论是在盐法志还是档案中，我们仅发现零星的记录，因此不妨将这个时段称为盐商捐输的“偶发时期”。至雍正时期，盐商捐输有明显增多的趋势，参与盐区也在增加，但这种趋势始终处于不稳定状态，一直到乾隆初期都呈现出某种程度的反复和波动，这一时期可谓是盐商捐输的“波动时期”。不过，随着乾隆朝初次金川之役的爆发，从乾隆十三年（1748）到十四年（1749），长芦、山东、两淮、两浙、两广、河东、福建七个盐区的盐商们集体为军需事宜捐输，这种步调一致的行动遂成为惯例，同时清廷也对盐商报以较高的政治和经济奖励，从而开启了盐商捐输的“惯例时期”，盐商捐输自此发生根本性的转变。

---

① 叶显恩：《徽商利润的封建化与资本主义萌芽》，《中山大学学报（哲学社会科学版）》1983年第1期；张海鹏、王廷元主编：《明清徽商资料选编》，黄山书社，1985年；张正明、薛慧林主编：《明清晋商资料选编》，山西人民出版社，1989年；宋立杰：《有偿的互动：明清商人善举考》，《西南大学学报（社会科学版）》2017年第2期；常文相：《明代商人的社会参与》，《中国史研究》2019年第3期；王世华：《从明清地方公共事务看徽商“士”意识的觉醒》，《安徽师范大学学报（人文社会科学版）》2022年第1期。

第一节　清代盐商捐输的起源与早期特征

（一）清代盐商捐输起源再考

关于清代盐商捐输的起源，早期的研究者多界定在雍正朝或乾隆朝，陈锋在系统辨析之后提出两个层面的说法。其一，他认为盐商捐输最早的记载是顺治二年（1645）“徽商世家”汪文德、汪文健兄弟“括家财三十万犒师”，同时又指出这“只是个别的现象，与后来盐商们的报效尚有所区别”；其二，他发现康熙朝三藩之乱时期两淮和两浙盐商的捐输军需案例，并推论康熙朝在军需紧急的情况下“盐商的报效已是一种较为普遍的现象”，“这与雍正以后的军需报效是没有任何区别的”，最终将盐商捐输的肇始时间界定在三藩之乱爆发之后。[①]

关于顺治二年（1645）汪氏兄弟捐家财犒师之事，笔者同样赞同不将其视为盐商捐输的说法。除了其确系“个别现象”这一原因，尚有更重要的理由。具体而言，汪氏家族系徽商世家，汪氏兄弟的捐输行为更多是以个人或家族身份所捐，与以盐区为单位的盐商集体捐输行为有本质区别，换言之，其捐输行为与所在盐区无关，自然不属于盐商捐输的范畴。排除这一案例后，需要追问的是：在康熙朝三藩之乱之前，是否存在盐商捐输的现象？清代盐商捐输的肇始时间是否另有说法？对此，笔者找到了顺治朝的一则具体案例，兹详引奏疏原文如下：

> 工科抄看得，捐助原经奉旨：“有不能亲自解京者，可将姓名、籍贯，并所助钱粮数目，详悉写明，投送工部。其钱粮交付该管督抚，解送工部。该督抚仍备造捐助姓名、籍贯、钱粮数目文册具奏。捐助之人，酌

① 陈锋：《清代盐政与盐税》，中州古籍出版社，1988年，第216—217页。

量恩叙。该部登簿记著。”盖捐助之人，自将钱粮数目投部，所以防在外之侵冒。督抚造捐助者之姓名、籍贯，所以备在内之稽核。王言甚重，立法甚周。今巡盐御史崔□弘所奏“众商共纳助饷银一万八千两”，正与不能亲自解京之例相符。但各商果否造数投部，而疏内并未开明各商姓名、籍贯，又未开明某商捐助若干，似与“仍备造姓名、籍贯、钱粮数目文册具奏”之旨相悖。贵部将何登簿，此后凭何恩叙？似应查明通行申饬，以重前旨，以防侵冒，以劝急公。[①]

奏疏作者姚文然时任工科左给事中。本条奏疏虽未标注上奏的具体时间和批复，但我们可以推断出大致时间。一是，姚文然奏疏按照时间编排，本条奏疏前后两条奏疏的时间分别为顺治八年（1651）八月、顺治九年（1652）八月，本条奏疏应在这两个确切时间的区间之内；二是，奏疏所引为顺治七年（1650）七月谕旨，当时摄政王多尔衮为了在永平建城避暑而传谕各省官商士民为此“捐助”，[②]然而随着当年底多尔衮的去世，次年二月顺治帝即谕令停止修城及相关“捐助”，其中已捐钱粮“照数查收”。[③]因此，虽然无法确定姚文然奏疏的详细时间，但其所论巡盐御史奏报的“众商共纳助饷银一万八千两”一事则当在顺治七年（1650）七月多尔衮传谕捐助之后，顺治八年（1651）二月顺治帝谕停捐助之前。

顺治初年，清廷设长芦、两淮、两浙、河东巡盐御史各一员，一年期满更换，至顺治十年（1653）“停差御史，归运使管理”。[④]据笔者查核此四区盐法志的职官表，顺治元年（1644）至十年（1653）崔姓任职巡盐御史者，仅

① 姚文然：《姚端恪公文集》卷1《永平造城抄参》，《四库未收书辑刊》编纂委员会编：《四库未收书辑刊》第7辑第18册，北京出版社，2000年，第212页。按：奏疏刻本于巡盐御史姓名有所隐讳，在“崔”“弘”之间空一字。

② 《清世祖实录》卷49，顺治七年七月乙卯，《清实录》第3册，第393页。

③ 《清世祖实录》卷53，顺治八年二月辛卯，《清实录》第3册，第421页。

④ 伊桑阿等编著，关志国等点校：《大清会典·康熙朝》卷33《盐法下·盐法通例》，凤凰出版社，2016年，第398页。

见顺治六年（1649）至七年（1650）任职两淮巡盐御史的崔应弘。[1]结合姚文然的奏疏，可以推断本次“众商”捐银1.8万两之事，当在顺治七年（1650）两淮巡盐御史崔应弘任职期间。崔应弘奏称“众商共纳”，即可证本次捐银并非个别商人的行动，而是两淮盐商的集体行动，这种捐输符合本书所界定的“盐商捐输”。因此，笔者认为清代的盐商捐输可以追溯到顺治七年（1650）两淮盐商为永平修城捐银1.8万两，该行为属于对皇室事务的捐输。

除了上述顺治七年（1650）的案例，在康熙朝三藩之乱爆发之前，是否还有盐商捐输的案例？答案是肯定的，盐法志中有明确记载：

> 康熙十年六月巡盐御史席特纳等疏言：“淮扬为商盐根本重地，商民互相依倚，必灾民得所，然后地方安靖，商课无虞。臣传集徽西纲食众商，劝谕捐赈。据众商陈恒升等情愿乐输，于扬城外设立四厂煮粥，每日约赈男妇四万五千余名口。其泰州、高邮、兴化等处，老幼不能就食者，各处分发数百石不等。又供给过灾民棉衣一万四十五件，共用银二万二千六百七十两。将各商捐过银两数目造册具题。”户部覆准：查定例，富民或捐米一千石或捐银五百两者，移咨督抚，加以九品顶带荣身。今除册内捐银不足五百两者例不议外，其捐银五百两以上商人陈恒升等八名，照例加以九品顶带。[2]

康熙十年（1671），两淮盐商因赈济事务捐出粮食和衣物，合计银2.2万余两。这些物资应该是盐商自行管理，并未直接捐给官府。严格来讲，此举似应归入笔者所界定的“善举”。不过，盐商为赈济事务出资是出于官府的动员，

① 王世球等纂修：乾隆《两淮盐法志》卷25《职官三》，于浩辑：《稀见明清经济史料丛刊》第1辑第7册，第373页。按：顺治八年（1651）三月谕旨亦提及“巡盐御史崔允弘章奏”（《清世祖实录》卷55，顺治八年三月乙酉，《清实录》第3册，第436页），此处所言“崔允弘”与“崔应弘”应为同一人，只是不知何处记载为准确姓名，暂从盐法志。

② 王世球等纂修：乾隆《两淮盐法志》卷39《杂志一·捐助》，于浩辑：《稀见明清经济史料丛刊》第1辑第9册，第2—3页。按：在清代文献中，“顶戴”又时常作“顶带”，后文除了引用原文保留“顶带”，论述部分统一用“顶戴”。

事后地方官府也以捐输的名义上报请奖，而且中央政府也是明确以捐输的名目予以奖励，因此这一案例应属捐输。更进一步说，在此类灾荒赈济中，官府不仅寄希望于盐商捐银捐物，而且乐于让盐商参与具体的赈济事务，因此这些盐商捐出的款项虽然在名义上由盐商管理，实际与直接缴给官府并无二致。总之，盐商捐资并自行管理赈济事务，如果在事后由官府认定出资金额并上报请奖，这类行为既被盐法志归入盐商捐输，本书自然不必强行将其排除在外。

此外，乾隆《两淮盐法志》亦将顺治十年（1653）的一则盐商出资案例归入“捐助”。因修筑武昌、汉口两处江岸，户部议准川湖总督祖泽远“盐船一只征银七钱，小盐一万亦征银七钱”的方案，初议暂征一年，后议准再征一年。[①]本次盐商的出资属于直接的加派，显然不存在被奖励的可能，故至嘉庆《两淮盐法志》就不再将这一案例计入“捐输”，相反前引康熙十年（1671）的捐输赈济事务仍予保留。[②]因此，笔者亦不将这一案例视为捐输。

总之，笔者认为清代盐商捐输始于顺治朝而非康熙朝三藩之乱时期。当然，笔者所见早于三藩之乱的盐商捐输案例仅此两则，且均出自两淮盐商，一是顺治七年因永平修城捐银1.8万两，二是康熙十年（1671）因赈济捐物资折银2.2万余两。

（二）顺康时期的盐商捐输及其特征

关于顺治、康熙两朝的盐商捐输案例，笔者在第一章概念选用时做过全面统计（表1–3），兹转化为统计简表2–1。其中顺治朝18年间仅1例，康熙朝61年间也不过10余例（如进一步排除部分疑似“善举”的案例和朝廷未收的案例，可能不足10例），单次款项未超过银30万两，总额也不过数十万两。除了捐输分散、款项数额较小，这一时期的盐商捐输还有以下两个特征。

---

① 王世球等纂修：乾隆《两淮盐法志》卷39《杂志一·捐助》，于浩辑：《稀见明清经济史料丛刊》第1辑第9册，第2页。

② 单渠等纂修，方濬颐等续纂：嘉庆《两淮盐法志》卷42《捐输一·军需》，于浩辑：《稀见明清经济史料丛刊》第2辑第31册，第391页；卷42《捐输三·灾济》，第413页。

表2–1 顺康两朝盐商捐输统计表

序号	时间	捐输者	捐输事由	捐输数额
1	顺治七年（1650）	两淮盐商	永平修城	银 18 000 两
2	康熙十年（1671）	两淮盐商	赈济	折银 22 670 两
3	康熙十七年（1678）	两淮盐商	平三藩军需	银 135 000 余两
4	康熙十七年（1678）	两浙盐商	平三藩军需	银 12 000 两
5	康熙十八年（1679）	两淮盐商	赈济	银 33 000 余两
6	康熙三十八年（1699）	两淮盐商	淮扬赈济	米 5 万石
7	康熙四十四年（1705）	两淮盐商	修扬州驿宫	捐银，数额不详
8	康熙四十九年（1710）	两淮盐商	淮扬赈济	捐米，数额不详
9	康熙五十一年（1712）	两淮盐商	淮扬潮灾赈济	捐银，数额不详
10	康熙五十五年（1716）	两淮盐商	扬州府旱灾捐赈	捐银，数额不详
11	康熙五十五年（1716）至五十七年（1718）	两淮盐商	瓜州河工	银 240 291 两
12	康熙五十七年（1718）	两淮盐商	西北军需	银 15 万两（未收）
13	康熙五十八年（1719）	两淮盐商	西北军需	银 16 万两（未收）
14	康熙六十年（1721）	两淮盐商	西北军需	银 24 万两（未收）
15	康熙五十九年（1720）	两淮盐商	修天宁寺	银 14 243 两（仅收部分）

第一，就参与盐区而言，目前所统计到的顺治、康熙两朝的盐商捐输中，除了1例两浙盐商在三藩之乱时期的捐输，其他均出自两淮盐商。虽然两淮盐商作为捐输绝对主力的现象在此后长期存在，但其他盐区的商人在雍乾以降也有一定程度的参与。顺康两朝两淮盐商在捐输方面过于绝对的表现，很可能是由于两淮盐业在清初得以较快恢复，两淮盐商的财力堪供捐输。

第二，就捐输事由而言，这一时期的盐商捐输以地方公共事务为多。盐商为皇室事务的捐输仅见顺治七年（1650）、康熙四十四年（1705）、康熙五十九年（1720）3例。至于军需捐输，前引陈锋研究因发现康熙朝三藩之乱时两淮和两浙盐商的2例捐输而认为盐商从此为战时军需捐输“已是一种较为普遍的现象”，但据笔者的统计，在康熙朝中后期的系列战事中，无论是统一台湾之战还是多次在北部和西北边疆的战事，除了清廷并未收受的康熙五十七年（1718）、五十八年（1719）、六十年（1721）两淮盐商3次为西北军需捐银，并未发现其他盐商捐输记载。因此，盐商的军需捐输在康熙朝仍相当随机。至于地方公共事务的捐输，主要是因为赈济，而盐商对赈济的出资尚介于“捐输”与“善举”之间，界限尚且比较模糊。总之，不论是何项事由，这一时期的盐商捐输都属于偶发行为，并未常态化。

第二节　雍正至乾隆初期盐商捐输的波动

（一）雍正至乾隆初期盐商捐项的统计与分析

关于雍正朝的盐商捐输，笔者在表1-3做过较为全面的统计，兹补充乾隆元年（1736）至十二年（1747）数据，统计雍正至乾隆初期盐商捐输案例如下（表2-2）。[①]由于这一时期盐商以捐为名的款项性质比较复杂，不论当时还是后世的认知都存在较大分歧，所以此处统计笼统称为“捐项”。至于何者归入“捐输”、何者归入“善举”，后文将展开论述。为后文分析之便，此处统计表增设“盐法志记载”一栏，以展示清代盐法志对这些款项的归类及其异同。

表2-2　雍正至乾隆十二年（1747）盐商捐项统计表

盐区	时间	捐项事由	捐项数额	盐法志记载
两淮	雍正三年（1725）	范堤工程	银34 532两	乾隆淮志“捐助”
	雍正四年（1726）	备交运库（盐义仓）	银24万两	乾隆淮志“捐助”，嘉庆淮志“盐义仓”
	雍正四年（1726）	盐义仓（水脚等）	银54 400两	嘉庆淮志“盐义仓”
	雍正五年（1727）	以充公用	银24万两	乾隆淮志“制诏”，嘉庆淮志“捐输·备公”
	雍正六年（1728）	扬州水利工程	银30万两（收否未详）	无

① 学界一般将乾隆十三年（1748）作为乾隆朝分期的一个时间节点，此前为“乾隆初期”（戴逸：《乾隆帝及其时代》，中国人民大学出版社，1992年；高王凌：《乾隆十三年》，经济科学出版社，2012年）。对本书的研究对象“盐商捐输”而言，恰巧乾隆十三年也是一个关节点，因此本书沿用这一分期。

续表

盐区	时间	捐项事由	捐项数额	盐法志记载
两淮	雍正六年（1728）	买谷（盐义仓）	银10万两	无
	雍正十一年（1733）	军需	银10万两	嘉庆淮志“捐输·军需”
	乾隆三年（1738）	淮扬水利工程	银30万两	乾隆淮志“捐助”
	乾隆三年（1738）	扬属旱灾赈济	银174 476两	乾隆淮志“捐助”，嘉庆淮志“捐输·灾济”
	乾隆六年（1741）	淮扬水灾赈济	银71 049余两	
	乾隆七年（1742）	淮扬水灾赈济	银30万两	
	乾隆九年（1744）	备内府公事之用	银31万两	嘉庆淮志“捐输·备公”
	乾隆十年（1745）	淮扬河道工程	银48万余两	乾隆淮志“捐助”
	乾隆十一年（1746）	淮扬等属赈济	银20万两	乾隆淮志“捐助”，嘉庆淮志“捐输·灾济”
	乾隆十二年（1747）	备内府公用之需	银16万两	嘉庆淮志“捐输·备公”
两浙	雍正四年（1726）	买谷（盐义仓）	银10万两	嘉庆浙志“优恤·奖赏”
	雍正五年（1727）	浮费银	银182 572两	
	雍正七年（1729）	建盐义仓	银2万两	
	雍正十年（1732）	盐义仓	银12万两	
	雍正十二年（1734）	海塘工程	银10万两	
	乾隆八年（1743）	盐义仓	银10万两	
	乾隆十一年（1746）	盐义仓	银10万两	
长芦	雍正十年（1732）	军需	银10万两（未收）	嘉庆芦志“盛典”
	乾隆九年（1744）	赈济	银10万两	
山东	雍正十年（1732）	军需	银5万两（未收）	无

资料来源：王世球等纂修：乾隆《两淮盐法志》卷首《制诏》、卷39《杂志一·捐助》，于浩辑：《稀见明清经济史料丛刊》第1辑，国家图书馆出版社，2009年，第4册第131—218页、第9册第1—44页；单渠等纂修，方濬颐等续纂：嘉庆《两淮盐法志》卷41《优恤二·恤灶·附盐义仓》、卷42《捐输》，于浩辑：《稀见明清经济史料丛刊》第2辑，国家图书馆出版社，2012年，第31册第257—444页；延丰纂修：嘉庆《重修两浙盐法志》卷18《优恤·奖赏》，《续修四库全书》第841册，第386页；黄掌纶等撰，刘洪升点校：嘉庆《长芦盐法志》卷5《盛典》，科学出版社，2009年，第82页。本表“盐法志记载”一栏分

别简称为“淮志”“浙志”“芦志”并标注朝年。

说明：1.“盐法志记载”一栏，有3例数据标注为“无”，是因为这3例均根据档案等其他史料增补，相关盐区盐法志中未见记载，至于具体资料来源详见表1–3。

2.清代各区盐法志中，对盐商捐输予以专门记载的主要有两淮、两浙、长芦、山东、两广五区，不过山东和两广的数据均始于乾隆十三年（1748）之后（关于不同盐法志对清代盐商捐输记载的全面统计，详见第五章），因此本表的统计包括两淮、两浙和长芦3个盐区（当然此处山东的1例未收数据出自档案）。

3.虽然两部《两淮盐法志》均为盐商捐输设置专卷，但由于认知差异，在其他卷次中也有相关记载。具体而言，分别见于乾隆《两淮盐法志》卷首《制诏》和卷39《杂志一·捐助》，嘉庆《两淮盐法志》卷41《优恤·恤灶·附盐义仓》和卷42《捐输》。

根据表2–2的统计，雍正至乾隆十二年（1747）盐商“捐项”（包括“捐输”和“善举”）总计25例。从分区数据来看，除了长芦和山东盐商各1例捐输未收，长芦盐商仅有1例，仍处于偶发状态；其他均出自两淮和两浙盐商。兹对盐法志的记载分析如下。

第一，不同时期的两淮盐法志对盐商“捐项”的归类存在很大分歧。在表2–2统计的15例数据中，有3例为笔者根据档案等资料增补，剩余12例被盐法志归入“捐输（捐助）”记载。[①]首先，盐法志收录的12例中只有4例同时被两部盐法志归入“捐输（捐助）”，在比例上仅占三分之一，其余8例中又各有一半分别单独为乾隆、嘉庆志记载，两部盐法志对不同“捐项”属性的界定存在较大的分歧；其次，以事由论，除了达成共识的4例盐商捐输均为赈济，其余8例的记载分歧似乎并不存在明确的规律；再次，即使是性质相同的款项，两部盐法志都有可能给予不同的界定。典型就是对两淮盐商在雍正四年（1726）、五年（1727）连续两次24万两“公捐”的记载，乾隆《两淮盐法志》将前者归入“捐助”而后者则否（后者载入该志卷首“制诏”），反之嘉庆《两淮盐法志》将后者归入“捐输”而前者则否（前者载入该志“盐义仓”）。显然，两部志书记载的差异并非疏忽或者遗漏，而是在明确知悉这两次盐商捐银的情况下做了迥然相反的界定。

① 按：在笔者增补的3例雍正朝两淮数据中，雍正四年（1726）54 400两这一数据被嘉庆《两淮盐法志》载入“盐义仓”而非“捐输”。

第二，两浙、长芦的盐法志之所以均将盐商的捐项集中记载，是因为政府对这些捐项有所反馈，即在地方官上报请奖后朝廷往往予以“奖赏”，盐法志的记载是为了展示“皇恩”。例如嘉庆《重修两浙盐法志》称：“商人有向义急公者，悉蒙甄叙赏赉，典至优焉。因汇载为《优恤门》。”[①]在这种情况下，这两部盐法志并未明确以“捐输”或“捐助”等词汇概括这些行为，自然也未曾区分“捐输”和“善举”。在上表所统计的7例两浙盐商捐项中，有5例是对盐义仓的捐银。正如笔者在绪论中辨析“捐输”与“善举”时所言，两浙盐商对盐义仓的捐银实际上逐渐演变为定期“资助”，因此属于“善举”。结合盐法志记载来看，这5例捐银确实也未得到朝廷的奖励，其中雍正四年（1726）和七年（1729）的两次捐银在户部议令“题请议叙”之后为盐商“呈请邀免”；雍正十年（1732）、乾隆八年（1743）和乾隆十一年（1746）的捐银或同样为盐商“恳辞议叙”或只是“蒙恩准行”。[②]如此，表2–2所载两浙盐商的案例，实际可以归入“捐输”的仅有2例。

盐法志记载的分歧可以分为多个层面。这些分歧不仅存在于不同盐区的盐法志（比如两淮与两浙、长芦的差异），而且存在于同一盐区不同时期编纂的盐法志（比如乾隆、嘉庆两朝的《两淮盐法志》）。甚至在同一部盐法志中，对相似款项的记载也并不总是有统一的定性，这种情况在两淮最为明显。例如，表2–2所统计的两淮盐商雍正四年（1726）捐银24万两一事，乾隆《两淮盐法志》在“捐助”条目下记载称：

> 雍正五年四月吏部议覆：巡盐御史噶尔泰，将淮南商人黄光德等公捐银二十四万两，姓名、银数分晰造报，又将淮北商人愿捐水脚银一万四千四百两附册候叙。查两淮商人感戴皇仁，公捐银二十四万两，钦奉谕旨作买贮米谷、盖造仓廒之用，其急公众商交部议叙。臣部据册酌量，内除淮北商人程谦六等公捐银两，该御史未经题明，不便议叙外，

① 延丰纂修：嘉庆《重修两浙盐法志·凡例》，《续修四库全书》第840册，第577页。

② 延丰纂修：嘉庆《重修两浙盐法志》卷18《优恤·奖赏》，《续修四库全书》第841册，第384—386页。

其已经题明之淮南商人黄光德等一百八十五名内：捐银一万两及九千两之汪晋德等二人准给七品顶带，捐银五千两以上之黄光德等四人准给八品顶带，捐银一千两以上之徐尚志等七十四人准给九品顶带，捐银五百两以上之汪锦新等三十七人准给未入流顶带；捐银五百两以下至百两以上之程致中等六十人，令该御史给与匾额；捐银数十等两之程肇晟等八人，该御史赏给花红，以示奖励。[①]

此处提及款项有两笔：一是两淮盐商捐银24万两，雍正帝谕令用于盐义仓（后简称为“盐义仓银”）；二是两淮盐商中的淮北盐商捐“水脚银”14 400两。在巡盐御史噶尔泰看来，二者性质相同，因此将二者同时上报请奖。然而，吏部却认为前者有据可依，即皇帝此前已谕令给予议叙，但后者“该御史未经题明，不便议叙”。职是之故，尽管两笔捐银均用于盐义仓，但捐“盐义仓银”的盐商获得了奖励，而捐“水脚银”的盐商却未获奖励。

何为“水脚银”？表2–2所统计雍正四年（1726）一项54 400两的捐银即与此有关，《雍正朝起居注册》将此项银称为“两淮商人情愿捐银五万四千余两，于烧茶、水脚应用”，雍正帝谕准，并指示“其水脚银内四千四百两，不必交库，着赏给张坦麟”。[②]据此，该款项的性质仍然模糊不清，所幸嘉庆《两淮盐法志》在“盐义仓”条目下对此有清晰记载：

雍正四年六月户部议覆：巡盐御史噶尔泰据运使张坦麟详请代奏，众商黄光德等愿输银四万两以供薪水，坦麟不敢私为己有，请以充公；又淮北商人程谦六等呈，两淮捐输，淮北例出水脚。请将出水脚银一万四千四百两，捐为建仓之用。应将众商所捐银两，并淮北水脚银，共五万四千四百两，行令该御史收贮运库，照原估建仓银数动支建造。其余剩银并原捐银三十万，尽数买贮米谷。奉旨允行，其水脚银内之四千四百

① 王世球等纂修：乾隆《两淮盐法志》卷39《杂志一·捐助》，于浩辑：《稀见明清经济史料丛刊》第1辑第9册，第7—8页。

② 中国第一历史档案馆编：《雍正朝起居注册》第1册，中华书局，1993年，第734页。

两以赐张坦麟。[①]

据此，前引《雍正朝起居注册》所记54 400两，实际包含“薪水银”4万两和“水脚银”14 400两，这与前引乾隆《两淮盐法志》所载“淮北商人愿捐水脚银一万四千四百两”相一致。雍正四年（1726）两淮盐商所捐14 400两“水脚银”同样被用于盐义仓（其中4400两被赐予两淮盐运使张坦麟），但捐银的盐商却未因此获得议叙，所这笔款项无论在乾隆还是嘉庆《两淮盐法志》中均未被归入“捐输”。

在“水脚银”之外，前述引文提及的“薪水银”也需另做解释，与此相关的还有“公务银”。这些在雍正时期新增的款项，实际均由盐商“公捐”，只是盐法志均未将其归入“捐输”。对此，乾隆初年将公务银、薪水银两项“永行停止”的谕令明确解释道：

> 朕查两淮盐法，从前浮费繁多，商力日困。钦奉皇考谕旨，彻底清查，革除浮费，核定应留之项，以备地方公用。乃原任盐政臣噶尔泰，于酌定存公之外，又以商人具呈馈送盐政银八万两，名曰“公务”，馈送运司银四万两，名曰“薪水”，奏请归公。蒙皇考批谕：此系噶尔泰等应得之项，若有需用之处，听其自行支用。伊若不用，即退还众商，不必归公，钦此。噶尔泰又奏称，众商力量宽裕，此项实出情愿。又奉皇考谕旨：俟有地方公事，将此应用。是皇考圣意，不肯令其归公，谕旨甚为明切。后据噶尔泰经手办理，虽每年按纲具奏，而其实商人未能照数完缴。丙午、丁未两纲，未完银十二万三千余两，商人具呈分作六年带征，经部议准行在案。至己酉、庚戌未完银两，曾经盐臣题请宽免，部议未允……此项公务、薪水银两，既在额课之外，着永行停止，以惠商民。至从前己、庚两纲未完公务、薪水之项，历年已久，着悉行豁免。[②]

① 单渠等纂修，方濬颐等续纂：嘉庆《两淮盐法志》卷41《优恤二·恤灶·附盐义仓》，于浩辑：《稀见明清经济史料丛刊》第2辑第31册，第372—373页。

②《清高宗实录》卷29，乾隆元年（1736）十月癸未，《清实录》第9册，第607—608页。

根据乾隆帝谕旨可知，雍正朝从噶尔泰任职两淮盐政时起，两淮盐商每年以“公务”之名馈送两淮盐政银8万两，以“薪水”之名馈送两淮盐运使银4万两，这两项银两为两淮盐政呈请“归公”（上缴朝廷）。雍正帝虽声称“不必归公”“听其自行支用”，但由于盐政“每年按纲具奏”，“公务”“薪水”两项盐商捐银实际成为盐商每年的定额缴款。这类款项与该时期盐商的其他“公捐”息息相关，兹统计如下（表2–3）。

表2–3　雍正朝两淮盐商“公务”“薪水”等款项统计表

款项名目	呈请缴款、款项归属与后续缴款详情	备注
癸卯纲（雍正元年，1723）公务、薪水银	雍正七年（1729）谕旨提及此事称：“从前据两淮盐政噶尔泰与运使何世璂奏称，两淮盐商，因沐皇恩减省匣费各项每年省费百万余金，而臣等又不受其规礼，是以各商公送盐院银八万两，送盐道银四万两。但臣等蒙恩已各给养廉，实无需用之处，请解部以充公用。朕以各商年来省费已多，而盐院、盐道又各有养廉，因允所请。将此项解京，交与内务府，为修理道路及各项工程之用”（⑥）	噶尔泰于雍正二年（1724）至八年（1730）任两淮盐政，何世璂于雍正二年（1724）至三年（1725）任两淮盐运使，因此奏报时间在雍正二年（1724）至三年（1725）。由于奏报时间比甲辰纲公务、薪水银略早，故推算为癸卯纲
甲辰纲（雍正二年，1724）公捐银、公务银	雍正四年（1726）正月谕称：两淮巡盐御史噶尔泰奏称，两淮盐商“公捐”银24万两“备交运库”，又“噶尔泰名下有应得银（即公务银）”8万两“亦愿报部拨解”。雍正帝指示从中赏给噶尔泰银2万两，其余银30万两“可即为江南买贮米谷盖造仓廒之用。所盖仓廒，赐名盐义仓”（①）	谕旨未提及纲次，但两淮盐政噶尔泰次年（雍正五年，1727）正月再次奏报“公捐”银24万两时将此前这项同样数额的款项称为“甲辰纲捐输银两”，而且说明盐商之所以如此捐银，是因为受到朝廷“自甲辰纲为始，每引加盐斤五十斤”的“殊恩”（④）
甲辰纲薪水银	雍正四年（1726）七月，噶尔泰代两淮盐运使张坦麟奏请将两淮盐商所输“以为薪水之费”银4万两上缴“以充公用”，与淮北盐商呈缴的“水脚银”14 400两共同作为盐义仓经费，雍正帝批复“九卿议奏”（②）八月，户部议准上述奏请，雍正帝批复同意，并指示“其水脚银内四千四百两，不必交库，着赏给张坦麟”（③）	史料中未明确此项薪水银的纲次，据时间及前后的其他记载推算为甲辰纲

续表

款项名目	呈请缴款、款项归属与后续缴款详情	备注
乙巳纲（雍正三年，1725）公捐银	雍正五年（1727）正月，噶尔泰奏报两淮盐商“公捐”银24万两（④）；当月谕称：噶尔泰奏称“乙巳纲商人”情愿“公捐”银24万两，“伊等上年公捐银两，朕因其既已捐出，难于退还，故令即于本地方建立盐义仓……今伊等又复公捐，大非朕意……向后不必再捐”。不过，雍正帝还是明确指示扩建盐义仓，其经费“即于乙巳纲商人公捐银两内，酌量动用若干，以为建仓积谷之费”（⑤） 雍正九年（1731）两淮盐政伊拉齐奏称“乙巳纲公捐”未完银70 981两，朝廷议定从辛亥纲起随盐课分六年缴纳（⑦）	史料首次明确捐银盐商的纲次； 本次捐银虽据雍正帝指示只是部分被用于盐义仓，但因为后续仓谷拨用较多，积谷仍依赖于此项捐银（⑦⑧），所以很可能全部或者大多数被用于盐义仓； 辛亥纲为雍正九年（1731），因为盐课奏销在次年，所以从雍正十年（1732）起分年缴纳
乙巳纲公务、薪水银	雍正五年（1727）正月谕称：噶尔泰奏称“乙巳纲”盐商“备伊公务银八万两，今一并交库”，“此系噶尔泰应得之项，若有需用之处，听其自行支用。伊若不接受，任其退还众商，朕不收受”（⑤） 雍正七年（1729）谕旨提及此事称：“至次年噶尔泰与运使张坦麟，援照前例，复将银十二万两，奏请解部。比时适因预备军需，因令交与江南织造，为制办绵甲等项之用”（⑥）	之所以将雍正七年（1729）谕旨提及的“次年”捐银12万之事系于乙巳纲，是因为张坦麟从雍正四年（1726）至雍正五年（1727）二月任两淮盐运使
丙午纲（雍正四年，1726）公捐挑河银	雍正六年（1728）二月上谕称：“今因扬州修浚水利工程，（两淮盐商）又请公捐银三十万两，以佐公费”（⑨） 雍正九年（1731）两淮盐政伊拉齐奏称“丙午纲挑河”未完银55 840.9两，朝廷议定从辛亥纲起随盐课分六年缴纳（⑦）	奏报时间推测在雍正六年（1728）初或者五年底 雍正六年（1728）谕旨虽未提是否收受，但雍正九年（1731）题本所指“丙午纲挑河银”即系此项，证实已收
丙午（雍正四年，1726）、丁未纲（雍正五年，1727）公务、薪水银	雍正九年（1731）两淮盐政伊拉齐奏称“丙午、丁未两纲公务、薪水”未完银123 099两（⑦） 雍正十年（1732）经署江南总督魏廷珍题覆，朝廷议定从壬子纲起分六年缴纳（⑧）	惯例为每年12万两，两年合计24万两。奏报时间推测约在雍正五年（1727）底至七年（1729）初 壬子纲为雍正十年（1732），按盐课奏销制度分期缴款从十一年（1733）起

续表

款项名目	呈请缴款、款项归属与后续缴款详情	备注
戊申纲（雍正六年，1728）公务、薪水银	雍正七年（1729）十二月谕称："今噶尔泰与运使高淳，又将银十二万两，奏请解京。现今高淳参案，有需索商人各款。伊若果系用度不足，何不即于此四万两中支用，乃舍应得之项，分外贪取于商。朕因此于从前之事，亦不能无疑矣。着将此十二万两，交与噶尔泰，或给还各商，或伊有需用之处，即将此支用"（⑥）	本年公务、薪水银实际应未缴纳。因为在后续清查欠款时，只提及此前两纲和此后两纲的未完款项
己酉（雍正七年，1729）、庚戌纲（雍正八年，1730）公务、薪水银	雍正十年（1732）署江南总督魏廷珍题报称"己酉纲又有未完公务、薪水银十万两，庚戌纲又有未完公务、薪水银六万两"，因"各商并未先行具呈，均非情愿"而请免缴纳未完部分，部议未允，直至乾隆元年十月谕准（⑧）	惯例为每年12万两，两年合计24万两。奏报时间推测约在雍正八年（1730）底至十年（1732）初，此后盐商不再缴纳此项

说明：本表的资料来源以括号形式标注，具体为：①《清世宗实录》卷40，雍正四年正月乙巳，《清实录》第7册，中华书局，1985年，第595页；②《两淮巡盐御史噶尔泰奏代张坦麟详请以盐商所捐银两建造仓廒买贮米谷折》，雍正四年七月初四日，中国第一历史档案馆编：《雍正朝汉文朱批奏折汇编》第7册，第576—577页；③中国第一历史档案馆编：《雍正朝起居注册》第1册，中华书局，1993年，第734页；④《两淮巡盐御史噶尔泰奏报淮南盐商黄光德等公捐银两折》，雍正五年正月初四日，《雍正朝汉文朱批奏折汇编》第8册，第814—815页；⑤《清世宗实录》卷52，雍正五年正月乙巳，《清实录》第7册，第787—788页；⑥《清世宗实录》卷89，雍正七年十二月癸卯，《清实录》第8册，第192页；⑦《大学士管户部尚书事张廷玉等题为议覆两淮盐政伊拉齐陈奏盐务各条本》，雍正十年二月二十九日，中国第一历史档案馆编：《雍正朝内阁六科史书·户科》第83册，广西师范大学出版社，2007年，第395—404页；⑧王世球等纂修：乾隆《两淮盐法志》卷39《杂志一·捐助》，于浩辑：《稀见明清经济史料丛刊》第1辑第9册，第8—15页；⑨允禄奉敕编，弘昼续编:《世宗宪皇帝上谕内阁》，《景印文渊阁四库全书》第415册，台湾商务印书馆，1986年，第13页。

为方便理解表2–3的内容，我们不妨对纲次做一些简单的介绍。首先，盐商群体具有一定程度的流动性，每年（每纲）的盐商会有一些变化，所以每次的捐银对象虽然都是"两淮盐商（两淮商人）"，但具体的商人名单并不完全一致。一般来说，负责领衔捐银的总商在短期内保持稳定，但下属的散商则存在变动。政府提及捐银者的纲次，是为了确定缴款者具体包括哪些商人。其次，由于雍正朝盐课奏销在次年进行，盐政所报盐商的捐款一般都会比相应纲次晚一年左右，例如表2–3所示乙巳纲（雍正三年，1725）盐商公捐银和公务银，盐政的奏报时间在雍正五年（1727）正月。

通过表2–3的梳理，我们基本可以厘清雍正朝两淮盐商“捐项”及相关款项的复杂关系。第一，两淮盐商在雍正四年（1726）和五年（1727）连续两次“公捐”银24万两，捐银对象分别对应雍正二年（1724）的甲辰纲盐商、雍正三年（1725）的乙巳纲盐商。两淮盐商之所以从这个时间节点起呈请大额“公捐”，是因为朝廷“自甲辰纲为始”给予其加斤的特殊待遇，盐商从中获利较多。从名目上来看，这两笔款项均无具体的事由，因此雍正帝指示将其用于两淮盐义仓建设。由于第二次“无名”捐银时雍正帝声称“大非朕意”并指示“向后不必再捐”，两淮盐政遵命未再提出此类“公捐”。不过，既然此后的盐商（比如丙午纲盐商）像甲辰纲和乙巳纲一样享受了加斤的待遇，根据惯例他们自然很难无所表示，因此，表2–3所统计的“丙午纲公捐挑河银”30万两应该即系这两次“公捐”的自然延续，只是盐政官员和盐商终于给出了“合理的”名目。在此之后，雍正朝似未见如此大额的捐银，具体原因可能是这几项捐款日后长期拖欠（详见后文），无论盐政还是盐商不便继续提出捐银之请。

第二，两淮盐商上缴公务、薪水银的时间比上述“公捐银”更早。从雍正元年这一纲（癸卯纲）盐商缴银起，此后各纲盐商都按照惯例每年缴纳固定的数额银12万两。至于每年公务、薪水银的用处，具体如下：癸卯纲（雍正元年，1723）雍正帝指示交给内务府“为修理道路及各项工程之用”，甲辰纲（雍正二年，1724）雍正帝指示用于建设两淮盐义仓，乙巳纲（雍正三年，1725）雍正帝指示交给江南织造置办军需物资；此后丙午、丁未、戊申、己酉、庚午五纲（雍正四至八年，1726至1730）的用处未见记载，但除了戊申纲未收，其他四纲均确定为政府所接受。

公务、薪水银两项本属盐商呈送盐政、盐运使的陋规，不过由于雍正朝的耗羡归公和养廉银改革，地方盐政官员不敢再接受该项陋规，从而呈请解缴朝廷以充公用。从款项使用来看，盐商所缴公务、薪水银的用处与其他以“公捐”为名银两的用处并无二致，比如甲辰纲公务、薪水银与本纲“公捐银”24万两共同被雍正帝指示用于建设两淮盐义仓。因此，除了名目不同，雍正朝盐商所交公务、薪水银，与同时期的“公捐银”只有较小的区别。根据笔者的定义，前述“公捐银”并未演变为长期的定额缴款，而“公务、薪水银”若非在雍乾之际被停止，确实已经形成“惯例”而成为盐商长期定额缴款的款项（“善举”）。

第三，无论是各项公捐银，还是公务、薪水银，盐政在上报呈交时均声明系盐商“情愿”，然而盐商后续长期拖欠缴款的事实则证明盐政所奏不尽属实。根据雍正九年（1731）两淮盐政伊拉齐的奏报，截至当时两淮盐商拖欠的款项包括：雍正五年（1727）呈请的24万两乙巳纲公捐银尚有未完银70 981两，稍后呈请的丙午纲公捐挑河银尚有未完银55 840.9两，丙午、丁未两纲的公务、薪水未完银123 099两，三项欠款合计总额为249 920.9两。雍正十年（1732），署江南总督魏廷珍又上报两淮盐商拖欠己酉、庚戌两纲公务、薪水银，并特别声明这两纲之银“各商并未先行具呈，均非情愿”而请求予以免交未完部分，对此部议不予同意，直至乾隆元年（1736）才获得新帝的特别谕准。可见，公务、薪水银最终几乎演变成了两淮盐商的定额负担，而并非盐商自愿的缴款。

通过上述分析，我们可以看出雍正朝盐商“捐项”及相关各种名目款项的复杂性。这些以“公务”“薪水”为名的盐商缴款，其用途与直接名为“公捐”的盐商缴款并无实质区别。这些款项往往与“公捐”同时上缴，皇帝又不加区分地临时酌情指派用于某些事务，由此进一步模糊了不同名目款项之间的差异。雍正朝的这种复杂状态，恰恰说明该时期的制度尚在摸索之中，这种模糊空间恰是制度尚未正式确立的必然后果。

（二）雍正至乾隆初期盐商捐输波动的原因分析

基于前文对雍正朝盐商各种名目款项间复杂关系的分析，在此讨论可以计入“捐输”的款项。关于两浙盐商的7例捐项，前文已指出其中5例均用于盐义仓因而属于“善举”而非“捐输”。如果参照两浙盐商的案例，两淮盐商对盐义仓的捐银也应一并排除在外，这类案例包括表2–2统计的雍正四年（1726）

和五年（1727）连续两次的24万两“公捐”和雍正四年（1726）54 400两的捐银。兹根据表2-2及前文的分析整理如下（表2-4）。为后文分析之便，两例朝廷未收的盐商捐输亦列入统计，同时标注“未收”。

表2-4　雍正至乾隆十二年（1747）盐商捐输统计表

盐区	捐输时间	捐输事由	捐输数额
两淮	雍正三年（1725）	范堤工程	银 34 532 两
	雍正六年（1728）	扬州水利工程	银 30 万两
	雍正十一年（1733）	军需	银 10 万两
	乾隆三年（1738）	淮扬水利工程	银 30 万两
	乾隆三年（1738）	扬属旱灾赈济	银 174 476 两
	乾隆六年（1741）	淮扬水灾赈济	银 71 049 余两
	乾隆七年（1742）	淮扬水灾赈济	银 30 万两
	乾隆九年（1744）	备内府公事之用	银 31 万两
	乾隆十年（1745）	淮扬河道工程	银 48 万余两
	乾隆十一年（1746）	淮扬等属赈济	银 20 万两
	乾隆十二年（1747）	备内府公用之需	银 16 万两
两浙	雍正五年（1727）	浮费银	银 182 572 两
	雍正十二年（1734）	海塘工程	银 10 万两
长芦	雍正十年（1732）	军需	银 10 万两（未收）
	乾隆九年（1744）	赈济	银 10 万两
山东	雍正十年（1732）	军需	银 5 万两（未收）

在雍正至乾隆初期，盐商捐输有了一些新的变化。首先，这一时期盐商单次捐输的最高银数是48万两，而且有多次30万两的数额，相比康熙朝略有提高。其次，这一时期盐商捐输总计14例（不计未收），相比康熙朝也有增加，而且考虑到相应时长的差异，可以认为从雍正朝起盐商捐输相比此前呈现出明显增多的趋势。再次，康熙时期盐商对赈济的出资尚介于“捐输”与“善举”之间，而我们所统计的雍正朝盐商捐输中竟然没有直接以“赈济”为名的捐输，仅有可以视为属于广义赈济的盐义仓捐银案例，而这些案例同样尚介于

“捐输”与“善举”之间。至乾隆朝，盐商直接以赈济为名的捐银已明确无疑地被归入捐输，这在两淮体现尤为明显。乾隆和嘉庆《两淮盐法志》尽管对其他捐项的界定存在巨大差异，却一致将乾隆朝所有4例盐商捐银赈济界定为“捐输”。这种记载的变化正是清人认知变动的产物。

此外，盐区的变动也值得关注。顺康时期的盐商捐输，除了1例为两浙，其他均出自两淮。至雍正时期，两淮盐商仍是绝对的捐输主力，两浙盐商亦见两例捐输，同时长芦、山东两区的盐商也开始行动。据档案，雍正十年（1732）十一月，当长芦盐政鄂礼题报长芦盐商为西北军需捐银10万两之时，雍正帝批复道：“长芦盐商公捐银两，着该御史查明长芦盐课内有商人未清之项，准其抵算。”[①]次年初，鄂礼再次题报称长芦盐商“所欠各项俱系分内应完”，“前愿公捐银两实出诚悃，犹恨微末捐输不足仰报圣恩于万一……断不敢抵算欠项”，对此雍正帝批复“各商既有认赔官欠之项，此所捐银两，即准其照数抵算”。[②]据此，朝廷未接受长芦盐商这10万两的捐银。不过，盐法志记载了后续的情形，据称“续经查明，题称扣抵外，余银三万七千七百十一两有奇，收贮运库，请照前盐臣莽鹄立题留盐课银五万两作为盐本，以接济贫乏商灶之例，以各商公捐之项仍备商灶不时之需，庶缓急有赖，事可经久”。[③]也就是说，当年10万两的捐银并非全部用于扣抵盐商欠项，其中尚有3.7万余两存于运库“备商灶不时之需”。既然余剩银两是用于接济灶户这类盐商自身的事务，这笔款项也就不属捐输。

由于长芦盐政兼管山东盐务，在雍正十一年（1733）初第二次题报长芦盐商请捐银的同时，鄂礼同时题报称山东盐商请捐军需银5万两，并特别声明“东商原无积欠，止有钦奉上谕事案内认还影射银两，分作五年完纳；已完过

① 《巡视长芦盐政监察御史鄂礼题报山东芦商感戴圣恩公颂愿捐银十万两备充兵需本》，雍正十年十一月二十七日，中国第一历史档案馆编：《雍正朝内阁六科史书·户科》第88册，第307—308页。

② 《巡视长芦盐政监察御史鄂礼题报山东芦商感戴圣恩情愿公捐银两备充军需缘由本》，雍正十一年二月十三日，中国第一历史档案馆编：《雍正朝内阁六科史书·户科》第89册，297—298页。

③ 黄掌纶等撰，刘洪升点校：嘉庆《长芦盐法志》卷5《盛典》，科学出版社，2009年，第82页。

三限，所有四、五两限银两各商现在照数完交”，即强调朝廷可以接受山东盐商的捐输。不过，雍正帝却予以拒绝，批复道：“朕屡降谕旨，不令官民等帮助军需。山东商人等既有分年完纳之项，此所捐银两即准其照数抵算。”①

上述分析是将雍正朝至乾隆朝前十二年作为整体与康熙朝的对比。如果将乾隆朝前十二年与雍正朝相比，则还可以发现一个比较奇特的现象：在乾隆朝初期，除了两淮盐商的捐输仍呈现增长趋势，其他盐区的捐输均出现骤然减少的现象，其中两浙和山东盐区在乾隆初期并无捐输，长芦盐区仅见1例。这种统计数据的减少，既有前述统计口径差异的缘故（比如两浙盐商5例为盐义仓的捐银计入“善举”而非“捐输”），也与这一时期皇帝的矛盾心态与政府政策的波动有直接关系。

雍正四年（1726）、五年（1727）两淮盐商连续呈请“公捐”银24万两。在第二次盐商捐银之后，雍正帝发布了长篇谕旨：

> 朕轸恤众商，是以减除浮费，加添盐斤，种种施恩之处，无非欲使众商均沾利益，资本饶裕，并不计其感激报效也。伊等上年公捐银两，朕因其既已捐出，难于退还，故令即于本地方建立盐义仓，以裕积贮，备地方之用。今伊等又复公捐，大非朕意。但据噶尔泰所奏，众商情词恳切。着将此项银两，令众商各暂行存贮。将来遇有公事动用之处，再候谕旨，或将此项任伊等资生利息，亦从其便。向后不必再捐……闻得煎盐灶户，皆居住滨海之也，离城最远。一遇歉收之岁，觅食维艰。若远赴盐义仓领取米石，恐穷民多往返之劳。朕意应计地之远近、人之多寡，酌立数仓于近灶之地，积贮米谷，以备贫苦灶户一时缓急之用。令诚实商人经管其事，若遇歉岁，即以此为赈贷之资，济其困乏。着噶尔泰悉心经理，即于乙巳纲商人公捐银两内，酌量动用若干，以为建仓积谷之费，并遴选商人管理，

① 《巡视长芦盐政监察御史鄂礼题报山东引商刘继恒等感戴圣恩公捐银两备充军需本》，雍正十一年二月十三日，中国第一历史档案馆编：《雍正朝内阁六科史书·户科》第89册，第299—300页。

务期实有裨益。[①]

雍正帝的声明自相矛盾。一方面，他表示朝廷对盐商的经济优惠并非“计其感激报效”，两淮盐商此次公捐“大非朕意”，并提出此项捐银暂时由盐商自行支配而无需上缴官府，甚至特别指示“向后不必再捐”，据此，他似乎要拒收此项捐银。另一方面，他同时指出此前设置的盐义仓离灶户较远，有必要在“近灶之地”再新建盐义仓，至于新增盐义仓的经费他又明确指示动用该项“公捐银两”。概言之，雍正帝虽声明盐商捐银不符合他的初衷，并表达了拒收的意愿，却又对该项捐银指派了明确的用处，实际上可说是“欣然笑纳”。

类似的矛盾心态在此后反复出现。例如，雍正六年（1728），因扬州修浚水利工程，两淮盐商请捐银30万两，雍正帝谕称：“此众商效力之处，或系伊等力量宽舒，实心踊跃，合力捐输，以报国恩，而襄公事；或系地方大臣官员等，授意商人，而有此举。着询问众商，令其务将真情据实呈明，该督再行具奏请旨。”[②]雍正帝认为盐商请捐可能出自地方官员的授意，遂命总督向商人询问实情。我们在盐法志、实录等官书中均未找到后续的正面报告，似乎这笔捐输未再上报，也就是说朝廷未予接受。然而，由于多年后朝廷催缴此项捐输的未完款项，这才从侧面的记载证实朝廷最终收受了这笔捐输（详见表2-3）。又如，雍正九年（1731），在署两江总督史贻直题报两淮盐商呈请捐输后，雍正帝表示，自己听闻富裕盐商“固有余赀”捐输，但“无力之家，勉强以应捐助之名，而于正课转有未清者”，盐商捐输虽属可嘉，“但各商果皆力量宽裕，情愿代捐，无抑勒勉强情事与否”，需要江南地方督抚与盐政查明实情。[③]如果仅从谕旨来看，雍正帝似乎对盐商捐输持审慎态度，然而实际情况很可能未必如此。

雍正朝官府对盐商捐输的复杂态度不仅体现在皇帝自相矛盾的心态上，

① 《清世宗实录》卷52，雍正五年正月乙巳，《清实录》第7册，第787—788页。

② 允禄奉敕编，弘昼续编：《世宗宪皇帝上谕内阁》卷66，《景印文渊阁四库全书》第415册，台湾商务印书馆，1986年，第13页。

③ 允禄奉敕编，弘昼续编：《世宗宪皇帝上谕内阁》卷103，《景印文渊阁四库全书》第415册，第533—534页。

也体现在不同官员的态度分歧上。在雍正朝前期，长期任职两淮盐政的噶尔泰积极上报盐商捐输，然而雍正八年（1730）伊拉齐接任后则表现出了截然相反的态度。雍正九年（1731），伊拉齐报告称两淮盐商此前包括捐输在内的"捐项"积欠至24万余两之多，请求分年缴纳，并特别声明"捐项不能为例"，即不能要求两淮盐商像之前那样每年都要捐银。[①]对此，中央政府的态度更进一步，大学士蒋廷锡议覆认为盐商捐项"不但无关正项，并与盐规引费更不相同"，也就是有意予以减免；不过考虑到此项经费或许盐商已经缴纳只是被总商或地方官挪用，因此令两江总督高其倬和两淮盐政伊拉齐"将商欠实数若干、应否宽免之处查明，具奏请旨"。随后，该项欠款经过多任两江总督和两淮盐政的奏报，虽然都认为两淮盐商的24万余两的"捐项"积欠属实且"似在可免"，但因这些款项此前均已指定用处，最终议定不予宽免。[②]

从雍正九年（1731）伊拉齐奏报两淮盐商捐项的拖欠问题起，无论皇帝、中央官员还是地方官员应该都已充分认识到盐商的捐输不尽出于自愿。自此开始，政府首要处理的问题就是该如何解决此前盐商各种名目捐项的拖欠问题。根据前文的分析可知，雍正晚期政府的对策基本就是同意分期缴纳。值得注意的是，在前述大学士蒋廷锡的议覆和随后雍正十年（1732）两江总督高其倬的相应议覆中，两位官员都提出了限制盐商捐输的意见，蒋廷锡称："嗣后凡遇地方公事，一概不许派捐。纵有商人踊跃急公，亦必察其力量宽舒、中心诚恳，该督抚题请定夺。倘地方官再有私行勒派者，即行题参治罪。如该督抚失于觉察，将该督抚一并严加议处。"对此，高其倬表示赞同，并进一步提出针对地方官的更详细意见："如系地方之事，令该督抚查实；如系黄运两河之事，令总河查实，题请定夺。"随后该建议获得户部议准而成为朝廷的正式制度，由户部"行文江南、江西、湖广督抚及河道总督，

① 《大学士管户部尚书事张廷玉等题为议覆两淮盐政伊拉齐陈奏盐务各条本》，雍正十年二月二十九日，中国第一历史档案馆编：《雍正朝内阁六科史书·户科》第83册，广西师范大学出版社，2007年，第395—404页。

② 王世球等纂修：乾隆《两淮盐法志》卷39《杂志一·捐助》，于浩辑：《稀见明清经济史料丛刊》第1辑第9册，第8—13页。

严饬地方各官，不许辄派商捐”。[①]

雍正十年（1732）禁令并未禁止盐商捐输，而是强调，当地方官员为公事而筹款时，不可轻易指派盐商捐输，而是需认真考察盐商的承受能力及其意愿，同时在制度层面将指派盐商捐输的权力上收到地方督抚这一层级。或许这一禁令并未对地方官形成真正的约束力，至雍乾之际，清廷进一步出台了禁止地方官指派盐商“捐助”的政令。该政令源于副都御史陈世倌的陈奏，他认为“以捐助题请者，名为急公，实则暗谕商总，勒令公派，及项无所出，非拖欠引纲，即暗增引斤或高抬盐价”，由此导致“国与民并受其弊”。对此，清廷出台禁令：

> （盐商）捐助一事，现奉谕旨禁止官吏勒派，并将督抚失察及徇庇者均照例分别处分。嗣后盐政等官，倘有借名捐助而暗谕商总勒令公派者，该督抚即将该盐政等据实题参；如督抚有失察徇庇，将督抚一并议处。[②]

在这份雍正十三年（1735）底的禁令中，朝廷进一步颁发了针对地方督抚和盐政的处分规则，至此在制度层面，清廷可说是采取了严格限制盐商捐输的政策，这反映了乾隆帝即位之初的态度。从形式上讲，这一禁令在乾隆朝初期一直存在。不过，正如后文分析，由于地方官员往往先以奏折的形式私下向皇帝呈报盐商捐输，而乾隆帝大多持赞同态度，从而使这份禁令在乾隆初期实际上已处于落空状态（详见第三章）。甚至，在这道禁令发布后不久的乾隆三年（1738），江南河道总督高斌、两江总督那苏图和两淮盐政三保就联名奏报两淮盐商为扬州府运河工程捐银之事。一方面，他们援引乾隆元年（1736）“着将商民派捐之例永行停止”的谕旨；另一方面，他们又声称，此项挑浚运河之费朝廷虽指示由“运库一半充公项下动支”，“但本年运库一半充公银两，已于赈济案内详题全数支用。本年挑浚非往岁可比，工费较之旧数加多”。也就是说

---

① 王世球等纂修：乾隆《两淮盐法志》卷39《杂志一·捐助》，于浩辑：《稀见明清经济史料丛刊》第1辑第9册，第12—13页。

② 王世球等纂修：乾隆《两淮盐法志》卷39《杂志一·捐助》，于浩辑：《稀见明清经济史料丛刊》第1辑第9册，第16页。

地方并无相应可以动用的经费，从而顺理成章地提出两淮盐商呈请为此捐输之事，并特别声明盐商请捐出于“感激皇恩，情愿报效，实出本心”，“该处河道有关盐运，原属因公起见”。既然如此，乾隆帝也就乐得同意，批复“知道了”。[①]次年正月，当两江总督那苏图等再次奏报该项捐输银两的呈交方式时，乾隆帝批复“该部议奏”。[②]从而，两淮盐商本次的捐输由于获得皇帝的直接允准而实际绕过了此前的朝廷禁令。而且，部院衙门也逐渐开始明确支持这种捐输行为，例如乾隆九年（1744）议叙此前乾隆七年（1742）的两淮盐商捐输赈济案时，户部给出了一套清晰的解释：

> 伏查商捐虽奉有停止之例，但据该商等环庭呈请，情词恳切，且称所需各费，既不请摊入成本，亦不敢仰求议叙。察其任恤之心，实由于感激皇恩，渐摩圣化，发于中心之诚悦，似未便阻抑。查定例“地方偶被偏灾，有本人情愿乐助者，听其各自捐输，官为代理”等因，是以准照所呈。[③]

总之，盐商捐输从雍正朝起一度有成为惯例的迹象。不过，由于雍正帝对盐商捐输的矛盾心态，从雍正晚期起清廷颁发了一系列的禁令，政府对盐商捐输的政策始终未能稳定下来，这种状态一直持续到乾隆初期。总体来看，这一时期盐商捐输呈现出相当奇特的局面。一方面，盐商频繁呈请为地方公共事务捐银，甚至提出未有明确事由的“公捐”；另一方面，清廷鉴于盐商捐输的利害关系，时常声明拒收某些捐项并明确颁发禁令，然而实际运作中又往往变相予以接收。此外，盐政虽然奏称盐商“情愿”捐银，但盐商却长期拖延缴款，导致名义上的捐银实际流为积欠。在官府和盐商这种复杂的互动下，该时期的盐商捐输呈现出波动与反复的状态。

---

① 《两江总督那苏图等奏为办理三岔河至仪征江口一带运河挑浚情形并淮商情愿捐银报效事》，乾隆三年十二月初十日，朱批奏折，档号04-01-05-0004-014。

② 《两江总督那苏图等奏为淮商黄仁德等捐银挑浚河道请先于戊午纲课银内借支分年带完事》，乾隆四年正月二十七日，朱批奏折，档号04-01-01-0043-008。

③ 《吏部尚书协理户部尚书讷亲等题为遵旨会议江苏扬州地方偶被偏灾程振箕等淮南商人捐资煮赈请分别议叙事》，乾隆九年九月二十四日，户科题本，档号02-01-04-13793-012。

第三节　乾隆十三年以降成为惯例的盐商捐输

（一）乾隆十三年至嘉庆朝的盐商捐输

以乾隆十三年（1748）为界划分盐商捐输不同阶段的做法，并非笔者的主观见解，而是清代盐法志的已有观念。考虑到两淮盐商是捐输的绝对主力，我们不妨以其为例展开论述。《两淮盐法志》始修于明代，入清之后于康熙三十二年（1693）、雍正六年（1728）两次再修，不过均未专门记载捐输之事，这反映出截至雍正中期盐商捐输尚未引起关注。清代第三次重修于乾隆十一年（1746）启动，十三年（1748）成书。[①]正是从乾隆《两淮盐法志》始，两淮盐商的捐输才专门纳入盐法志记载，该志将“捐助”与“善举”并列置于“杂志”卷。[②]不过，乾隆十三年（1748）修成的盐法志所载盐商捐输案例较为有限，反映出彼时盐商捐输尚未形成规模。清代第四次重修为嘉庆《两淮盐法志》，该志将“捐输”单列一卷，分军需、河工（城工附）、灾济、备公四个子目，并在卷尾以按语特别解释单独成卷的原因：

> 我国家正德厚生，所以休养生息、加惠淮商者，既已无所不至。而商人亦自庆幸逢熙洽之运，沐膏咏勤，输将恐后。遇有典礼、兴作诸大事，往往踊跃自献悃忱，吏不能禁，朝廷每从而优叙之，不欲没其意焉。乾隆十三年旧志，仅附数条于“杂志”之内。嗣是盐业益广，所捐渐多，兹特汇为一纲，而厘其目为四。亦以弦高乘韦之功、卜式分财之义，前史有著之者尔。[③]

① 王世球等纂修：乾隆《两淮盐法志·序》，于浩辑：《稀见明清经济史料丛刊》第1辑第4册，第4—5页。

② 王世球等纂修：乾隆《两淮盐法志》卷39《杂志一》，于浩辑：《稀见明清经济史料丛刊》第1辑第9册，第1—59页。

③ 单渠等纂修，方濬颐等续纂：嘉庆《两淮盐法志》卷42《捐输》，《稀见明清经济史料丛刊》第2辑第31册，第443页。

在嘉庆《两淮盐法志》的编者看来，盐商捐输已形成“输将恐后”的局面，而原有的乾隆十三年（1748）所修旧志只是将有限的捐输案例书于“杂志”卷中。乾隆十三年（1748）以后，盐商捐输逐渐增多，因此有必要“特汇为一纲”，也就是需要将盐商捐输单列一卷，以表彰商人为国捐输的道义之举。

乾隆十三年（1748）不仅对两淮盐商有特殊意义，对其他盐区同样如此。在此之前，有捐输记载的盐商仅有两淮、两浙、长芦三个盐区，其中后两者的捐输也较为有限。但是，随着初次金川之役的爆发，从乾隆十三年（1748）到十四年（1749），长芦、山东、两淮、两浙、两广、河东、福建七个盐区的盐商集体为此次战事捐银总计184万两。这种步调一致的行动，背后是乾隆帝亲自做的动员（详见第三章）。从此开始，盐商捐输成为常态，表现在数额上就是乾隆朝见于统计的盐商捐输银数高达3927万余两（其中乾隆元年［1736］至十二年［1747］的银数仅209万余两），盐商呈现出“踊跃”捐输的盛景。（详见第五章）。

乾嘉两朝是盐商捐输最为突出的时期，因此既有研究也主要集中考察这一阶段，对此将在后文展开详细对话，在此不再赘述。不过，需要强调的是，从表面上看盐商在嘉庆朝似乎延续了乾隆朝的“踊跃”捐输状态，但两朝之间有着本质的区别。具体原因在于，乾隆朝政府财力较为充裕，因此对盐商捐输的索取可说是取之有节，这既表现在盐商捐输的总额方面，也表现在大额捐输之间往往存在一定的时间间隔；但嘉庆朝进入多事之秋，嘉庆元年（1796）即爆发了持续九年的五省白莲教起义，黄河也在嘉庆朝不断决口，在持续的战事和河患压力下，清廷将动员盐商捐输作为筹集军费和河费的常规手段，对盐商捐输的索取逐渐失去节制。从数额上讲，嘉庆朝25年间见于统计的盐商捐输银数超过6927.6万两，而且盐商处于连年捐输的状态。（详见第五章）。

（二）道光朝以降盐商捐输的锐减

嘉庆朝的竭泽而渔模式，导致盐商捐输很快显示出其不可持续性。迨至嘉庆末期，虽然盐商仍在呈请捐输，但此前的捐输款项尚在拖欠之中。从道光朝起，盐商捐输呈断崖式下跌之势。既有研究对道光朝以降的盐商捐输往往一笔带过，或者只是根据记载缺漏严重的盐法志罗列有限的数据。兹主要根据官书、档案统计道光朝数据如下（表2–5）。

表2-5　道光朝盐商捐输统计详表

<table>
<tr><th>时间</th><th>捐输者</th><th>捐输事由</th><th>捐输数额及缴款详情</th></tr>
<tr><td>二年(1822)</td><td>两淮盐商</td><td>仪征河道工程</td><td>十二月，先从藩库借拨银24万两，“仍令按引捐带”，从次年起分限四年（谕27-2313，实33-840）</td></tr>
<tr><td rowspan="2">三年(1823)</td><td>两淮盐商</td><td>赈济</td><td>八月，因江苏水灾赈济调用盐义仓谷，“公捐买补盐义仓谷十万石”（实33-1007、1008）；十月“续请捐谷煮赈”（实33-1055）</td></tr>
<tr><td>两浙盐商</td><td>赈济</td><td>十月，请捐银30万两，未收，谕称“各直省偶遇偏灾，朕不惜数百万帑金，量筹民食，又何容借资商捐名目，以供调剂”（谕28-1390，实33-1052）</td></tr>
<tr><td rowspan="2">四年(1824)</td><td>长芦盐商</td><td>新开卫河工程</td><td>三月，直隶境内工程及地价合计需银97 800余两，河南境内工程及地价、房价合计需银179 700余两，两项总计277 500余两，“均经芦商情愿捐办”（实34-46、50）；其中次年盐商先交捐银6万两，其余欠款陆续缴纳（谕29-1496，实34-218）</td></tr>
<tr><td>两淮盐商</td><td>疏浚盐河</td><td>十一月，江苏海州分司疏浚盐河用银53 301两“分纲带捐还款”（谕29-1408，实34-206）</td></tr>
<tr><td rowspan="2">五年(1825)</td><td>两淮盐商</td><td>南河工需</td><td>三月，请捐银600万两，未收，谕称“现在南河工程，朕不惜帑金，业经筹款拨用，无须该商等捐办”（谕30-260，实34-288）</td></tr>
<tr><td>两浙盐商</td><td>南河工需</td><td>三月，请捐银200万两，未收，谕称“现在南河工程，朕不惜帑金，业经筹款拨用，无须该商等输纳”（谕30-328，实34-296）</td></tr>
<tr><td rowspan="3">六年(1826)</td><td>两广盐商</td><td>回疆军需</td><td>十一月，请捐银40万两，“俟缴完前捐东河要工银两后”分限十年（实34-811）</td></tr>
<tr><td>两淮盐商</td><td>回疆军需、河工</td><td>十一月，请捐银400万两，实收200万两，次年上半年、下半年各缴一半（谕32-58，实34-844、889）；七年九月盐政奏请延期缴纳下半年银100万两，为道光帝所驳（谕32-1014）；八年正月盐政奏报已全数缴完（档1）</td></tr>
<tr><td>两浙盐商</td><td>回疆军需</td><td>十二月，请捐银100万两，当年起分限四年（谕32-142，实34-871、908）</td></tr>
<tr><td rowspan="2">七年(1827)</td><td>长芦盐商</td><td rowspan="2">回疆军需</td><td rowspan="2">三月，请捐银40万两，其中长芦30万两、山东10万两，未收，谕称“该商等素称疲乏，非他省可比”（谕32-239，实34-927）</td></tr>
<tr><td>山东盐商</td></tr>
</table>

续表

时间	捐输者	捐输事由	捐输数额及缴款详情
七年（1827）	两淮盐商	回疆军需	五月，（在汉口经营盐务的盐商）请捐银30万两，未收，谕称“现在大功不日告蒇，经费充裕，无须筹备”（谕32–401）
九年（1829）	河东盐商	修太原城垣	十一月，请捐银4万两，分限八年（谕34–1504）；二十三年巡抚奏报已全数完缴（档2）
十年（1830）	长芦盐商	挑浚漳河故道	二月，请捐银1.4万两（谕35–182，实35–565）
十一年（1831）	两淮盐商	扬州水灾赈济	捐现银119 881余两，十三年五月奏折和谕旨提及（谕38–784，档3）
十三年（1833）	两广盐商	连山军需	二月，捐银10万两，分限五年（谕38–177）
十五年（1835）	两淮盐商	修筑湖北江堤	九月，（在汉口经营盐务的盐商）捐银10万两（谕40–1307）
十九年（1839）至二十年（1840）	长芦盐商	新卫河淤浅挑挖	十九年十月直隶境内估算工需银19 050两，令长芦盐商照数捐办（谕44–1451）；二十年七月河南境内估算工需银60 200余两，令长芦盐商照数捐办（谕45–1115）
二十年（1840）	两淮盐商	海疆军需	十月，（淮南盐商）请捐犒赏银50万两，次年起分限三年（档4）
二十年（1840）	长芦盐商	天津海防	十二月，捐银5万两，分限三年（档5）
二十一年（1841）	两淮盐商	海疆军需	正月，（淮北票商）捐银30万两（谕46–23），据十二月谕旨系现银缴纳（谕46–1655）
二十一年（1841）	两浙盐商	海疆军需	九月，请捐银120万两；据十月谕旨全数收受（档6）
二十一年（1841）	长芦盐商	天津海防	十一月，捐银40万两，先缴现银5万两，其余自次年起分限五年（档7）
二十二年（1842）	两淮盐商	海疆军需	正月，（淮北盐商）捐银10万两，分限两年（档8）
二十二年（1842）	两淮盐商	海疆军需	五月，（淮南盐商）捐银50万两（谕47–596）
二十二年（1842）	河东盐商	海疆军需	五月，捐银40.72万两，已于本年六月、八月两次缴完（谕47–680）
二十二年（1842）	两淮盐商	海疆军需	八月，（淮南盐商）捐银100万两，年底缴完（谕47–1059，档9）

续表

时间	捐输者	捐输事由	捐输数额及缴款详情
二十二年（1842）	两淮盐商	海疆军需	时间不详，二十二年八月淮南盐商捐银100万两的奏折提及此前“江运商人（即在江西、湖广行盐的盐商）捐银”10万两（档9）
二十三年（1843）	两浙盐商	海疆军需	六月，“请于前项捐输（即二十一年所捐银120万两）足后”再捐银30万两（谕48-862）

说明：1.“资料来源”用括号标注。《嘉庆道光两朝上谕档》（中国第一历史档案馆编，广西师范大学出版社，2000年）简称“谕”，其后数字为册数和编号；《清宣宗实录》（《清实录》第33—39册，中华书局，1986年）简称为“实”，其后数字为册数和页码。此外，中国第一历史档案馆藏朱批奏折、录副奏折及已刊专题档案标注为“档”及其序号，档1：《两淮盐政福珠隆阿奏报淮商捐款银两全数完缴起解事》，道光八年正月十五日，朱批奏折，档号04-01-35-0505-039；档2：《山西巡抚梁萼涵奏报河东商人完缴捐修省城垫款银两请予奖叙事》，道光二十三年十一月二十四日，朱批奏折，档号04-01-35-0676-071；档3：《两江总督陶澍奏报查明两淮商人捐输银谷接济扬州灾民请分别奖叙事》，道光十三年五月十六日，朱批奏折，档号04-01-35-0667-044；档4：《着准署两江总督裕谦动用明扣银两重制炮位及赏收淮商公捐银两事上谕》，道光二十年十月二十一日，中国第一历史档案馆编：《鸦片战争档案史料》第2册，天津古籍出版社，1992年，第533—534页；档5：《长芦盐政德顺为筹拨捐筑炮台经费银两事奏折》，道光二十年十二月二十二日，中国第一历史档案馆等编：《清代长芦盐务档案史料选编》，天津人民出版社，2014年，第399页；档6：《浙江巡抚刘韵珂奏为浙江商人金裕新等捐银一百二十万两请赏收事》，道光二十一年九月二十五日，录副奏折，档号03-3242-039，《着浙江巡抚刘韵珂赏收浙商捐银并开列名单奏候恩施事上谕》，道光二十一年十月初四日，中国第一历史档案馆编：《鸦片战争档案史料》第4册，第348页；档7：《长芦盐政德顺为芦商公捐赏犒津海口驻军事奏折》，道光二十一年十一月十二日，中国第一历史档案馆等编：《清代长芦盐务档案史料选编》，第403页；档8：《两江总督牛鉴奏陈淮北运商呈请捐输防堵经费片》，道光二十二年正月初七日，中国第一历史档案馆编：《鸦片战争档案史料》第5册，第9页，《着两江总督牛鉴赏收淮北运商公捐之备赏银两事上谕》，道光二十二年正月初七日，《鸦片战争档案史料》第5册，第10页；档9：《两江总督牛鉴奏为扬商报效军需请先将已开各商名单请奖折》，道光二十二年八月十六日，《鸦片战争档案史料》第6册，第206页。

2.统计标注的年份和月份系档案或官书记载的时间，或为地方官员奏报时间，或为谕旨颁发时间，原则上都比盐商呈请捐输的时间要晚。有时后半年尤其是年底呈请的捐输，往往据档案时间计为次年。举例而言，本表所统计道光二十二年（1842）正月淮北盐商捐银10

万两之事，据“朱批日期”为道光二十二年（1842）正月初七日，根据奏折递送的时间可以推知该项捐输实际时间应为道光二十一年（1841）底。

除表2–5数据外，两淮盐商在道光二十三年（1843）呈请的“公捐”未纳入统计。据当年六月谕旨，两江总督壁昌等奏称淮南盐商“捐输操防经费”，“请自壬寅纲起，每纲公捐银三万两，按引完缴，以备支用”，“拟作为常年操练水师兵丁津贴之需”，道光帝“降旨赏收”。[①]此处盐商呈请“每纲”捐银3万两，意味着该项捐银并无明确的截止期限，从而成为一项需要长期定额缴纳的款项，因此这笔捐银似宜计入“善举”。根据上述分析，兹分区统计各盐商的各类捐输数额如下（表2–6）。

表2–6　道光朝盐商捐输数据分类统计表（单位：万两）

盐区	军需捐输银数			地方公共事务捐输银数			银数总计
	回疆军需	鸦片战争军需	其他	地方河道工程	赈济	其他	
两淮	200	250	—	39.3	12.0	（600）	501.3
两浙	100	150	—	—	（30）	（200）	250
长芦	（30）	45	—	37.1	—	—	82.1
山东	（10）	—	—	—	—	—	0
两广	40	—	10	—	—	—	50
河东	—	40.7		—	—	4	44.7
总计	340	485.7	10	76.4	12.0	4	928.1

说明：1.本表数据整理自表2–5；银数以四舍五入的原则保留一位小数。

2.政府未收的盐商请捐款项一并纳入统计，以加注括号的方式区别，但不计入总额；道光三年（1823）两淮盐商为赈济的实物捐输（捐谷），不纳入统计。

3.道光六年（1826）两淮盐商的捐输事由为“回疆军需、河工”，实际款项未区分，考虑到回疆军需为急务，故一概计入“军需”；道光二十年（1840）、二十一年（1841）长芦盐商两次捐输的事由为“天津海防”，当时正当鸦片战争期间，故将其与其他“海疆军需”一概计入“鸦片战争军需”。

与乾嘉两朝相比，道光朝盐商捐输数额急剧减少，据表2–6统计银数约为

① 中国第一历史档案馆编：《嘉庆道光两朝上谕档》第48册，第293、295页。

928.1万两。除此之外，这一阶段的盐商捐输呈现出以下几方面的特征。第一，以事由论，道光朝盐商军需捐输银合计约835.7万两，占比高达90%，此外均系地方公共事务捐输。第二，以盐区论，两淮和两浙盐商作为捐输主力的基本格局似未变动。不过，两淮盐商捐输总额的占比却急剧下降，反映出至此两淮盐商没落的局面已经十分明显。第三，以趋势论，道光朝的盐商捐输实际集中在道光六年（1826）至七年（1827）、二十年（1840）至二十三年（1843）的两次重大战事期间，其他时段的捐输十分有限。这种趋势反映了道光帝对盐商捐输相对谨慎。尤其是，当道光五年（1825）两淮、两浙盐商呈请为南河工程捐输高达数百万两之银时，道光帝不予接受，而且从此之后盐商再未提出对河工的捐输。[①]道光帝的态度转变，很可能是鉴于嘉庆朝以盐商捐输作为筹集河工经费重要渠道的方式不可持续。

道光帝对盐商捐输的态度也有迹可循。在其刚即位的嘉庆二十五年（1820），就有御史袁铣条奏盐政积欠之弊，声称盐商捐输系分年缴款，导致“正课有亏空之实，奸商有报效之名”，并建议“不准以报效为名，有报效之银即填亏空项内”。对此，军机大臣托津等奉旨议覆称盐商捐输“原非定例”，“应请敕下该盐政等，先以清厘商课为亟，毋得竞尚虚文，徒有报效之名，转将正课亏挪，借词延宕，庶盐法日有起色，可期渐复旧规”。[②]道光帝赞同军机处的议覆，认为“所议俱是”，并颁发谕旨称：

> 其各省盐课正杂款项，积压繁多，年年展缓，实属不成事体。着各该盐政力加整顿，删除浮费，所务者惟将国课按额完缴，并将旧欠依限清厘，不得借一报效之名，即开一乞恩之路，务虚文而亏实课也。[③]

道光帝在即位之初已洞悉盐商捐输实际已陷入“虚名”的困境，因此对盐

---

① 按：清代河工特指对黄河、运河以及与其相关大河的治理工程，由中央政府派出河道总督直接管理。与此相对，地方普通河流（如上文所论盐河、卫河等）的治理由地方负责，笔者将其称为“地方河道工程”。

② 中国第一历史档案馆编：《嘉庆道光两朝上谕档》第25册，第385—387页。

③ 中国第一历史档案馆编：《嘉庆道光两朝上谕档》第25册，第385页。

商捐输采取了相对谨慎而务实的态度，即与其让盐商新增捐输，不如让其尽快缴纳长期拖欠的各笔款项。而且，作为捐输主力的两淮盐区在道光中期由两江总督陶澍进行了一场彻底的盐政改革，其策略之一就是缓交此前的盐商捐输。对此既有研究已有论述，在此不赘。[①]

总之，嘉庆朝盐商"踊跃"捐输局面至道光朝已不复存在。在盐商没落的大趋势下，嘉道时期的盐商捐输已经充斥着虚情假意。所谓的盐商"情愿"捐输，不过是盐政官员和盐商应付皇帝的说辞。此后，由于咸丰朝太平军长期占领以江浙为核心的东南地区，两淮、两浙这两大盐区的盐商可说是自身难保，遑论捐输。至于其他地区，盐商捐输似乎也较为有限。以长芦为例，据同治四年（1865）的报告，该区盐商在咸丰至同治时期四次捐银总数不过8.4万余两：具体为咸丰六年（1856）3.2万余两，咸丰七年（1857）捐银1.8万余两，咸丰九年（1859）捐银1.9万余两，同治元年（1862）捐银1.5万余两。[②]此外，山东、两广、河东等盐商捐输的数额笔者尚未见到明确的记载，不过这些盐商在道光时期的捐输数额已经微不足道，由此可以推知此后的情况亦不容乐观。

小 结

清代的盐商捐输始于顺治朝，根据不同时段的差异可以分为三个阶段：顺康时期是盐商捐输的"偶发时期"，无论捐输数额还是频次都较低；雍正朝起盐商捐输明显增多，但这种趋势尚不稳定，直到乾隆初年仍呈现出某种程度的反复和波动，这一时期可谓是盐商捐输的"波动时期"；乾隆十三年（1748）以降是盐商捐输的"惯例时期"，至此盐商捐输形成了稳定的制度。当然，制度的成熟也意味着衰落即将开始。正是朝廷对盐商的索取愈发失去节制，造成盐商捐输在道光朝急剧减少的局面。

---

① 魏秀梅：《陶澍在江南》，"中央研究院"近代史研究所，1985年；倪玉平：《博弈与均衡：清代两淮盐政改革》，福建人民出版社，2006年。

② 《直隶总督刘长佑为芦商捐饷请加广天津各式学额事奏折》，同治四年十一月十一日，中国第一历史档案馆等编：《清代长芦盐务档案史料选编》，天津人民出版社，2014年，第465—466页。

第三章　盐商捐输的运作流程

清代盐商捐输虽广为人知，但其运作流程却少人问津。所谓运作流程，即盐商如何捐输，具体包含从盐商动议捐输至政府反馈的流程。韦庆远、吴奇衍认为，乾隆朝以后官修史书所载盐商“踊跃”“吁请”捐输纯属粉饰，实际出自皇帝的授意和盐政等官员的指派，盐商是在皇威官势的高压下勉力遵办；[①]左步青总结了盐商捐输的议叙程序，即盐商捐输后，皇帝会“给予一定的擢拔和奖赏，以酬答输诚，在每次收受较多的捐输银两后，往往谕令地方官员查明各商捐款多寡，定等呈报，‘从优’议叙”。[②]但二者均未展开论述。陈锋考察了清代盐商捐输银两缴纳方式的演变，赖惠敏考察了乾隆朝盐商捐输银两的流向问题。[③]上述研究对盐商捐输的若干环节做了宏观概述，却缺乏对运作流程的系统考察。这种现状既因该问题并非研究者的论述重点，也与清代官书的刻意隐讳有关。因此，笔者主要根据上谕档、奏折、题本等档案资料，从动员模式、上报方式、缴款制度、议叙程序四个方面全面考察盐商捐输运作流程的形成与变迁。

---

① 韦庆远、吴奇衍：《清代著名皇商范氏的兴衰》，《历史研究》1981年第3期。

② 左步青：《清代盐商的盛衰述略》，《故宫博物院院刊》1986年第1期。

③ 陈锋：《清代盐政与盐税》，中州古籍出版社，1988年，第235—238页；赖惠敏：《乾隆皇帝的荷包》，中华书局，2016年，第199—201页。

第一节　盐商捐输的动员模式

清初至雍正时期，历经三朝共90余年，见于记载的盐商捐输仅寥寥10余次，数额总计亦不过银一百余万两；至乾嘉两朝，盐商捐输开始变得频繁，在不到90年的时间内捐输次数逾百次，银数逾一亿两（详见第五章）。盐商捐输从偶发到集体行动的变化，正是动员模式转变的产物。

清初至雍正时期盐商捐输的主要推动者是盐政等地方官员，而皇帝对盐商捐输则相对警惕。例如，康熙五十七年（1718），两淮巡盐御史李煦奏报称：两淮盐商声称数十年来“仰沐圣恩最深最重”，“自愧无可报效”，因此在为瓜州河工捐银24万余两之后，又请求为西北军需捐银15万两，不过这项捐款需先从运库借出，盐商分年缴纳。对此，康熙帝批复：“此折断然行不得。西边用银，即可以发库帑，何苦五年分补，皆因奸商借端补亏之法耳。”[①]随后，在江宁织造曹頫的奏折上，康熙帝再次强调：“前日李煦所奏借库银捐西边一折，甚为不妥。恐病后鹘突〔糊涂〕，被人哄骗，恐误钱粮。”[②]针对本次两淮盐商的捐输，盐政李煦积极推动，而康熙帝不允所请。根据盐法志的记载，两淮盐商随后又在康熙五十八年（1719）呈请捐银16万两、六十年（1721）呈请捐银24万两“以佐军需”，均为康熙帝所拒收。康熙帝指示将这些款项留给盐商用于弥补“未完之项”。[③]显然，面对盐政所报告的盐商“自愿”捐输之事，康熙帝并不相信，因为他认识到盐商正项经费尚未能按期缴纳的事实。

雍正帝对盐商捐输的态度较为矛盾，如前所述，在雍正朝晚期政府甚至多

---

① 《苏州织造李煦奏为淮商愿捐军需先借库银分年补完事折》，康熙五十七年闰八月初二日，中国第一历史档案馆编：《康熙朝汉文朱批奏折汇编》第8册，档案出版社，1985年，第303页。

② 《江宁织造曹頫奏报武进县华子文案由折》，时间不详，中国第一历史档案馆编：《康熙朝汉文朱批奏折汇编》第8册，第1112页。

③ 王世球等纂修：乾隆《两淮盐法志》卷首《制诏》，于浩辑：《稀见明清经济史料丛刊》第1辑第4册，第142页。

次出台限制地方官指派盐商捐输的禁令，这在制度层面证实此前盐商捐输多出自盐政等地方官员的授意。对此，给事中曹一士在乾隆元年（1736）的奏疏中直言盐商捐输系“大吏”的“授意”：

窃照两淮、两浙、长芦、河东等处盐课为国计攸关，务期厘奸剔弊，以清赋源。顾盐课之完欠，全视商人之赢绌。而向来积弊，每有众商公捐之举，其实皆非出之商人本心。缘为大吏者，每遇一事，必传商纲授意，遂尔勒派众商，勉强从事，究之所捐在此，而所欠在彼，于国家实无裨益。并有奸商借端高抬盐价，以致闾阎并受其累，所在官司以其方行输捐，遂任彼所为，置之不问。是公捐之举，商人显居其名，而百姓隐被其害，尤不可不永行禁止者也。[①]

至乾隆朝，盐商捐输动员模式发生了根本性变化，以金川之役的军需筹集为契机，皇帝直接介入了捐输动员，从此盐商捐输从地方官员意志升级为皇帝意志。正是动员模式的转变，导致乾隆朝开始盐商捐输蔚然成风。

乾隆十三年（1748）开始的金川之役期间，内地十一个盐区中有七个盐区捐输，是目前所见参与盐区最多的一次盐商捐输活动，堪称空前绝后（详见第五章）。在此之前，不仅盐商捐输实属偶发，而且未见多个盐区共同为某项事务捐输。因此，本次多个盐区步调一致的捐输行动，便绝不可能仅仅是来自各地官员的授意。所幸，档案中的蛛丝马迹足以帮助我们勾勒这一过程。乾隆十三年（1748）十一月十九日，朝廷以私下寄信的方式向两淮盐政吉庆、长芦盐政丽柱、河东盐政庆恩颁发了动员盐商为金川战事捐输军需的谕旨。[②]其中，给吉庆和庆恩的谕旨分别如下：

两淮众商，久沐国家深仁厚泽，得以保有身家，现今大兵进剿金川，

① 曹一士：《请停商捐并申盐禁疏》，贺长龄、魏源等编：《清经世文编》卷50，中华书局，1992年，第1332页。按：该奏疏未标注时间，据《清史稿·曹一士传》定为乾隆元年，“乾隆元年，迁工科给事中……又疏论盐政诸弊，请毋令商人公捐……皆下部议行”（赵尔巽等：《清史稿》卷306《列传九十三》，第10528—10529页）。

② 中国第一历史档案馆编：《乾隆朝军机处随手登记档》第4册，广西师范大学出版社，2000年，第347页。

支费浩繁，伊等向来踊跃急公。即湖广商人，亦已捐二十万金助饷。应传谕吉庆，两淮商人中，有愿出赀报效者，自属应行，多多益善。着吉庆一面办理候拨，一面奏闻。[①]

金川用兵，经费浩繁。现在湖广、两淮商人均急公捐饷。在彼等受国家深仁厚泽，得以保有身家，出其余赀，以勷公务，自属分所当然。着传谕庆恩，不知彼处商人可能如此办理否。令其妥协办理。[②]

尽管乾隆帝只是在形式上指示盐政做捐输动员，但“办理候拨”“分所当然”等措辞无疑揭示了实质：盐商必须要有一定数额的捐输，而且“多多益善”。皇帝既已亲自动员，盐商岂敢不从？这种动员模式实属强制，私家记载言之甚明。《金川纪略》记载本次军饷筹集时有言：“而言利者，仍复倡派捐之议，始于各省盐商，遂及山西富民。”[③]《永宪录》的记载更为直白，该书论及在长芦经营盐务的晋商王廷扬时称：“乾隆十三年大金川用兵，粮运艰难，日费帑金七万，米升三两六钱。今上令其家助饷，只献银十万。查其家产现银一千七百万有奇，他物称是。因令京师山、陕富户十六家各捐输军需。”[④]这种捐输动员，显系政府的指派。尤为明显的是，王廷扬家族起初只捐银10万两，结果乾隆帝认为数额太低，派人清查王氏家产，这充分暴露了这类捐输动员的强制性。

初次金川之役的捐输动员或曰指派捐输成了范例，王廷扬家族被清查家产的教训历历在目，面对国家权力之时商人的弱势显而易见。此后，甚至无须皇帝授意，盐政官员就积极动员盐商捐输，以至于皇帝有时不得不予以制止。例如，乾隆十九年（1754）至二十年（1755），长芦、山东、福建、两浙、两淮等区盐商陆续为准噶尔之役捐输银两时，乾隆帝仅收取了两淮盐商100万两的款项，且

---

① 中国第一历史档案馆、扬州市档案馆编：《清宫扬州御档》第4册，广陵书社，2010年，第2384页。

② 中国第一历史档案馆、扬州市档案馆编：《清宫扬州御档》第4册，第2385页。笔者按：“不知彼处商人可能如此办理否”为乾隆帝所加，另外乾隆帝删除了军机处原拟谕旨中“妥协办理”之前的“遵照”等字。

③ 程穆衡：《金川纪略》卷2，陈力主编：《中国野史集粹》第3册，巴蜀书社，2000年，第62页。

④ 萧奭撰，朱南铣点校：《永宪录》卷2，中华书局，1959年，第130页。

拒收了两淮盐商后续两次的请捐银两；又如，乾隆五十五年（1790），两广和河东盐商为乾隆帝八旬万寿庆典的捐输也被拒收。在乾隆帝看来，盐商的财富是可以随时取用的小金库，因此会根据国家财力和各项事务需费的情况，对盐商的捐输酌情取舍，而取舍的依据就是不同盐区的财力（详见第五章）。

总之，以初次金川之役为契机，盐商的捐输动员有了固定模式。这种集体行动基于皇帝与地方官员、盐商之间的默契，并彼此心照不宣，逐渐形成稳定的规则。当然，官员或盐商的政治嗅觉偶有失灵，皇帝自会适时加以敲打。例如，乾隆五十二年（1787）十二月，乾隆帝以私下寄信的方式，向兼管盐政的浙江巡抚发布谕旨，告知两广总督孙士毅已奏报两广盐商为台湾军需捐银，质问"于此等要务，孙士毅等尚属留心。琅玕乃浙江巡抚，距福建甚近，即盐商未如此呈请，琅玕亦未思及乎？"同时指示："今将孙士毅等奏折照抄送琅玕阅看，着以琅玕之意，酌情办理。伊等若诚心呈请，琅玕即为代奏可也。"[①]在这份密寄谕旨中，乾隆帝将积极奏请捐输的两广总督孙士毅树立为正面典型，并明确表达了对浙江盐政官员和盐商未及时请捐的不满。我们无法回到历史现场，去观察琅玕收到这份谕旨的紧张和惶恐，但是，两浙盐商在次年正月初第一次捐输台湾军需后，又立即在二月再次捐输。[②]这种短期内连续为同一事务捐输的反常表现，显有谢罪之意。

至嘉庆朝，在战事和河患造成的持续财政压力下，皇帝频繁授意盐政等地方官员动员盐商捐输。由此，乾隆朝对盐商捐输酌情取舍的原则被破坏，而动员模式虽未发生变化，却被滥用，呈现出竭泽而渔的态势。

嘉庆四年（1799），在嘉庆帝亲政之后，当年三月到六月，长芦、山东、两淮、两浙、两广等区的盐商陆续请求为白莲教战事捐输银两，嘉庆帝谕令仅部分收受。[③]但是，次年正月，嘉庆帝即令军机处向两广总督吉庆、粤海关监

---

① 《寄谕浙江巡抚琅玕抄送粤省盐商捐助军需奏折着阅后酌量办理》，乾隆五十二年十二月十八日，中国第一历史档案馆编：《乾隆朝满文寄信档译编》第20册，岳麓书社，2011年，第456页。

② 《清高宗实录》卷1296，乾隆五十三年正月丁丑，《清实录》第25册，第419—420页；卷1299，乾隆五十三年二月，《清实录》第25册，第473页。

③ 中国第一历史档案馆编：《嘉庆道光两朝上谕档》第5册，广西师范大学出版社，2000年，第98、109、110、130、131、603页。

督佶山、两淮盐政书鲁、两浙盐政延丰等地方盐差、关差密寄谕旨：

> 上年据吉庆、常福、征瑞、苏楞额等先后奏称，广东洋、盐各商及两淮、两浙盐商等恳请捐银，以备军营善后之用，其时计军务将次蒇事，是以未经全行赏收。仅将粤东洋、盐各商酌收十二万两，两淮盐商酌收二百万两，两浙盐商酌收一百万两，均经加恩议叙。现在川陕贼匪虽已穷蹙，但尚未剿捕净尽，即日大功告成，筹办善后一切，需费尚多。所有粤东、两淮、两浙各商，上年愿捐银两，自已豫为筹备。着密谕吉庆及佶山、书鲁、延丰等，作为己意，奖励各商等再请捐输。如该商等踊跃报效，即据情代奏。俟奏到日，降旨加恩。其粤东捐项自可解京，两淮、两浙捐项即留于该省，听候动拨。将此由四百里密谕知之。[①]

在密寄谕旨中，嘉庆帝直接授意盐政动员盐商捐输。然而，盐政仍奏称是盐商主动再三请求捐输，即使明发谕旨亦持相同论调。例如，嘉庆五年（1800）二月谕旨："今该商等复行吁请捐输，情词实出至诚，着加恩共赏收二十万两。"[②]再如，嘉庆五年（1800）三月，两淮盐政书鲁奏称"淮商洪箴远等，情切急公，请将上次未收之一百万两，俯准捐输"，而自己"反复谕止，众商环吁再三，叩求不已，实为真切"。[③]对比可知，嘉庆帝的明发谕旨不过是言不由衷的政治宣传，纯属掩人耳目。

嘉庆朝的档案中有不少此类授意盐政动员盐商捐输的密寄谕旨。例如，嘉庆八年（1803）十月，两淮盐政佶山接到密寄谕旨称，黄河漫溢工程需费甚多，"因思两淮、两浙商人向属急公趋事，国家当积年办理军需之后，复有此河防巨工，该商等自必情殷效悃"。[④]又如，嘉庆十三年（1808），浙江盐政三义助接到密寄谕旨称南河工程需费较繁，"浙商闻知，断无膜视之理。着传谕三义

---

① 中国第一历史档案馆编：《嘉庆道光两朝上谕档》第5册，第20页。
② 中国第一历史档案馆编：《嘉庆道光两朝上谕档》第5册，第77页。
③ 中国第一历史档案馆编：《嘉庆道光两朝上谕档》第5册，第119页。
④《两淮盐政佶山奏报两淮各商报捐河工银两事》，嘉庆八年十月二十一日，朱批奏折，档号04-01-35-0484-022。

助，作为该盐政之意，晓谕该商等，应如何急公报效捐输银两，以助要工。其捐银若干之处，惟在该盐政酌量商力情形，妥为办理，或现捐若干或垫解若干，俟酌有成数，该盐政即行奏闻，候降旨赏收，施恩可也”。[①]再如，嘉庆十六年（1811）八月，军机处密寄谕旨称，近年来南河耗费数千万两，本年漫口工程所需亦不下一千万两，中央部库和各省藩库均已紧张，只能令两江总督百龄、两淮盐政阿克当阿“于江南地方设法筹划，能将此次工赈所需全数筹措，不须再请拨帑，方不至办理掣肘”。两位官员接到密谕后，不负所望，不仅奏报已传集两淮盐商请捐银160万两，并表示已私下转告浙江巡抚动员两浙盐商再次捐输。[②]

除了直接授意盐政官员动员盐商捐输，就连盐商需要捐输的数额有时亦出自皇帝锱铢必较的算计。例如，两淮盐商于嘉庆十一年（1806）七月为黄河工程捐银300万两，于次年起分六年缴纳（至嘉庆十七年［1812］缴完）；随后，于嘉庆十三年（1808）五月为黄河工程再捐银300万两，并声明需于上次捐项完成后（从嘉庆十八年［1813］起）分四年缴完。对此，嘉庆帝大为不满，认为此前已允许两淮盐商加息，“计该商等每年所得息银约有一百三十余万两，其报捐之三百万两则缓至六限后始行分年交纳。是此六限中，该商等已获现利银八百余万两，既倍于所捐之数。而目前所谓报效者，转系垫解备用，无庸现出己资，并得邀赏议叙”，换言之，嘉庆帝认为从嘉庆十二年（1807）至十七年（1812）的这六年之间，两淮盐商因为加息而获得利润超过800万两，而嘉庆十三年（1808）这次300万的捐输银两不应该推迟至十八年（1813）才开始缴纳。因此，他指示两江总督和两淮盐政等官员：“谕令该商等，于此次捐项未经起限交纳以前，将六年所得余息银八百余万两，每年或再酌捐现银若干万两，随同旧捐之项，按限输将之处，不准垫解，详悉核定具奏。”[③]次月，两淮盐商即报请再捐300万两，并声明于次年即开始缴纳。[④]

① 中国第一历史档案馆编：《嘉庆道光两朝上谕档》第13册，第259页。

② 《两江总督百龄等奏为遵旨密奏筹计南河工用并被水各灾区赈恤银款事》，嘉庆十六年八月二十三日，朱批奏折，档号04-01-05-0127-038。

③ 中国第一历史档案馆编：《嘉庆道光两朝上谕档》第13册，第265—266页。

④ 中国第一历史档案馆编：《嘉庆道光两朝上谕档》第13册，第750页。

总之，盐商捐输表面上是盐商主动请捐，实则来自盐务官员的动员，背后更有皇帝的指示。当然，并不能说所有的盐商捐输都是皇帝的直接授意，在专制皇权的威压下，很多时候根本无须皇帝授意，盐政等地方官员就会积极开展动员工作。

第二节　盐商捐输的上报方式

清初盐商捐输少见，上报方式不详。目前可考的案例见于康熙朝晚期。康熙四十四年（1705）闰四月，康熙帝南巡驻跸扬州，得知扬州驿宫出自盐商捐银建造，遂谕令大学士、内务府总管、吏部向江宁织造曹寅询问盐商捐银数额。同时，康熙帝谕令曹寅“将修建驿宫之商人姓名、出银数目，缮单呈送”。[①]据此可以推断，此次应是曹寅当面向康熙帝口头汇报，康熙帝指示曹寅以公文形式正式上报。当然，本次上报十分特殊，因为皇帝恰在扬州地方。在康熙晚期，由于奏折制度的出现，此类报告应均须通过奏折上报皇帝，并通过题本正式上报中央政府。例如，康熙五十七年（1718）两淮盐商为西北军需请捐银两一事，两淮巡盐御史李煦于闰八月初二日通过奏折报告康熙帝，于闰八月初六日呈送正式的题本。[②]又如，康熙五十九年（1720）六月，两淮巡盐御史张应诏通过奏折报告两淮盐商捐饷16万两等事时，康熙帝批复：“此折所奏甚是明白，当具题。”[③]

随着雍正朝奏折制度的推广，这种先奏折、后题本的上报方式被继续沿

---

① 《内务府等衙门奏曹寅李煦捐修行宫议给京堂兼衔折》，康熙四十四年闰四月初五日，故宫博物院明清档案部编：《关于江宁织造曹家档案史料》，中华书局，1975年，第30—31页。

② 《苏州织造李煦奏为淮商愿捐军需先借库银分年补完事折》，康熙五十七年闰八月初二日，中国第一历史档案馆编：《康熙朝汉文朱批奏折汇编》第8册，第303页；《苏州织造兼两淮盐政李煦题报两淮商人捐饷银数并自戊纲起分年照数完库》，清康熙五十七年闰八月六日，张伟仁主编：《“中央研究院”历史语言研究所现存清代内阁大库原藏明清档案》，联经出版事业公司，1986年，档号39-229。

③ 《两淮巡盐御史张应诏奏陈两淮盐课钱粮情形折》，康熙五十九年六月二十日，中国第一历史档案馆编：《康熙朝汉文朱批奏折汇编》第8册，第710页。

用。例如，雍正五年（1727）两淮盐商请捐银建造仓储一事，即由两淮巡盐御史噶尔泰于当年三月十五日先通过奏折报告皇帝，再于闰三月初九日通过题本正式上报吏部。[①]再如，在雍正十年（1732）长芦巡盐御史鄂礼报告长芦盐商为西北军需请捐银10万两的奏折上，雍正帝批复："具题奏请。"[②]不过，由于担心盐商捐输是出自地方官员的勒派，雍正十三年（1735）清廷出台盐政不得授意和勒令盐商捐输的禁令。这道禁令在乾隆初年进一步强化，并由此影响到上报方式。

乾隆五年（1740），河南道监察御史陈其凝奏称，盐商借捐输之名提高盐价，"使小民知盐价之贵，由于捐输，是商人蒙急公之赏，百姓受派累之苦"，因而建议：

> 请敕谕各省督抚及盐政诸臣，嗣后凡有兴修之工，盐商具呈捐赀，概不许代为题达。地方偶有偏灾，好善乐施之家，捐赀赈救，令其各自捐输，官为代理，不许纠结公捐，借名取偿。则盐贾不得借成本为名，高抬盐价，以累民生。[③]

对此，大学士等议覆通过。需要注意的是，这并不是禁止盐商捐输，而是禁止"纠结公捐"，也就是说，盐商不得联合捐输，因为这可能成为盐商提高盐价的借口；盐商可以各自捐输，然后个人直接将款项交给政府；如若盐商再集体"公捐"，地方官员不得通过正式题本上报中央政府。

乾隆五年（1740）禁令的执行程度相当可疑。次年，两淮盐政准泰奏报两淮盐商黄仁德等捐输赈济"并称不敢仰邀议叙"，自己准备"酌给匾额、花

---

① 《两淮巡盐御史噶尔泰奏报商人黄光德等公捐银两折》，雍正五年三月十五日，中国第一历史档案馆编：《雍正朝汉文朱批奏折汇编》第9册，江苏古籍出版社，1989年，第263页；《兼吏部行走朱轼题议淮南商人黄光德等人公捐银两遵旨分别赏给顶戴荣身本》，雍正五年闰三月初九日，中国第一历史档案馆编：《雍正朝内阁六科史书·吏科》第34册，第395—397页。

② 《长芦巡盐御史鄂礼奏报盐商情愿加捐银十万两充军需折》，雍正十年十一月初七日，中国第一历史档案馆编：《雍正朝汉文朱批奏折汇编》第23册，第545页。

③ 《清高宗实录》卷120，乾隆五年闰六月乙巳，《清实录》第10册，第761—762页。

红，以示鼓励”，对此，乾隆帝批复：“若合议叙之例，仍与题达为是。”[①] 显然，盐政慑于乾隆五年（1740）“不许代为题达”的禁令，在奏折中明确声明自行对盐商酌情奖励。而乾隆帝对此道禁令或有所遗忘，抑或是有意无视，认为可以通过题本正式上报请奖。乾隆帝既已表态，盐政再无顾忌。乾隆七年（1742）初，两淮盐商继续为本次赈济捐银7万余两，盐政题请议叙，“经部复准”。[②]禁令一旦被打破，便不可逆转。乾隆七年（1742），两淮盐商汪应庚等为赈济捐银30万两一事正式题达户部。[③]同样，浙江盐商为盐义仓捐银10万之事于乾隆八年（1743）六月经浙江巡抚常安奏报，乾隆帝在奏折中批复：“若合议叙，疏中陈请，以嘉任恤之谊。”随后，常安遵旨“将该商等公捐之处，照例另疏具题”。[④]显然，上报方式又恢复到先奏折、后题本的惯例。

当然，随着奏折制度的发展，乾隆朝开始，盐政在奏报盐商捐输之后有时无须再上题本，因为皇帝接到奏报后会直接谕令吏部、户部等中央机构出具意见。例如，乾隆九年（1744）长芦盐政伊拉齐奏称，长芦盐商王至德等为直隶赈济捐银10万两，自己“不敢壅于上闻，谨据情缮折具奏”，“该商等急公报效感戴心诚，可否准予议叙。恩典出自圣仁，非奴才所敢擅请者”，对此，乾隆批复“该部议奏”。[⑤]也就是直接将奏折抄发相关中央机关。随后，户部遵旨议定，予以接纳并给予议叙。[⑥]这种模式在乾隆中期以后成为常态，在接到盐政官员奏报盐商捐输后，皇帝直接谕令奖励盐商。例如，乾隆四十七年（1782）军机处奏报称：

---

① 《清高宗实录》卷153，乾隆六年十月，《清实录》第10册，第1192页。

② 单渠等纂修，方濬颐等续纂：嘉庆《两淮盐法志》卷42《捐输三·灾济》，于浩辑：《稀见明清经济史料丛刊》第2辑第31册，第415—417页。

③ 《大学士兼管户部尚书事务徐本等题为遵议淮南盐商汪应庚行认捐银两贮库济赈事》，乾隆七年十一月初四日，户科题本，档号02-01-04-13526-008。

④ 《浙江巡抚常安奏报盐商吴玉如公捐银两拟赏给匾额事》，乾隆八年八月二十六日，朱批奏折，档号04-01-35-0448-022。

⑤ 《长芦盐政伊拉齐为商人王至德等捐银助赈请议叙事奏折》，乾隆九年七月十二日，中国第一历史档案馆等编：《清代长芦盐务档案史料选编》，天津人民出版社，2014年，第50—51页。

⑥ 《吏部尚书协理户部事务讷亲等题为遵旨会议直隶天津河间府偶被偏灾商人王至德等捐银济公请议叙一案事》，乾隆九年八月十九日，户科题本，档号02-01-04-13791-012。

本日据陈辉祖差人递到奏折各件，臣等谨先行拆阅，拟写谕旨，同原折一并进呈候训示。再，陈辉祖奏到折内，有“两浙商人何永和等呈请公捐银八十万两，以佐豫省河工之用等因”一折。臣等查上次伊龄阿奏两淮商人呈请捐银二百万两，仰蒙圣恩允准。今两浙商人请捐之处，应否准其所请，谨将原折进呈，俟命下臣等，再行移咨闽浙总督福长安、新任总督富勒浑，一体遵照。[①]

根据奏折的处理流程，军机处预先拆阅奏折并草拟意见。本次军机处未明确提出是否接受捐输。对此，乾隆帝谕称，此前既已接受两淮盐商捐输，“今浙商等呈请公捐，报效情殷，事同一例，自应准其所请”，“至该商等急公抒悃，并着该督查明咨部，照例议叙，该部知道。折并发”。[②]乾隆帝在接受此项捐输后，谕令议叙盐商，同时将奏折转发负责议叙的吏部、户部。当然，具体的议叙须经复杂的流程，盐政仍须按照部院的规范呈报相关清册，详见后文。

第三节 盐商捐输的缴款制度

盐商捐输的缴款制度主要关涉两个问题，一是银两缴往何处，二是缴纳方式。对此，陈锋考察了清代不同时期盐商捐输缴纳方式的演变，认为盐商捐款在乾隆中期以前基本一次缴清，而此后多属分限完款；[③]赖惠敏认为，盐商捐输的事由虽多半是军需、赈济、备公等事务，但“从《内务府银库进项月折档》发现，名义上的军需、备公银两，有部分流入内务府”。[④]换言之，捐输事由不等于捐款用处，乾隆帝有时会将并非为皇室事务的捐款拨往负责皇室经费的内务府。

清初至雍正时期，盐商捐输次数有限，每次数额也较小，故一般多是

① 中国第一历史档案馆编：《乾隆朝上谕档》第11册，档案出版社，1991年，第410—411页。

② 中国第一历史档案馆编：《乾隆朝上谕档》第11册，第412页。

③ 陈锋：《清代盐政与盐税》，中州古籍出版社，1988年，第235—238页。

④ 赖惠敏：《乾隆皇帝的荷包》，中华书局，2016年，第199—201页。

将现银直接发往相应事务应用。例如，两淮盐商于康熙十年（1671）、十八年（1679）的两次捐输赈济，或直接买米设厂煮粥，或直接捐出粮食；[①]又如，两浙盐商于雍正四年（1726）为地方仓储捐银10万两是“解归藩库，分发买谷”，雍正十二年（1734）为修筑海塘捐银10万两“听候拨济海塘工用”。[②]总之，这一时期的盐商捐输似乎多是缴纳现银，而且根据捐输事由将银两缴往相关负责机构。

至乾隆朝，盐商捐输进入活跃期，其中两淮盐商的捐输次数和数额均最多，兹统计两淮盐商缴款明细如下（表3-1）。其中，部分款项的缴纳方式虽然在档案中未有明确说明，但可以根据后续奏报推断。以乾隆十四年（1749）为南巡所捐银100万两为例，乾隆十四年（1749）十一月署理两淮盐政吉庆的奏报中只提及总额；不过次年六月吉庆奏报称，该项捐银“除拨给地方有司及河工帮办差务银十七万两外，约计运库一应支发必须动用银两，多有余剩”，据此，该笔捐银理论上已经全数上交运库，可以推断为本次捐输为现银；可以作为旁证的是，乾隆十六年（1751）四月吉庆奏报将“商捐余剩银两”中的40万解运至京，乾隆帝朱批“交海望”，也就是交给内务府（注释见表3-1档7）。根据上述分析，该项100万两捐银本来全数交两淮运库，经由运库将其中17万两拨给地方官府作为南巡办差经费；其余留在运库的83万两中，具体用于办差的银数不确，因为最后解交内务府的40万两并非全部剩余银两。后续统计表格中的类似处理，不再一一解释。

表3-1 乾隆朝两淮盐商捐输缴款详表（单位：万两）

时间	银数	捐输事由	缴款处 / 用处	缴款方式	资料来源
三年（1738）	30	挑浚淮扬盐河	—	分限五年	盐乾，档 1
三年（1738）十月	17.4	扬州旱灾赈济	即时煮赈	现银	盐乾，盐嘉
六年（1741）十月	7.1	淮扬水灾赈济	即时煮赈	现银	盐乾，盐嘉

① 单渠等纂修，方濬颐等续纂：嘉庆《两淮盐法志》卷42《捐输三·灾济》，于浩辑：《稀见明清经济史料丛刊》第2辑第31册，第413—414页。

② 延丰纂修：嘉庆《重修两浙盐法志》卷18，《续修四库全书》第841册，上海古籍出版社，2002年，第384—386页。

续表

时间	银数	捐输事由	缴款处 / 用处	缴款方式	资料来源
七年（1742）九月	30	淮扬水灾赈济	运库（4）、赈济拨用（26）	现银	盐乾，盐嘉
九年（1744）三月	16	内务府备公	内务府：分拨雍和宫（5）、圆明园（5）、沧州（6）	现银	盐嘉，档 2
九年（1744）十二月	15	内务府备公	圆明园	现银	盐嘉，档 3
十年（1745）二月	48	河湖蓄泄工程	运库	分限八年	盐乾
十一年（1746）九月	20	淮扬等处水灾赈济	运库（由两江总督拨用）	现银	盐嘉
十二年（1747）六月	16	内务府备公	圆明园	—	盐嘉，档 4
十三年（1748）四月	20	内务府备公	圆明园：分拨沧州（4）、圆明园（16）	现银	盐嘉，档 5
十三年（1748）十二月	80	金川军需	—	次年起分限四年	盐嘉，扬 4–2393
十三年（1748）	20	金川军需	湖北藩库（军需）	分限四年	—
十四年（1749）四月	10	金川军需	四川（军需）	本年起分限五年	盐嘉，档 6
十四年（1749）十月	100	南巡	地方办差（17），运库（83：办差银数不确，交内务府≥40）	现银	盐嘉，档 7
十六年（1751）十二月	25	乐善园工程	内务府	现银	宫 2–282
十七年（1752）七月	30	内务府备公	内务府：分拨沧州（15）、圆明园（15）	现银	盐嘉，宫 3–357，档 8
十八年（1753）十月	30	通泰淮水灾赈济	即时赈济（15）、江苏藩库备赈（15）	现银	盐嘉，宫 6–575，档 9
十八年（1753）十一月	60	南河高堰堤工	南河	分限四年	宫 6–649
二十年（1755）六月	100	平准噶尔军需	采办缎匹（20），内务府（80：分拨沧州 30、圆明园 25、热河工程 25）	分年	盐嘉，档 10

续表

时间	银数	捐输事由	缴款处 / 用处	缴款方式	资料来源
二十年（1755）十二月	12.2	挑浚运盐灶河	—	当年起分限两年	宫 13–222
二十一年（1756）三月	30	扬淮海煮赈	—	现银	谕 2–3621，档 11
二十二年（1757）四月	100	南巡	两江总督办差（10），内务府（90：分拨沧州 20、圆明园 30、内务府 50）	分年	盐嘉，谕 3–54，档 12
二十三年（1758）十二月	14.9	修筑淮扬运河	—	分年	档 13
二十三年（1758）十二月	100	回疆军需	陕甘总督（军需）	分五年	盐嘉，谕 3–848
二十四年（1759）二月	12.8	挑浚淮北盐河	—	分年	档 13、14
二十四年（1759）八月	2.2	通泰淮潮灾赈济	—	现银	盐嘉
二十四年（1759）十月	1.8	挑浚扬州护城河等	—	现银	盐嘉
二十五年（1760）五月	5.6	通泰盐河工程	已用于工程	现银	档 15
二十五年（1760）九月	10	太后七旬万寿	圆明园	现银	盐嘉，档 16
二十六年（1761）正月	10	太后七旬万寿	内务府	现银	档 17
二十六年（1761）十一月	100	南巡	南巡经费（60），河南巡抚工程与赈济经费（40）	分限五年	盐嘉，谕 3–2180
二十九年（1764）七月	1	武昌、汉口堤工	湖北藩库	现银	实 17–981，宫 22–198
三十年（1765）三月	10	江苏修理城垣	江苏藩库	—	档 18
三十二年（1767）十二月	100	内务府备赏	云南（军需）	—	盐嘉，谕 5–753
三十六年（1771）三月	20	太后八旬万寿	内务府	现银	盐嘉
三十八年（1773）八月	400	第二次金川之役军需	四川（军需）	现银 100，剩余次年起分限十年	盐嘉，宫 33–303

续表

时间	银数	捐输事由	缴款处 / 用处	缴款方式	资料来源
四十五年（1780）二月	100	南巡	南巡经费（61.22），次年西巡经费（8），运库（30.78）	当年起分限六年	盐嘉，谕 9–2404
四十六年（1781）九月	0.7	海属盐场潮灾赈济	—	—	盐嘉
四十七年（1782）六月	200	豫省兰阳等处河工	山东（河工、赈济经费）	分限六年	盐嘉，宫 52–137
四十九年（1784）正月	100	南巡	内务府	当年起分限五年	盐嘉，档 19
五十一年（1786）	0.4	海属盐场水灾赈济	—	—	盐嘉
五十三年（1788）正月	200	平台湾之役军需	—	当年起分限六年	盐嘉，谕 14–408
五十三年（1788）九月	100	荆州水灾工赈	—	次年起分限五年	盐嘉，谕 14–1384
五十五年（1790）四月	200	乾隆帝八旬万寿	—	次年起分限六年	盐嘉，档 20
五十七年（1792）正月	200	廓尔喀之役军需	运库（候拨）	当年起分限五年	盐嘉，谕 16–1500
六十年（1795）闰二月	200	苗疆之役	湖南藩库、运库（候拨）各半	分限六年	盐嘉，谕 18–1131、2168

说明：1.“资料来源”一栏，盐法志、实录和已刊档案用简称，其中乾隆《两淮盐法志》（王世球等纂修，于浩辑：《稀见明清经济史料丛刊》第1辑，国家图书馆出版社，2009年）简称为“盐乾”（数据集中于该书卷39《杂志一·捐助》，第9册第1—44页）；嘉庆《两淮盐法志》（单渠等纂修，方濬颐等续纂，于浩辑：《稀见明清经济史料丛刊》第2辑，国家图书馆出版社，2012年）简称为“盐嘉”（数据集中在卷42《捐输》，第31册第391—444页）；《清高宗实录》（《清实录》第9—27册，中华书局，1985—1986年）简称为“实”，其后数字为册数与页码；《乾隆朝上谕档》（中国第一历史档案馆编，档案出版社，1991年）简称为“谕”，其后数字为册数和编号；《宫中档乾隆朝奏折》（台北故宫博物院编，台北故宫博物院，1982年）简称为“宫”，其后数字为辑数和页码；《清宫扬州御档》（中国第一历史档案馆、扬州市档案馆编，广陵书社，2010年）简称为“扬”，其后数字为册数和页码。此外，中国第一历史档案馆藏朱批奏折、录副奏折标注为“档”

及其序号。档1：《两江总督那苏图等奏为淮商黄仁德等捐银挑浚河道请先于戊午纲课银内借支分年带完事》，乾隆四年正月二十七日，朱批奏折，档号04-01-01-0043-008；《两江总督那苏图奏为淮商捐挑盐河之银两请准其借动库项事》，乾隆四年五月初四日，朱批奏折，档号04-01-35-0709-043。档2：《巡视两淮盐政准泰奏请将商捐银两解交海望查收公用事》，乾隆九年三月初四日，朱批奏折，档号04-01-35-0449-007。档3：《署理两淮盐政吉庆奏请商捐银两可否解交圆明园事》，乾隆九年十二月十二日，朱批奏折，档号04-01-35-0449-033。档4：《署理两淮盐政吉庆奏两淮盐商捐输银两请解交圆明园事》，乾隆十二年六月十六日，朱批奏折，档号04-01-35-0889-038。档5：《署理两淮盐政吉庆奏请商捐银两可否解交圆明园事》，乾隆十三年四月初六日，朱批奏折，档号04-01-35-0452-005。档6：《江西巡抚唐绥祖奏为江西省饶吉三埠商人许安裕等捐银以助军需事》，乾隆十四年二月十九日，朱批奏折，档号04-01-01-0175-025。档7：《署理两淮盐政吉庆奏为圣驾南巡两淮商人程可正等公捐百万银两事》，乾隆十四年十一月初二日，朱批奏折，档号04-01-14-0018-035；《署理两淮盐政吉庆奏为圣驾南巡预备事宜分别动项办理及商捐项下拨银交地方官及河工帮办差务事》，乾隆十五年六月十九日，朱批奏折，档号04-01-14-0019-005；《署理两淮盐政吉庆奏为陈明现办差务情形及南巡商捐银两多有余剩事》，乾隆十五年六月十九日，朱批奏折，档号：04-01-14-0019-006；《管理两淮盐政吉庆奏请商捐余剩银两并节省闲款等项可否解交海望事》，乾隆十六年四月十六日，朱批奏折，档号04-01-35-0454-034。档8：《谕三和将两淮盐政普福解到银两交沧州及圆明园》，乾隆十七年十月十八日，朱批奏折，档号04-01-35-0455-004。档9：《两淮盐政普福奏谢革职留任之恩并商捐备赈事》，乾隆十八年十月二十八日，录副奏折，档号03-0312-069.1。档10：《谕内务府总管将两淮盐政普福解到商捐银两交沧州等处查收》，乾隆二十年九月初五日，朱批奏折，档号04-01-35-0455-034。档11：《两淮盐政普福奏明商人捐输赈恤银两情形事》，乾隆二十一年三月初七日，录副奏折，档号03-0636-035。档12：《谕内务府将两淮盐政普福解到盐商黄源德等捐银交沧州等处查收》，乾隆二十二年九月十四日，朱批奏折，档号04-01-35-0456-016。档13：《两淮盐政高恒奏请盐商捐银修筑淮扬盐运河道缘由事》，乾隆二十三年十二月初八日，朱批奏折，档号04-01-35-0457-025。档14：《两淮盐政高恒奏为两淮商人捐银陆续解赴肃州兑收并报前往淮北督查起身日期事》，乾隆二十四年二月二十日，朱批奏折，档号04-01-01-0234-009。档15：《两淮盐政高恒奏报查收泰属各场堤河工程并通属堤工用过商捐银两事》，乾隆二十五年五月初一日，朱批奏折，档号04-01-35-0458-052。档16：《两淮盐政高恒奏请淮商黄源德等捐输工程银两交何处事》，乾隆二十五年九月十六日，朱批奏折，档号04-01-35-0459-004。档17：《两淮盐政高恒奏为两淮商人黄源德等公备皇太后大庆银两可否一并解交三和请旨事》，乾隆二十六年正月十六日，朱批奏折，档号04-01-14-0032-004。档18：《两淮盐政高恒奏报商人黄源德等请捐银修城工事》，乾隆三十年三月二十八日，录副奏折，档号03-0636-088。档19：《两淮盐政全德奏为两淮商捐银两委员起解赴京事》，乾隆四十九年六月二十五日，朱批奏折，档号04-01-30-0477-041。档20：《两淮盐政全德奏为欣逢皇上八旬圣寿两淮各商呈请恭进银两代奏请赏收事》，乾隆五十五年五月十五日，朱批奏折，档号04-01-14-0046-078。

2.统计数据以四舍五入原则保留一位小数；"缴款处"一栏下列数字表示分发各处银两数（单位：万两）；凡分年缴纳者，均于运库（偶从部库、道库等处）借拨应用，随后分年归款。

3.乾隆十八年（1753）所捐30万赈济银两，其中20万原为捐建南巡行宫，为乾隆帝谕止，改为赈济经费；乾隆二十二年（1757）解往内务府银90万两，而分拨各处数据加总为100万两（分拨数据当有误，但原档如此）。

4.本表统计乾隆朝两淮盐商捐输总额约2906.1万两。其中乾隆三十八年（1773）所捐银400万两，于四十五年（1780）未完捐输银120万两被豁免（谕9-2415）。

据表3-1，可以对前述两位学者的论述修正如下。第一，虽然从形式上看乾隆中期似乎是盐商捐输分期缴纳的节点，但分析数据可知，两淮盐商于乾隆三年（1738）、十年（1745）、十三年（1748）、十八年（1753）的几次大额捐输都是分期缴纳，因此是否分期主要取决于银两数额大小。乾隆三十八年（1773）以后，两淮盐商绝大多数的捐输之所以采取分期缴纳的方式，是因为数额均十分庞大。事实上，因为捐输数额较大而采取分期缴纳的情况，在乾隆朝前期已是常态。例如，乾隆十三年（1748）至十四年（1749）各区盐商为金川军需捐输时，除两淮盐商的80万两捐款分期四年，长芦和山东盐商的30万两捐款分期两年，河东盐商的14万两捐款分期三年，福建盐商的10万两捐款分期两年，两广盐商的10万两捐款分期三年。[①]本次总计有七个盐区捐输，其中仅两浙盐商是否分期缴款不详。据查，两浙盐商早在雍正十二年（1734）的一次10万两捐输中已使用分期

---

① 《署理长芦盐政丽柱等为金川用兵芦商东商情愿捐银事奏折》，乾隆十三年十二月初七日，中国第一历史档案馆等编：《清代长芦盐务档案史料选编》，第57页；《巡视河东盐政庆恩奏为晋商范清注等人公捐银稍佐军需等情形事》，乾隆十四年正月初六日，朱批奏折，档号04-01-30-0244-023；《闽浙总督喀尔吉善奏报福建盐商公捐银两事》，乾隆十四年正月二十三日，朱批奏折，档号04-01-35-0452-037；《两广总督硕色奏报广东商人情愿捐纳金川军需银两事》，乾隆十四年二月初三日，朱批奏折，档号04-01-35-0621-010。

五年缴纳的方式，[①]因此本次10万两的捐款很可能也是分期缴纳。如果再往前追溯，大额捐输款项分期缴纳的现象很可能从一开始就是如此。同样以两淮盐商为例，康熙五十七年（1718），当两淮巡盐御史李煦题报两淮盐商计划为西北军需捐银15万两时，即声明此项银两请先由运库垫支，盐商从当年起分五年缴纳，因为分期缴纳属于旧例。其所援引旧例，就是康熙五十五年（1716）至五十六年（1717）两淮盐商为瓜州江工所捐银24万两分年缴纳之例。[②]

第二，乾隆朝名义上的军需捐输银两流入内务府的情况确实存在，但对两淮盐商捐输而言，此类情况有明确记载者仅见乾隆二十年（1755）一例；赖惠敏所言名义上的备公银两流入内务府问题，似不足为怪，因为“备公”本意就是盐商捐款以“备内府公事之用”，本应缴存内务府。据表3-1，盐商无论以南巡、万寿庆典名义，还是直接以备公名义向皇室捐输，这些银两除了直接缴存内务府，有时也会直接解往圆明园等皇家工程。此外，两淮盐商为皇室事务捐输而本应缴往内务府的银两，也有部分被用于军需和地方赈济等事务，例如，乾隆二十六年（1761）两淮盐商因南巡捐输100万两，其中40万两被解交河南巡抚作为地方工程、赈济经费；乾隆三十二年（1767）两淮盐商所捐内务府备赏银100万两，也被直接发往云南前线充作军费。再，乾隆四十七年（1782）两淮盐商为河南河工捐银200万两，因乾隆帝认为河南河工经费已充裕，故指令解交山东作为山东河工和赈济经费。

总之，从乾隆朝开始，捐输事由与捐款实际用处已有脱离的趋势，而且这种情况不限于两淮。例如，乾隆四十七年（1782）两浙盐商为河南河工请捐银100万两，乾隆帝谕称：“豫省河工节经颁发帑项五百万两，已足敷用。现在江南当豫省下游，各处被灾较重，办理一切赈抚事宜需用尚多。所有此项浙商公捐银两，即着该督委员解赴江南，交萨载等存贮藩库，以资赈恤之用。”[③]

---

① 中国第一历史档案馆编：《雍正朝起居注册》第5册，中华书局，1993年，第3953页。

② 《苏州织造李煦奏为淮商愿捐军需先借库银分年补完事折》，康熙五十七年闰八月初二日，中国第一历史档案馆编：《康熙朝汉文朱批奏折汇编》第8册，第303页；《苏州织造兼两淮盐政李煦题报两淮商人捐饷银数并自戊纲起分年照数完库》，清康熙五十七年闰八月六日，张伟仁主编：《“中央研究院”历史语言研究所现存清代内阁大库原藏明清档案》，档号39-229。

③ 中国第一历史档案馆编：《乾隆朝上谕档》第11册，第412页。

又如，乾隆四十九年（1784），长芦盐商捐输南巡银10万两，乾隆帝指示："赏给山东三万两以为办差之费，其余七万两着解交浙江海塘工次备用。"[1]

至嘉庆朝，盐商捐输达到顶峰。因为这一时期大多数盐商捐输的数额均十分可观，所以分期缴款更是成为常态。同样以捐输最多的两淮盐商为例，统计如下（表3-2）以作说明。至于捐款用处，则进一步与捐输事由相脱离，盐商捐输款项往往被指定暂存运库，等待朝廷的调拨。以嘉庆十五年（1810）五月两淮盐商为江广漕运船只的50万捐款为例，本次造船"先由江广藩库垫款成造"，后续因江广三省所造的部分船只不合规格被驳回，"所有商捐银两，自毋庸全数解还江广藩库"。最终结果是，至嘉庆十六年（1811），该项捐款尚余银38万两"留为河工用项"，"于本年岁底缴银八万两，作为黄运堤岸种树及添盖兵房、修舱船只等项之用。其余应缴银三十万两，自壬申年（嘉庆十七年，1712）起至甲戌年（嘉庆十九年，1814）止，每岁缴银十万两，发商行息，以为兵房、拉沙船、铁口子等项岁修经费"。[2] 换言之，两淮盐商本来为制造江广漕运船只捐银50万两，但最终其中38万两被指拨为河工经费。

表3-2　嘉庆朝两淮盐商捐输缴款详表（单位：万两）

时间	银数	捐输事由	缴款处 / 用处	缴款方式	资料来源
四年（1799）四月	200	川楚军需	户部	当年起分限六年	谕 4-346，档 1
五年（1800）二月	100	川楚军需	运库	分年缴纳	谕 5-169
五年（1800）三月	50	川楚军需	南河工程	分年缴纳	谕 5-304
五年（1800）八月	50	川楚军需	运库	次年起分限六年	谕 5-1005，档 2
	50	南河河工	南河工程		
六年（1801）六月	200	川楚军需	解京、运库各半	次年起分限五年	谕 6-639
七年（1802）十月	10	湖北赈济	—	—	盐 42
八年（1803）正月	100	川楚军需	运库	现银	谕 8-46，档 3
八年（1803）七月	10	湖北城工	湖北盐道库	当年起分限两年	盐 42，档 4

① 中国第一历史档案馆编：《乾隆朝上谕档》第11册，第969页。

② 中国第一历史档案馆编：《嘉庆道光两朝上谕档》第16册，第574页。

续表

时间	银数	捐输事由	缴款处 / 用处	缴款方式	资料来源
八年（1803）十一月	110	河南河工	运库	现银	起 8-536
九年（1804）四月	100	河南河工	运库	现银 50 万两，剩余当年缴清	谕 9-384，档 5
九年（1804）八月	20	江苏、安徽赈济	江苏、安徽两省	现银	谕 9-930
九年（1804）十一月	40	南河高堰堤工	—	次年起分限两年	谕 9-1417
十一年（1806）正月	30	盐河工程	—	当年起分限两年	谕 11-132
十一年（1806）二月	4.5	淮扬河道工程	留工支用	当年缴清	谕 11-308，档 6
十一年（1806）七月	300	黄河改道工程	—	次年起分限六年	谕 11-1239
十二年（1807）四月	50	江陵堤工	—	本年起分限四年	起 12-184
十三年（1808）五月	300	南河河工	—	十八年起分限四年	谕 13-598
十三年（1808）六月	300	南河河工	—	次年起分限八年	谕 13-750
十三年（1808）九月	40	嘉庆帝五旬万寿	内务府（30）、圆明园（10）	—	谕 13-1320
十四年（1809）七月	200	嘉庆帝五旬万寿	户部	现银 100 万两，剩余 100 万两次年起分限两年	谕 14-1101
十五年（1810）五月	50	江广漕运船只	—	当年起分限五年	谕 15-626、16-1437
十五年（1810）十二月	10	巡幸五台	内务府	次年春解交	谕 24-1575
十六年（1811）正月	150	南河河工	—	十八年起分限四年	谕 16-45
十六年（1811）八月	100	南河河工	—	十九年起分限四年	谕 16-1152
十六年（1811）九月	160	南河河工	—	二十年起分限四年	谕 16-1439
十七年（1812）八月	300	南河善后工程	南河工程	当年缴银 150 万两，次年缴银 150 万两，十九年冬季缴银 100 万两	谕 17-869、1058，档 7
十七年（1812）九月	100				
十七年（1812）十二月	30	供奉南河河神	解京以备工需	—	谕 17-1341

续表

时间	银数	捐输事由	缴款处 / 用处	缴款方式	资料来源
十八年（1813）十一月	100	平天理教军需、河工	运库	次年起分限四年	谕 18–1137
十九年（1814）四月	100	黄河河工	—	当年缴纳	谕 19–850
十九年（1814）十二月	400	黄河河工、赈济	—	二十一年起分限八年	谕 19–2511
二十一年（1816）六月	5.2	赈济	—	—	谕 21–724
二十二年（1817）二月	100	嘉庆帝六旬万寿	内务府	当年起分限两年	谕 22–140
二十二年（1817）六月	100	嘉庆帝六旬万寿	内务府	二十四年起分限两年	谕 22–614
二十四年（1819）十一月	200	武陟河工	运库	现缴银 100 万两，剩余 100 万两壬午纲（道光二年）起分限两年	谕 24–1798
二十四年（1819）十二月	100	武陟河工	运库	甲申纲（道光四年）缴纳	谕 24–1972
二十五年（1820）五月	100	协济淮北运本	—	从次年起分限十年缴纳	谕 25–651
二十五年（1820）八月	100	东河仪封河工	运库	当年缴纳	谕 25–944

说明：1.“资料来源”一栏，官书、已刊档案用简称，《嘉庆道光两朝上谕档》（中国第一历史档案馆编，广西师范大学出版社，2000年）简称为“谕”，其后数字为册数和编号；《嘉庆帝起居注》（中国第一历史档案馆编，广西师范大学出版社，2006年）简称为“起”，其后数字为册数与页码；嘉庆《两淮盐法志》（单渠等纂修，方濬颐等续纂，于浩辑：《稀见明清经济史料丛刊》第2辑第26—33册，国家图书馆出版社，2012年）简称为“盐”，其后数字为卷数。此外中国第一历史档案馆藏户科题本、朱批奏折，录副奏片用“档”及编号标注，具体为：档1：《两淮盐政征瑞题报两淮各商捐输饷银四次解赴户部交纳银数及起程日期事》，嘉庆四年五月二十六日，户科题本，档号02-01-04-18186-023；档2：《两淮盐政书鲁奏请淮商公捐银两于辛酉纲运库钱粮内垫解分纲缴述事》，嘉庆五年七月二十八日，朱批奏折，档号04-01-35-0483-001；档3：《两淮盐政佶山奏报淮南总商洪箴远等呈请捐输军需银两事》，嘉庆八年正月初四日，朱批奏折，档号04-01-35-0624-024；档4：

《两淮盐政佶山奏为淮南商人洪箴远等愿捐巴东等三州县城工银两据情代奏事》，嘉庆八年七月十六日，朱批奏折，档号04-01-37-0053-027；档5：《两淮盐政佶山奏报淮南总商洪箴远等公捐河工银两事》，嘉庆九年四月十二日，朱批奏折，档号04-01-35-0627-030；档6：《两江总督铁保等奏为估挑淮扬下游河道并筹款赶办情形事》，嘉庆十一年二月二十三日，录副奏片，档号03-2072-060；档7：《两淮盐政阿克当阿奏为遵旨拨解商捐河工银两及部拨春拨盐课银两赴江南河工交收清楚事》，嘉庆十八年六月初二日，朱批奏折，档号04-01-05-0138-032。

2.凡分年缴纳者，均于运库（偶从藩库）借拨。银数总额为4469.7万两。

第四节　盐商捐输的议叙程序

依清制，“对官员的奖励，有议叙之称”，议叙奖励包括晋爵、授官、荫叙子孙、加级纪录、赐予功名、赏顶戴花翎、加赏职衔等。[①]盐商同样可因捐输获得议叙，但是否获得议叙、得到何项议叙是不确定的。政府一旦考虑议叙盐商，则必须经过严密的程序。

在清代初期，盐商捐输的议叙程序已初具雏形，此处仅举一例即可知悉。顺治七年（1650），因盐商为永平城工捐输，巡盐御史崔应弘奏请予以议叙，但工部的议覆为工科给事中姚文然议驳。姚文然认为，崔应弘只报称盐商捐银1.8万两，“但各商果否造数投部，而疏内并未开明各商姓名、籍贯，又未开明某商捐助若干”，“贵部将何登簿，此后凭何恩叙？”[②]换言之，崔应弘的报告与议叙程序不符，盐商若欲获得议叙，则必须由地方官员上报捐输者姓名、籍贯及其所捐数额的清册，这份清册是议叙的凭据。由于本次捐输事由是修城，故负责接收和核对清册的是工部。与此类似，当康熙四十四年（1705）康熙帝准备议叙捐修扬州驿宫的盐商时，也是先“谕令曹寅将修建驿宫之商人姓名、出银数目，缮单呈送”，当曹寅报告暂时无法计算各盐商捐银数额时，

① 杜家骥：《杜家骥讲清代制度》，天津古籍出版社，2014年，第106页。

② 姚文然：《姚端恪公文集》卷1《永平造城抄参》，《四库未收书辑刊》编纂委员会编：《四库未收书辑刊》第7辑第18册，北京出版社，2000年，第212页。

负责此事的内务府和吏部等衙门建议暂缓议叙，“既然如此，拟请将此交付曹寅，着将商人姓名、出银数目，逐一查明，缮单呈送，再行议叙具奏”。[①]总之，在顺治、康熙时期，为保证捐输的真实性，由地方官员将捐输者姓名、籍贯及所捐数额开具清册上报中央政府是盐商获得议叙的必备条件。至于此后的议叙程序，由于史料的缺失，目前尚难以揣测。

雍正朝盐商捐输议叙题本清晰地展示了议叙的完整流程，兹以雍正朝两次盐商捐输为例予以说明。据表3–3、表3–4，雍正朝盐商议叙的程序可以归纳如下：地方官员上报盐商捐输——皇帝指示吏部给予盐商议叙——吏部行文地方官员上报捐输者姓名及捐输数额等清册——地方官员按照规定上报——吏部给予议叙——皇帝批复同意——吏部正式给予议叙。当然，在这一系列环节中，地方官员上报的清册如不符规定，吏部则会令其重新上报（如表3–3）；如盐商辞谢中央政府颁发的议叙，则可以不用上报清册，而改由地方官员自行奖励（如表3–4）。

表3–3　雍正五年（1727）两淮盐商捐输议叙程序详表

流程	报告者 / 报告详情	处理者 / 处理意见
1	两淮巡盐御史噶尔泰奏报：两淮盐商捐银24万两，“备交运库”	雍正帝谕令：“急公众商，行令噶尔泰分别造册报部，亦着议叙”
2	吏部题报：“急公众商，行令造册报部，再行议叙”	雍正帝批复：“依议”
3	噶尔泰“册报到部”	吏部议覆：“其原奏亦无淮北商人公捐一项”，即与原奏不符，令再查
4	噶尔泰“将淮南商人黄光德（等）公捐银二十四（万）两姓名、银数分晰造报，又将淮北商人愿捐水脚银一万四千四百两附入册内，听候议叙”	吏部议覆：淮北盐商捐输之前“未经题明，不便议叙”；“已经题明之淮南商人”予以议叙 雍正帝批复：“依议”

资料来源：《兼吏部行走朱轼题议淮南商人黄光德等人公捐银两遵旨分别赏给顶戴荣身本》，雍正五年闰三月初九日，中国第一历史档案馆编：《雍正朝内阁六科史书·吏科》第34册，第395—397页。

---

① 《内务府等衙门奏曹寅李煦捐修行宫议给京堂兼衔折》，康熙四十四年闰四月初五日，故宫博物院明清档案部编：《关于江宁织造曹家档案史料》，中华书局，1975年，第30—31页。

表3-4　雍正十二年（1734）两浙盐商捐输议叙程序详表

流程	报告者 / 报告详情	处理者 / 处理意见
1	浙江巡抚程元章疏报：两浙盐商汪恒丰等呈请为海塘工程捐银10万两，“应准其捐输”	雍正帝谕令：“依议。捐助塘工之汪恒丰等，着交部分别议叙具奏” 吏部行文浙江巡抚：将捐助之盐商“年貌、姓名、捐银数目，逐一分晰造具清册，咨送到部，以便议叙”
2	浙江巡抚咨称：盐商请代呈“辞谢圣恩，请免造册”	吏部议覆：查雍正五年（1727）两淮盐商捐输，吏部“议令该（巡盐）御史各赏给与匾额、花红”。两浙盐商既称不敢议叙，则可参照雍正五年（1727）之例，令浙江巡抚查明盐商捐银详情，“酌量赏给匾额、花红” 雍正帝批复：“依议”

资料来源：《兼吏部尚书张廷玉题浙省商人汪恒丰等捐银修堤请赏给匾额花红以示奖励本》，雍正十三年九月二十日，中国第一历史档案馆编：《雍正朝内阁六科史书·吏科》第82册，第384—386页。

清初至雍正时期的盐商捐输议叙程序逐渐严密，不过据目前所见案例，议叙流程均于当年或次年完成。然而，从乾隆朝开始，或由于中央部院对捐输审查趋向严格，议叙程序开始变得十分烦琐，经常耗时数年。在此亦仅举一例予以说明。据表3-5，两淮盐商汪应庚等于乾隆三年（1738）冬季至四年（1739）春季捐银煮赈，在乾隆四年两淮盐政三保奏报之后，乾隆帝迅即令相关部院出具意见，但从乾隆四年（1739）至十一年（1746），先后因各项手续不全、数据不清等问题，历任盐政反复做补充报告，历时八年之久，户部和吏部才最终做出议叙决定，而此时有两位盐商已经去世。这一案例充分反映了乾隆朝开始盐商捐输议叙程序的烦琐和严格。换言之，盐商捐输的议叙程序在乾隆朝已臻于完善。

表3-5　乾隆三年（1738）至四年（1739）两淮盐商捐输赈济议叙程序详表

时间	报告者 / 报告详情	处理者 / 处理意见
乾隆四年（1739）	两淮盐政三保奏报：两淮盐商自乾隆三年冬季至本年春季捐输煮赈，请求议叙	乾隆帝批复："该部议奏" 吏部议覆：行文两淮盐政，将"其中有无虚捏、包揽情弊""秉公据实确查复奏"
乾隆五年（1740）	三保题报：汪应庚、汪从晋、马曰琯、汪宜晋捐输属实，"并无以少报多、包揽、虚捏情弊，取有江、甘二县印、甘各结"	吏部议覆：盐政此前未将捐输数额造册咨报户部，未知有无虚冒，"应仍令该盐政将该商等所捐银两，逐一造册具题，交与户部核算确实，再行会同吏部定议"
乾隆六年（1741）	两淮盐政准泰：将捐银过万之汪应庚等四人与其他捐银较少之盐商捐输数额折算开单咨报户部	户部议驳："前项捐赈米价、运脚等项，户部现在核议行查，未便遽行会议。应令该署盐政，将户部查询各款作速查明题复，以便会同吏部议叙"
乾隆九年（1744）至十年（1745）	两淮盐政吉庆题报：查明乾隆三年冬季至四年春季两淮盐商捐银煮赈时间、用米数量及折算标准等问题，将清册、印结、甘结呈送户部	户部、吏部议覆："查户部现在所送汪应庚等捐赈银米册内数目，与乾隆四年册报多寡均有不符"；"再，汪宜晋一员，名字互异之处，已据该盐政于乾隆五年三月内咨明更正，其籍贯互异之处，仍未声明查复，均未便查照议叙原题注册"，"且现在题请议叙案内，复增入程九经等十一名……未据声明应否同案议叙"。总之，"应行令该盐政，逐一照例题复，仍交于户部，查核数目相符，再会同臣部议叙"
乾隆十一年（1746）	护理两淮盐政朱续晫疏报：续增十一名捐输者系遵"将所捐银两逐一造册具题"的部令；汪宜晋籍贯问题已查清更正	户部、吏部议覆：按册核算数目相符之程九经等予以议叙；汪应庚、易学仁已病故，定例"官员劳绩、纪荐，除病故者不叙"，故毋庸议；此外，捐银2240两的马洪儒，"该盐政并未将该商履历、系何旗分造送，不便悬议，应令该盐政查明，造送到日，再行议叙"

资料来源：《两淮盐政三保奏为淮南商人光禄寺少卿汪应庚等员捐助米石银两赈灾请敕部优叙事》，乾隆四年三月初二日，朱批奏折，档号04-01-01-0036-025；《署理两淮盐政吉庆题为查明乾隆三年淮商公捐煮赈银米数目并请敕部议覆事》，乾隆九年十二月二十日，户科题本，档号02-01-04-13707-020；《户部尚书海望等题为遵旨会议署理两淮盐政吉庆题乾隆三年份淮商汪应庚等员捐赈银米请议叙等事》，乾隆十年十一月二十一日，户科题本，档号02-01-04-13862-006；《协办大学士兼管户部尚书事刘于义等题为遵旨核议乾隆三年苏省扬郡被旱淮商汪应庚等捐银请旨议叙事》，乾隆十一年七月初一日，户科题本，档号02-01-04-14053-011。

乾嘉以降议叙程序的具体规范，档案中也有明确记载。例如，乾隆九年（1744）上谕："前岁江南淮徐地方被灾，两淮商人捐赀助赈，效力急公，比时朕降旨将商人交部议叙。部中以商人未开姓名，行令该盐政造册报部，以凭议叙，乃至今未见造册前来。"也就是说，乾隆七年（1742）两淮盐商捐输后，乾隆帝即谕令给予议叙，但由于盐政未上报名册而议叙未能启动。署理两淮盐政吉庆接到谕旨后奏称"速行干办"，"随即检查原卷商人捐赀助赈姓名及各该名下捐银细数，已据运使朱续晫等查明造册呈送"。[①]又如，乾隆三十三年（1768），军机处奏报称："查上年十二月二十一日，普福奏两淮商人公捐银一百万两，奉旨'该商等着交部议叙'钦此。臣等将曾否议叙之处，询问吏部，据称'于本年二月内行文两淮盐政，咨查各商姓名履历，现在尚未据覆到部'等语。"[②]此为吏部因清册未报而未予盐商议叙的明证。又如，乾隆四十七年（1782），军机处奉旨查询具体议叙规范，吏部报告称："两淮商人节次捐输银两，俱经奉有恩旨议叙。至此项议叙，由吏部行支该盐政，查明各商捐输银两数目并出身履历，造册送部……俱按银数多寡，分别议叙。"[③]再如，嘉庆四年（1799）军机处报告称："查向来两淮、长芦等处商人捐助饷银，奉旨允准后，由该盐政将捐银之各该商人造具名册，并所捐银数，咨送吏部，再行查照向例，分别赏给顶带、职衔具奏。"[④]可见，议叙程序在雍正朝形成后，长期保持了稳定。

此外，从乾隆中期至嘉庆时期，盐商时常因为捐输数额过大而请求分期缴款，是否等待款项缴清始予议叙日益成为一个有争议的问题。例如，乾隆十五年（1750），署理两淮盐政吉庆奏称，此前因金川战事，两淮盐商于乾隆十三年（1748）和十四年（1749）的三次捐银均奉旨议叙，不过这些捐输款项"均系先由官库垫解，与商等全数交完者有间"，也就是说这些款项并非现银，尚需数年才能缴完，即"捐项未全，不敢先请议叙"，因此暂缓上报请奖名单，

① 《署理两淮盐政吉庆奏报查明两淮商人捐资助赈姓名已造册送部事》，乾隆九年九月十二日，朱批奏折，档号：04-01-35-0620-004。

② 中国第一历史档案馆编：《乾隆朝上谕档》第5册，第337页。

③ 中国第一历史档案馆编：《乾隆朝上谕档》第11册，第313页。

④ 中国第一历史档案馆编：《嘉庆道光两朝上谕档》第4册，第99页。

“统俟捐数完纳齐全之日，再行册报”。对此乾隆帝批复同意，即“览”。[①]又如，乾隆三十八年（1773），两淮盐商为金川军需捐银400万两，盐政李质颖奏请“俟所借库项全完之日，再将各商实捐银数，造报请叙”，乾隆帝认为“该商等虽因资本转运在外，暂借官项，但既属伊等奉公之忱，即应予录叙，以昭嘉奖。若俟借项全完之日，再为造报，则须至四年之后，为期未免过迟，或众商中稍有变更，沾泽未能均溥，非所以励急公之义”，因此谕令即时上报清册，予以议叙。[②]随后两淮盐政李质颖回奏称，两淮运商实际每纲都有变动，无法预定此后各纲盐商实际分担的捐款数额，只能先将该年捐银100万两的盐商上报请奖，至于后续分年缴款的盐商只能待款项缴清后再“核实请叙”，乾隆帝朱批“是，知道了”。[③]也就是同意了盐政的方案。不过，乾隆四十七年（1782）两淮盐政伊龄阿以盐商本次捐输“均系借给帑项，尚未完交。两淮商人销引，辗转更替，事属常有。圣主恩施，何敢预行滥冒”而“恳免议叙”时，乾隆帝却表示反对，朱批“不必辞”。[④]似乎乾隆帝对此并无确定态度。

根据目前可见的案例，款项缴清始予议叙的方案似乎是主流。例如，据嘉庆十年（1805）长芦盐政达灵阿等题报，长芦盐商乾隆五十三年（1788）捐输台湾军需，嘉庆四年（1799）捐输川楚军需，两次合计银74.6万两，“均经依限全完，呈送各商履历清册咨部请叙”。[⑤]又如，嘉庆十五年（1810），在查明两广盐商捐输银两尚有29万余两未缴后，嘉庆帝谕称：“俟依限全完后，所有各商应得议叙，着该督查明摊完银数多寡，分别等差，造册咨部。其完缴最多者，咨明奏请从优议叙；倘届期仍未扫数摊完，着即将各商应得议叙，咨部

① 《署理两淮盐政吉庆奏为两淮众商报捐川饷未交清请暂缓造册事》，乾隆十五年十二月二十七日，朱批奏折，档号04-01-35-0621-023。

② 中国第一历史档案馆编：《乾隆朝上谕档》第7册，第448—449页。

③ 《两淮盐政李质颖奏为办理按商捐银两数目分等造报请敕部议叙事》，乾隆三十八年十月十五日，朱批奏折，档号04-01-35-0468-022。

④ 《伊龄阿奏为两淮商人公捐银两恳免议叙缘由折》，乾隆四十七年八月廿九日，台北故宫博物院编：《宫中档乾隆朝奏折》第52辑，第786—787页；

⑤ 黄掌纶等撰，刘洪升点校：嘉庆《长芦盐法志》卷5《盛典》，科学出版社，2009年，第89页。

注销。”[①]可见，有时盐商分期的款项需要缴清才能开始议叙程序，若最终未能缴清则会被注销议叙。

小 结

清代盐商捐输的运作流程在康雍两朝已初具雏形，至乾隆前期走向成熟。通过对盐商捐输运作流程的研究，我们不难发现盐商捐输愈发被动。在清初至雍正时期地方官员的动员模式下，盐商尚有讨价还价的余地，这一阶段盐商捐输只有寥寥十余次与之不无关系。但是，从乾隆朝开始，皇帝开始直接授意地方官员指派盐商捐输，至此盐商捐输的自主性削弱，有时沦为变相的摊派，这也是乾嘉两朝盐商捐输异常“踊跃”的真实原因。

① 中国第一历史档案馆编：《嘉庆道光两朝上谕档》第15册，第468—469页。

第四章　盐商捐输的奖励政策

清代前期，随着盐业资本的发展，盐商捐输逐渐增多，并于乾嘉两朝达到顶峰。然而，道咸以降盐商捐输盛况不复存在。对清政府而言，为争取盐商更多捐输，同时避免捐输变质为附加税甚或勒索，原则上需予以奖励。既有研究多从国家财政、商人盛衰等角度考察盐商的捐输行为及其影响，对政府的奖励政策论述相对不足。

关于清政府奖励政策的依据，清末民初学者吴廷燮有言：“商人报效，以乾隆六十年户部议覆两浙盐商报效考之，系分六年摊完，且给奖叙，是亦捐例之类也。”[①]亦即认为盐商捐输等同于捐纳，奖励依据就是捐纳事例（捐例），这一论点为此后的诸多研究者沿用。[②]对此，叶显恩认为捐输不同于明码标价的捐纳，盐商通过捐输“只有议叙授官的可能，并不是法定的。议叙官职之大小，固然要看捐输的款额多寡，但同时也要看皇帝的态度，没有严格的标准”。[③]这一宏观认识颇具卓识，惜未展开论述。

关于清政府具体的奖励政策，刘隽、曾仰丰等较早论及乾隆朝奖励盐商

---

① 吴廷燮：《清财政考略》（影印民国三年［1914］铅印本），《清末民国财政史料辑刊》第20册，北京图书馆出版社，2007年，第351页。

② 例如，薛宗正认为，“捐输议叙是盐商列身缙绅的重要途径，这实际上是一种变相的买官鬻爵”（薛宗正：《清代前期的盐商》，《清史论丛》第4辑，中华书局，1982年，第63页）；王志明则直接将盐商捐输称之为“捐输议叙类捐纳”（王志明：《康熙雍正时期捐纳考析》，李国章、赵昌平主编：《中华文史论丛》总第79辑，上海古籍出版社，2005年，第289—293页）。

③ 叶显恩：《徽商利润的封建化与资本主义萌芽》，《中山大学学报（哲学社会科学版）》1983年第1期。

职衔（虚衔）等优待政策；[①]陈锋将奖励职衔政策追溯至康熙时期，并集中考察了乾嘉时期的奖励政策，认为该时期“恩赏更加优厚，而且扩大了奖赏的范围和内容”，即职衔品级的提高和实授官职的出现。[②]此外，张海鹏等以两淮盐商为例，指出盐商捐输可以得到清廷授予的职衔、加级等奖励，有助于提高盐商的社会地位，即“是为了通过经济手段达到政治目的，亦即谋取荣衔以抬高政治地位，同时也是为了保持食盐的专卖权”；[③]王志明论及雍正时期的奖励政策；[④]王宏斌认为盐商对“国家庆典和大工大役”的捐输可以得到实官，其他捐输所得通常是虚衔，不过论证时仅举光绪朝案例一则。[⑤]

总体而言，上述研究多属对短时段的概述，侧重于讨论奖励形式，对不同时期的政策变迁论述不详且存在较大分歧，资料方面也主要依赖盐法志。因此，笔者主要根据上谕档、题本、奏折等档案资料，系统考察清前中期盐商捐输奖励政策的演变。

需要强调的是，在此只论清政府对盐商在政治层面的奖励政策。此外，很多研究论及清政府对盐商捐输的经济奖励，例如加价、加斤、加耗等。[⑥]不过，上述奖励很多时候并不是单独对盐商捐输的奖励，而是针对盐商巡幸供应、万寿进贡、捐输等多种行为的“恩赏”。最为典型的就是乾隆帝前三次南巡时，对两淮盐商的此类奖励，包括“乾隆十六年，于定额外每引赏加十斤，永远遵行；二十二年，每引赏加十斤，以二年为限；二十七年，亦赏

① 刘隽称：“其时盐商特邀恩幸，或奖以监司，或赐以官衔，赏赉优渥，拟于卿相。”（刘隽：《道光朝两淮废引改票始末》，《中国近代经济史研究集刊》1933年第1卷第2期。）曾仰丰称：“国家因盐商勇于报效，于奖给职衔外，复加优恤。”（曾仰丰：《中国盐政史》，商务印书馆，1937年，第24页。）

② 陈锋：《清代盐政与盐税》，中州古籍出版社，1988年，第224—227页。

③ 张海鹏等主编：《徽商研究》，安徽人民出版社，1995年，第179页。

④ 王志明：《康熙雍正时期捐纳考析》，李国章、赵昌平主编：《中华文史论丛》总第79辑，上海古籍出版社，2005年，第289—293页。

⑤ 王宏斌：《报效与捐输：清代芦商的急公好义》，《盐业史研究》2012年第3期。

⑥ 盐务署编：《中国盐政沿革史·长芦》，盐务署1914年，第43页；本白（景学钤）：《论报效》，《盐政杂志》1915年第19期；刘隽：《道光朝两淮废引改票始末》，《中国近代经济史研究集刊》1933年第1卷第2期；曾仰丰：《中国盐政史》，商务印书馆，1937年，第24—25页；张海鹏等主编：《徽商研究》，第180页；陈锋：《补贴与攫取：清代盐商获利方式的多样化》，《江汉论坛》2021年第4期。

加十斤，以二年为限”。[①]盐商捐输只是获得上述经济奖励的因素之一，而且很可能并非主要原因。[②]既有研究也只是从逻辑层面指出，而未能从史料层面予以实证。[③]因此，此处不将清政府对盐商的经济奖励纳入考察。

第一节　清前期盐商捐输的奖励政策及其性质

（一）顺治至康熙时期的奖励政策

顺治至康熙时期盐商捐输较少，关于政府奖励的记载更少。笔者所见最早一例盐商捐输发生在顺治七年（1650），因永平修城，摄政王多尔衮令各省捐输，巡盐御史崔应弘奏报“众商共纳助饷银一万八千两”[④]。其奖励依据即是顺治七年（1650）多尔衮所颁之谕：“有官民人等好义急公、情愿捐助者，听其自便……捐助之人酌量恩叙。”[⑤]由于未见最终结果，本次具体奖励不详，但“酌量恩叙”的谕旨意味着奖励须临时酌定，并无预先确定的标准。上述案例也是目前所见顺治朝唯一的盐商捐输。

康熙时期关于盐商捐输奖励的明确记载也仅见以下数例。康熙十年（1671），户部议覆两淮盐商捐输赈济时称：“查定例，富民或捐米一千石，或捐银五百两者，移咨督抚，加以九品顶带荣身”，捐银不足500两者“例不议外”，其余捐银500两以上的8名盐商“照例加九品顶带”。[⑥]然而，遍查康熙、

① 中国第一历史档案馆编：《乾隆朝上谕档》第9册，第949页。

② 例如，乾隆二十七年（1762）第三次南巡时，相关官员奉旨讨论如何“加恩”两浙盐商时称“臣等将加恩浙商一事与杨廷璋、庄有恭公开同酌议，据称‘浙商本非淮商可比，其所办差务，不过各展诚悃，断不敢仰希恩泽。今蒙清问，或照两淮加斤之例减半加恩，则该商等已倍觉感激’等语”（中国第一历史档案馆编：《乾隆朝上谕档》第3册，第857页）。显然，本次朝廷给予两浙盐商经济奖励时考虑的因素主要是“办差”，捐输只是办差的一部分。

③ 按：官府因盐商捐输而给予经济奖励的案例，详见本书第六章第二节“盐商对捐输负担的化解策略”。

④ 姚文然：《姚端恪公文集》卷1《永平造城抄参》，《四库未收书辑刊》编纂委员会编：《四库未收书辑刊》第7辑第18册，北京出版社，2000年，第212页。

⑤《清世祖实录》卷49，顺治七年七月乙卯，《清实录》第3册，第393页。

⑥ 王世球等纂修：乾隆《两淮盐法志》卷39，于浩辑：《稀见明清经济史料丛刊》第1辑第9册，国家图书馆出版社，2009年，第3页。

雍正两朝会典，关于富民捐输奖励的规定均与此处记载存在差异，[①]因此上述所谓“定例”并不是奖励时必须遵照的标准。康熙十七年（1678），吏部奖励35名捐输军需的两淮盐商，“完银八千两以上至一万两者，给六品顶带；完银四千两以上至六千两者，给七品顶带；完银千两以上至三千两者，给八品顶带”，此外另有陈光祖、程之䶮等5名盐商“先因捐助船桅，俱已给予六品顶带”，“今又完银六千两以上至万两，将伊等俱给予五品顶带”。本次奖励并未提及具体依据，吏部“酌银数多寡，从优议叙”。[②]据此可知，两淮盐商此前为平三藩战事捐造战船已获奖顶戴。康熙十八年（1679），因两淮盐商与地方官员共同捐输赈济，户部议覆时，将捐银2000两且有候补员外郎身份的盐商陈光祖与捐银官员一道“交与吏部，照赈济饥民例议叙”，其余47名盐商“给予九品顶带”。[③]康熙四十四年（1705），因两淮盐商捐建扬州驿宫，康熙帝指示大学士等“议奏给以虚衔、顶戴”。[④]

综上，顺治、康熙时期是清代盐商捐输的起步阶段，该时期盐商捐输相对较少。清政府对盐商捐输的奖励属一案一议，大多未提及具体奖励依据，而是临时酌定。同时，清政府的奖励亦存在一些共性：一是奖项以顶戴为主，偶有职衔；二是奖励等次以捐银数额的多寡区分；三是对获得奖励者的最低捐银数额有一定要求。

（二）雍正时期的奖励政策及其性质

关于雍正时期的奖励政策，前引王志明研究将盐商捐输称为“捐输议叙类捐纳”，认为清政府制定了奖励定例：“雍正五年吏部定例商人捐1000两以

① 按：康熙、雍正两朝会典与此处所谓“定例”最为接近的记载，是康熙七年（1668）关于“劝输（劝赈）”的规定：“富民捐银三百两或米六百石，准给九品顶带；捐银四百两或米八百石，准给八品顶带。”（伊桑阿等编著，关志国等点校：《大清会典·康熙朝》卷21《户部五·荒政》，凤凰出版社，2016年，第233页；允禄等监修：《大清会典·雍正朝》卷37《户部·蠲恤三》，沈云龙主编：《近代中国史料丛刊》三编第77辑，文海出版社，1994年，第2049页）

② 王世球等纂修：乾隆《两淮盐法志》卷39，第4—5页。

③ 王世球等纂修：乾隆《两淮盐法志》卷39，第5—6页。

④《内务府等衙门奏曹寅李煦捐修行宫议给京堂兼衔折》，康熙四十四年（1705）闰四月初五日，故宫博物院明清档案部编：《关于江宁织造曹家档案史料》，中华书局，1975年，第30—31页。

上叙九品顶带，500两以上叙‘未入流’，500两以下只给匾额，数十两者给花红。”[①]是否如此，尚需结合实际案例进一步分析。雍正五年（1727），两淮巡盐御史噶尔泰奏报淮南盐商捐银24万两，雍正帝谕令吏部给予盐商议叙，吏部议覆如下：

其已经题明之淮南商人黄光德等一百八十五名内，捐银一万两及九千两之汪晋德二人，准其七品顶带荣身；捐银五千两以上之黄光德等，准其以八品顶带荣身；捐银一千两以上徐尚志等七十四人，准其九品顶带荣身；捐银五百两以上之汪锦新等三十七人，准其未入流顶带荣身；捐银五百两以下至百两以上之程致中等六十人，令该御史给奖匾额；捐银数十等两之程肇成等八人，该御史给花红，以示奖励。[②]

通观上述题本，吏部议覆时并未提及任何定例，显系临时酌定。根据捐银数额的多寡，500两以上者依次由中央政府给予七品、八品、九品、未入流顶戴，500两以下者由地方盐务官员给予匾额、花红，王志明所引不过是上述议覆的一部分。而且，吏部的议覆仅是针对本次盐商捐输行为的具体奖励，并未制定所谓定例。该作者在论述这一观点时，举证雍正六年（1728）五月吏部议叙湖广盐商吴鼎和等捐银的案例，认为是“全照雍正五年吏部定例议叙”[③]。但是，查核所据题本，雍正帝指示吏部“照两淮商人黄光德等议叙之例议叙”[④]，并无“雍正五年定例”这类措辞。换言之，雍正六年（1728）对湖广盐商捐输的议叙援引了这份雍正五年（1727）的先例而已。此举在清代国家行政运作中实属常态，即部院衙门在并无定例的情况下，援引先例进行议覆。

---

① 王志明：《康熙雍正时期捐纳考析》，《中华文史论丛》总第79辑，第293页。

② 《兼吏部行走朱轼题议淮南商人黄光德等人公捐银两遵旨分别赏给顶戴荣身本》，雍正五年闰三月初九日，中国第一历史档案馆编：《雍正朝内阁六科史书·吏科》第34册，第395—397页。

③ 王志明：《康熙雍正时期捐纳考析》，《中华文史论丛》总第79辑，第293页。

④ 《兼吏部行走朱轼题湖广盐商吴鼎和等捐银储粮有功请给顶带匾额本》，雍正六年五月二十一日，中国第一历史档案馆编：《雍正朝内阁六科史书·吏科》第42册，第114—115页。

定例与先例的区别在于，前者属于行政法典而须严格执行，后者只是施政参考而非固定规则。例如，雍正七年（1729），吏部在议叙捐输的两浙盐商时，将首倡捐输的四名盐商分别给予顶戴、职衔。[①]本次议叙与前述雍正五年（1727）、六年（1728）的议叙有所差别，尤其是多出了职衔作为奖项。虽然我们无法确知本次议叙的依据，但显然不是照搬雍正五年（1727）、六年（1728）的先例。又如，雍正十三年（1735）九月议覆浙江盐商捐银10万两修筑海塘一案时，吏部虽然也援引了雍正五年（1727）议叙两淮盐商的先例，但并未严格遵照。本次两浙盐商所得的奖励，不包括由中央政府给予的顶戴，只是由浙江巡抚兼管盐政酌量赏给匾额、花红。[②]更为重要的是，正是由于并未形成定例，政府对盐商捐输的奖励并不是必然的。换言之，奖励不是法定的，在盐商捐输之后，政府并不必然兑现奖励，例如两淮盐商雍正二年（1724）的捐输，两浙盐商雍正四年（1726）、十年（1732）、十一年（1733）的捐输，长芦盐商雍正十年（1732）的捐输，政府最终均未予奖励。[③]而且，由于雍正帝对盐商捐输的矛盾心态，部分捐输只是通过奏折上报，例如雍正十年（1732）两淮盐商捐军需银10万两一事，雍正帝指示："着高斌收存，报部听候拨解，不必具题。"[④]也就是说，本次盐商捐输只是款项"报（户）部"，具体捐输之事甚至无须通过题本再正式上报，自然也就不存在被奖励的可能。总之，终雍正一朝，清政府并未出台针对盐商捐输的奖励定例。

与顺治、康熙时期相比，雍正时期政府对盐商捐输的奖励在临时酌定外，还时常参照先例酌定。这种惯例在此后长期延续，并逐渐趋于稳定，详见后文。即便如此，盐商捐输仍非捐纳。捐纳的依据是事例、则例等定制，捐纳者

---

① 延丰纂修：嘉庆《重修两浙盐法志》卷18，《续修四库全书》第841册，上海古籍出版社，2002年，第385页。

② 《兼吏部尚书张廷玉题浙省商人汪恒丰等捐银修堤请赏给匾额花红以示奖励本》，雍正十三年九月二十日，中国第一历史档案馆编：《雍正朝内阁六科史书·吏科》第82册，第384—386页。

③ 王世球等纂修：乾隆《两淮盐法志》卷39，第6—7页；延丰纂修：嘉庆《重修两浙盐法志》卷18，第384—386页；黄掌纶等撰，刘洪升点校：嘉庆《长芦盐法志》卷5《盛典》，科学出版社，2009年，第82页。

④ 单渠等纂修，方濬颐等续纂：嘉庆《两淮盐法志》卷42《捐输一·军需》，第391—392页。

根据规定缴纳相应数额的银两之后，所得是确定的。[①]清政府对盐商捐输的奖励始终只是参照先例并临时酌定，而且奖励并非法定。盐商捐输后既不必然获得奖励，又无法明确获得何种奖励，由此收益相对不确定。将盐商捐输等同于捐纳的认识，显系对捐输奖励政策的误读。

第二节　乾隆朝盐商捐输的奖励政策及其独特性

（一）乾隆朝奖励规则的渐趋稳定

乾隆初期沿袭雍正朝参照先例奖励盐商捐输的政策。乾隆四年（1739），两淮盐政三保奏请议叙捐输赈济的两淮盐商，吏部声明“查照从前议叙之例，再加酌量”[②]。由于上报清册数据存在歧异，直到乾隆十一年（1746）吏部和户部再次议叙此案时，参照的“先例”已经是“乾隆七年请旨事案”，两淮盐政援引该案“其捐银在千两以上者并蒙议叙”的先例，将捐银千两以上的6名盐商增补入议叙名单，并认为“例合议叙”。[③]随着时间推移，可资援引的“先例”也处于变动状态。

政府奖励的“非定例”决定了议叙的不确定性。乾隆六年（1741）底，两淮盐政准泰奏称，两淮盐商在扬州捐输煮赈，拟“分别酌给匾额、花红，以示鼓励”，乾隆帝批复“若合议叙之例，仍与题达为是”；至乾隆九年（1744）六月，准泰遵旨题报两淮盐商合计捐银7万余两，并援引乾隆二年（1737）八月“钦奉上谕事案”作为先例，即“吏部题复，绅士捐输银米，数在千两以上者，例应题请议叙”，声明捐银一千两以上的盐商“俱与议叙之例相符”，不及

① 许大龄：《清代捐纳制度》，《明清史论集》，北京大学出版社，2000年，第1—173页；伍跃：《中国的捐纳制度与社会》，江苏人民出版社，2013年。

② 《户部尚书海望等题为遵旨会议署理两淮盐政吉庆题乾隆三年份淮商汪应庚等员捐赈银米请议叙等事》，乾隆十年十一月二十一日，户科题本，档号02-01-04-13862-006。

③ 《协办大学士监管户部尚书事刘于义等题为遵旨核议乾隆三年苏省扬郡被旱淮商汪应庚等捐银请旨议叙事》，乾隆十一年七月初一日，户科题本，档号02-01-04-14053-011。

千两者“应请俯照原奏分别酌奖”。即捐银1000两以上者由中央政府给予议叙，低于此数者仍由地方盐务官员给予匾额、花红。这份先例在档案中又被称为“乾隆二年吏部议覆绅士捐输银米数在千两以上定例”。[①]显然，这里所谓“定例”并不是说制定了明确的奖励制度，而是乾隆二年（1737）的先例可以作为本次议叙的参考。可以作为旁证的是，其后的乾隆十年（1745）十月，在议覆上年长芦盐商捐输赈济一案时，户部和吏部并未明确援引“定例”，只是声明“酌议”。而且，37名盐商中的14名捐银数在1000两以下者，仍然获得了中央政府给予的加级、纪录、顶戴、职衔等奖励，[②]与前述议叙规则迥不相同。

随着盐商捐输在乾隆朝愈发频繁，清政府对盐商的奖励趋于稳定。奖励既然依据先例，而每一次的议叙又自然成为此后议叙的先例。因此，随着时间的推移，议叙规则逐渐趋同，即所谓“照例议叙”。例如，乾隆十四年（1749），户部议覆在江西经营盐务的两淮盐商请捐金川军需银两时称，“查两浙、芦、东、河东、福建、粤东各商，前据各该督抚、盐政奏准情愿捐银以佐军糈，经臣部议请量加议叙在案，今西省各商应一体邀恩以示奖励”，并声明如果皇帝俞允，“臣部移咨吏部，查例办理可也”，此议覆得到皇帝谕准“依议”；[③]又如，乾隆十八年（1753），两广盐商捐输后，吏部议覆“照淮、浙、芦、东、河东、福建各商捐银量加议叙之例，行令将各商姓名、捐输银数造册报部”。[④]再如，乾隆四十七年（1782），军机处在预先拆阅两浙盐商捐输奏折并草拟意见时，即是参照此前两淮盐商捐输的处理之例。对此，乾隆帝谕称：本次两浙盐商捐输与此前两淮盐商捐输“事同一例”，“照例议叙”。[⑤]上述分析也

---

① 《吏部尚书协理户部尚书讷亲等题为遵旨会议江苏扬州地方偶被偏灾程振箕等淮南商人捐资煮赈请分别议叙事》，乾隆九年九月二十四日，户科题本，档号02-01-04-13793-012。

② 《协办大学士兼管户部尚书事务刘于义等题为会议长芦盐政伊拉齐呈长芦商人王至德自愿捐银十万两报部核议准予议叙事》，乾隆十年十月初五日，户科题本，档号02-01-04-13881-001。

③ 《署理江西巡抚彭家屏题报委员领解各商报捐银两赴两淮盐政衙门交收数目日期事》，乾隆十四年五月二十八日，户科题本，档号02-01-04-14359-005。

④ 《署两广总督班第奏报广西各商捐足银数佐讨金川折》，乾隆十八年四月二十四日，台北故宫博物院编：《宫中档乾隆朝奏折》第5辑，第169页。

⑤ 中国第一历史档案馆编：《乾隆朝上谕档》第11册，档案出版社，1991年，第412页。

得到了档案的证实。乾隆四十七年（1782），军机处遵旨“将两淮商人从前遇有海塘、河工及军需助饷等事，节次公捐银两，曾否奉有加恩议叙，并作何议叙之处，交查该部”，结果为：

> 两淮商人节次捐输银两，俱经奉有恩旨议叙。至此项议叙，由吏部行文该盐政，查明各商捐输银两数目并出身履历，造册送部□。现任官员给予加级、纪录；候补、候选并捐职人员，以及举贡生监等，予以铨选班次；民人给予职衔、顶带。俱按银数多寡，分别议叙。①

此处所论对两淮盐商历次捐输的议叙，虽仍是参照先例酌定，但其规则在一定时期内具有相当的稳定性。换言之，尽管盐商捐输在制度规定层面仍须临时酌定奖励，但最终很可能获得符合预期的收益。因此，从收益角度看，这一时期的捐输与捐纳确实有一定的相似性。

（二）乾隆朝奖励政策的独特性

乾隆朝对盐商捐输的奖励力度大幅提高。自此开始，盐商捐输所得已不再限于职衔、顶戴等荣誉性奖励，还可实授官职，由虚衔而实官是清代盐商捐输奖励政策的一个根本性转变。为直观呈现，兹整理乾隆前期两淮、长芦盐商的四次典型案例如下（表4–1、4–2、4–3、4–4）。

表4–1　乾隆九年（1744）议叙两淮盐商七年捐输赈济案详表

<table>
<tr><th>姓名</th><th>身份</th><th>捐银数（两）</th><th>议叙所得</th></tr>
<tr><td>程振箕</td><td>候选员外郎</td><td>13 277</td><td>以应得之缺，归于双月即用</td></tr>
<tr><td>汪允信</td><td>考职州同</td><td>8180</td><td>以应得之缺，不论双单月即用</td></tr>
<tr><td>徐士修</td><td>候选同知</td><td>7800</td><td rowspan="2">归于原捐班次分内先用</td></tr>
<tr><td>徐璟庆</td><td>候选主事</td><td>6257</td></tr>
<tr><td>吴邦佩</td><td>候选光禄寺署正</td><td>3881</td><td rowspan="3">补官之日加四级</td></tr>
<tr><td>汪宜晋</td><td>候选同知</td><td>3647</td></tr>
<tr><td>江春</td><td>候选同知</td><td>3591</td></tr>
</table>

① 中国第一历史档案馆编：《乾隆朝上谕档》第11册，第313页。

续表

姓名	身份	捐银数（两）	议叙所得
刘公楷	候选中书	3412	补官之日加三级纪录三次
吴家龙	候选运副	3377	
谷大观、王之绪、张子琏、张元溥	捐职州同	> 3000	以应得之缺归于双月应班二缺之后选用
吴公洋、程梦发、李志勋、吴经邦	捐职州同	> 2000	以应得之缺归于双月应班四缺之后选用
亢汴	捐贡生	> 2000	免其考职。以应考主簿、吏目二项令其兼掣，以掣得之缺归于双月应班七缺之后选用
吴镐、樊之楠	岁贡生		
许效观	监生		
闵捷、江昉、汪玉枢、汪日炳、洪征治、汪允仕、汪承是、江楠、汪世礼、程思果、吴辉基、吴利恒、郑于番、朱嘉庄、苏绳祖、程栴、方清耀、蒋耘	考职、捐职州同	> 1000	以应得之缺，归于双月应班七缺之后选用
吴元戴、尉钟益、许复浩、吴之骏	捐贡生	> 1000	免其考职。以应考主簿、吏目二项令其兼掣，以掣的之缺归于双月应班十四缺之后选用
程国表、吴昌年、程志輡、吴如棠	监生		
汪承炳	候选员外郎	2423	补官之日加二级纪录三次
吴禧祖	候选光禄寺署正	1933	补官之日加二级
马曰琯	候选主事	1910	
毕弘淳	候选提举	1781	补官之日加一级纪录三次
江允昇	候选提举	1679	
汪玉球	候选员外郎	1567	
吴如珩	候选州同应升即用	1503	
汪汉倬	候选主事	1454	
吴山玉	候选主事	1412	
吴嗣生	候选光禄寺典簿	1332	补官之日加一级纪录二次
江允常	候选知州	1199	补官之日加一级
黄晟	候选内阁中书	1025	
黄履昂	候选郎中	1002	
江岷	候选知县	1000	

续表

姓名	身份	捐银数（两）	议叙所得
黄履昊	现任刑部郎中	2890	纪录二次
易学仁	永宁州知州	1521	纪录一次
汪永森	俊秀	2003	七品顶带
洪坤	俊秀	1485	
吴彭年	九品顶带	1684	七品顶带
汪应庚	光禄寺少卿衔	60 000	病故毋庸议

资料来源：《吏部尚书协理户部事务讷亲等题为遵旨会议乾隆七年淮扬等属秋水灾两淮商人汪应庚等公捐银两分别议叙请旨事》，乾隆九年十一月初九日，户科题本，档号02-01-04-13706-008。

说明：本次商人合计捐银30万两；以上名单为捐银数在1000两以上者，合计67人，此外捐银数低于1000两者，人数不详，由地方政府分别给匾额。

表4-2　乾隆九年（1744）议叙两淮盐商六年捐输赈济案

姓名	身份	捐银数（两）	议叙所得
程振箕	议叙双月即用员外郎	3703	得官日加四级
汪允信	议叙不论双单月即用州同	2340	得官日加二级纪录三次
徐璟庆	户部营田捐纳主事江赈加捐双单月即用	1703	得官日加一级纪录三次
徐士修	江赈捐纳同知议叙归于原捐班次先用	1525	
江春	候选同知	1251	得官日加一级纪录一次
刘公楷	候选中书	1111	得官日加一级
吴家龙	候选盐运司运副加捐同治	1047	
洪征治	候选同知	1033	
吴公洋	议叙州同双月四应之后选用	1014	
张子琏	议叙州同双月二应之后选用	1012	

资料来源：王世球等纂修：乾隆《两淮盐法志》卷39，于浩辑：《稀见明清经济史料丛刊》第1辑第9册，国家图书馆出版社，2009年，第22—25、29—32页。

说明：1.本次商人合计捐银7.1万余两，其中捐银不及千两者“分别酌给匾额、花红”，本表统计系捐银数在1000两以上者；本表统计盐商10名，此外捐银3400余两的光禄寺少卿衔汪应庚已病故而未得议叙。

2.本表（表4-2）与上表（表4-1）的议叙对象有重合，同在乾隆九年，根据议叙所得可知本表议叙在上表之后。

表4–3　乾隆十年（1745）议叙长芦盐商九年捐输赈济案详表

<table>
<tr><th>姓名</th><th>身份</th><th>捐银数（两）</th><th>议叙所得</th></tr>
<tr><td>王至德</td><td>候选员外郎、捐加三级</td><td>13 000</td><td>归于双月即用</td></tr>
<tr><td>范清注</td><td>候选中书、不论单双月即用</td><td>13 000</td><td>加顶带二级</td></tr>
<tr><td>郭慎履</td><td>候选通判</td><td>5000</td><td>归于原捐班次分内先用</td></tr>
<tr><td>郭泰峰</td><td>候选通政司经历</td><td>3800</td><td>归于双月即用</td></tr>
<tr><td>张履涉</td><td>候选部寺司务</td><td>3000</td><td>归于双月即用</td></tr>
<tr><td>查礼</td><td>候选主事、不论双单月即用</td><td>1600</td><td>补官日加二级</td></tr>
<tr><td>张再堪</td><td>候选同知</td><td>1200</td><td rowspan="3">补官日加一级纪录一次</td></tr>
<tr><td>郭永宁</td><td>候选同知</td><td>1200</td></tr>
<tr><td>卫楷</td><td>候选主事</td><td>1200</td></tr>
<tr><td>陈广业</td><td>候选州同</td><td>800</td><td rowspan="3">补官日加一级</td></tr>
<tr><td>沈世弘</td><td>捐职州同</td><td>800</td></tr>
<tr><td>王宾</td><td>捐职州同</td><td>700</td></tr>
<tr><td>卫焜</td><td>现任济南府通判</td><td>1500</td><td>纪录一次</td></tr>
<tr><td>王嵩年</td><td>候选通判</td><td>500</td><td rowspan="4">补官日纪录二次</td></tr>
<tr><td>张京衍</td><td>捐职州同</td><td>500</td></tr>
<tr><td>吴琅</td><td>捐职州同</td><td>500</td></tr>
<tr><td>冯昌瓒</td><td>考职主簿</td><td>500</td></tr>
<tr><td>金义</td><td>顺天民人</td><td>11 500</td><td rowspan="3">给予七品顶带</td></tr>
<tr><td>何兴</td><td>山西民人</td><td>10 000</td></tr>
<tr><td>阎复光</td><td>山西民人</td><td>1000</td></tr>
<tr><td>查为仁</td><td>革退拟罪举人</td><td>3000</td><td>给予七品顶带</td></tr>
<tr><td>田柏龄</td><td>山西民人</td><td>700</td><td>八品顶带</td></tr>
<tr><td>范时良</td><td>捐贡生</td><td>5000</td><td>以应考主簿、吏目二项令其兼掣。以掣得之缺归于双月应班二缺后选用</td></tr>
<tr><td>刘方焕</td><td>监生</td><td>3000</td><td rowspan="2">以应考主簿、吏目二项令其兼掣。以掣得之缺归于双月应班四缺后选用</td></tr>
<tr><td>刘方烜</td><td>监生</td><td>3000</td></tr>
<tr><td>张八士</td><td>捐职州同</td><td>2000</td><td>以应得之缺，归于双月应班四缺之后选用</td></tr>
<tr><td>李士彦</td><td>考职州同</td><td>1500</td><td>以应得之缺，归于双月应班七缺之后选用</td></tr>
</table>

续表

姓名	身份	捐银数（两）	议叙所得
杨翘松	监生	2500	以应考主簿、吏目二项兼掣。以掣得之缺归于双月应班七缺之后选用
王廷瑞	捐贡生	1600	以应考主簿、吏目二项令其兼掣。以掣得之缺归于双月应班十四缺之后选用
吕鼐	监生	1200	以应考主簿、吏目二项令其兼掣。以掣得之缺归于双月应班十四缺之后选用
李承宗	捐贡生	800	免其考职、给予主簿职衔
卫秉铨	监生	600	
李一锡	捐贡生	500	免其考职、给予吏目职衔
寇思敬	监生	500	
刘缵鲁	监生	500	
李广龄	武生	1800	给予把总职衔
王焰	武生	500	给予八品顶带

资料来源：《协办大学士监管户部尚书事务刘于义等题为会议长芦盐政伊拉齐呈长芦商人王至德自愿捐银十万两报部核议准予议叙事》，乾隆十年十月初五日，户科题本，档号02-01-04-13881-001。

说明：1.以上商人合计37人，捐输款项合计10万两。

2.议叙名单亦见嘉庆《长芦盐法志》（黄掌纶等撰，刘洪升点校）卷5《盛典》，第82—83页。不过，《盐法志》未载各商具体的捐银数额，而且遗漏范时良至刘缵鲁13名盐商的奖励详情，故只记载了24名盐商的数据。

3.查为仁，此前已于康熙五十七年（1718）捐银赎罪释放，照民人捐银给予顶带之例议叙；王焰，照外委千把之例。

表4-4　乾隆十一年（1746）议叙两淮盐商三年捐输赈济案详表

姓名	身份	捐银数(两)	议叙所得
程九经	捐职州同	10 530	以应得之缺不论双单月即用
汪宜晋	候选同知	10 920	以应得之缺归于双月即用
吴家龙	候选盐运司运副	3590	得官日加三级

续表

姓名	身份	捐银数（两）	议叙所得
程振箕	候选员外郎	1636	得官日加二级
汪玉枢	候选州同	1380	得官日加一级纪录二次
汪允信	候选州同	4260	得官日加三级纪录三次（已有不论单双月即用资格）
徐璟庆	候选主事	1110	得官日加一级
黄履暹	候选郎中	1068	
吴山玉	候选主事	1067	
徐士修	候选同知	1061	
易学仁	现任永宁州知州	3536	于十一年正月病故，毋庸议

资料来源：《户部尚书海望等题为遵旨会议署理两淮盐政吉庆题乾隆三年份淮商汪应庚等员捐赈银米请议叙等事》，乾隆十年十一月二十一日，户科题本，档号02-01-04-13862-006；《协办大学士监管户部尚书事刘于义等题为遵旨核议乾隆三年苏省扬郡被旱淮商汪应庚等捐银请旨议叙事》，乾隆十一年七月初一日，户科题本，档号02-01-04-14053-011。

说明：乾隆三年（1738）两淮盐商捐输赈济一案，乾隆四年（1739）已题请议叙，但后续因为手续问题迟至乾隆十一年（1746）始确定最终议叙。除本表所列盐商，乾隆四年（1739）上报时，朝廷已议准给予捐银3.5万两的盐商光禄寺少卿衔汪应庚"正四品顶带"，捐银1万两的盐商户部捐纳郎中汪从晋、水利营田捐纳主事同知马曰琯"俱准其加一级，仍以应得之缺归于双月，各按原捐班次分内准其先用"。此外，至乾隆十一年（1746）议叙时，马曰琯因为续捐银606两，议叙得官日再纪录一次；又续捐银米的汪应庚因已病故，本次议叙"毋庸议"。

盐商捐输从乾隆朝起才具有规模效应，相应也留下了较多的记载。在前述4份统计表格的基础上，兹分类整理出盐商的实际身份类型如下（表4-5）。在统计的乾隆初期125人次中，各类官员合计91人次，占比约72.8%。当然，该表统计的是"人次"，存在同一人多次被统计的情况。即便如此，我们也可以看出盐商拥有官职的比例相当高，或者说大多数盐商家族中有人拥有官职。

表4-5　乾隆初期捐输的盐商实际身份分类统计表

对应表格	身份类型及其人次					总计
	现任官员	候选官员	考职官员	捐职官员	生员与民人	
表 4-1	2	22	10	17	16	67
表 4-2	—	4	—	6	—	10
表 4-3	1	11	2	5	18	37
表 4-4	1	9	—	1	—	11
合计	4	46	12	29	34	125

说明：1.“生员与民人”包括标注“顶戴”“职衔”者，因为仅如此标注意味着其并非官员；“生员”包括“举人”“捐贡生”“岁贡生”“监生”“俊秀”“武举”“武生”。

2.表4-1有18人被笼统称为“考职、捐职州同”，此处统计归入“考职官员”“捐职官员”各9名，约数不影响最终统计。

3.表4-2有几例通过“议叙”而得官者，考虑到这些人员属于盐商，大概率均系此前通过捐输获得议叙官职，故与捐纳得官者一并计入“捐职官员”。

在清代，盐商往往并不是指亲身经营盐务的商人，而是行盐商号的持有人，因此表4-5名单中出现现任、候选官员以及生员等身份。据表格可知，从乾隆朝开始，盐商捐输所获奖励更为优渥。除了作为荣誉性奖励的职衔、顶戴品级明显提高，另新增加级、纪录、即用、先用四种奖励。其中，加级、纪录可以抵消处分，降低官员任职的风险；即用、先用涉及铨选，有裨于候补、候选、捐职人员在获得任职资格后优先得缺。这种变化并不是简单的调整，而是在根本上大幅提高奖励所得。

乾隆前期的优渥奖励政策，一直持续到乾隆中晚期。兹展示若干乾隆中晚期的盐商捐输议叙案例如下（表4-6）。

表4–6　乾隆朝中晚期盐商捐输奖励典型案例表

案例	捐输者	所得议叙
（一）乾隆二十四年（1759）长芦盐商捐输回疆军需议叙案（议叙时间不详）	捐职布政司理问衡文、捐职布政司经历宋懋敬	不论单双月即用
	候选主事牛翊祖	归于双月各班轮用一周之后选用
	候选中书科中书郭善相，捐职州同王鹤龄、刘叔枫，捐职布政司经历周自邠	归于双月即用
	捐职布政司经历金明源、捐职布政司理问孟甡荐、捐职州判孟甡佑	归于双月四选一升轮用三班之后选用
	举人龙承祖、陆象枢、徐汝槐	归于双月举人班内轮用十五班之后选用
	捐职州同沈世英	加顶带二级
	六品顶带郭执桓，七品顶带王起凤、范元芳，九品顶带柴三柱	加顶带一级
	同文、牛兆升	六品职衔
	查善纯等30人	七品顶带
	宋思敬等29人	八品顶带
	太仆寺少卿衔、现任户部广东司郎中范清注	加四级纪录两次
	现任太平府知府查礼、现任延安府知府刘光昱	纪录一次
	现任常州府同知牛纶	纪录两次
	布政司理问王德滋	得官日加一级
	捐职员外郎刘光旹、候选员外郎刘柏龄、双月即用州判张宗瑞	得官日加一级
	武举王宁	以卫千总本班先用
	武生晋时潜	守御所千总职衔
	武生刘霱秦、秦岛、席孔评、亢惠先	卫千总职衔
	武生李坦	把总职衔
（二）乾隆二十四年（1759）两浙盐商捐输回疆军需议叙案（乾隆二十六年（1761）议叙）	捐职州同金海	加顶带一级，仍以本项应得之缺不论双单月即用
	捐职州同薛棠、鲍清、王一绅	
	捐职州同吴份，候选州同汪湛、主簿吴玉垣	以本项应得之缺不论双单月即用
	捐职员外郎叶以嘉	以应得之缺归于双月即用
	贡生方濂、监生朱峻	给州判职衔，不论双单月即用
	监生许嗣抗、薛世俊	给县丞职衔，不论双单月即用
	一（捐数零星者）	匾额、羊酒、花红

续表

案例	捐输者	所得议叙
（三）乾隆三十八年（1773）两浙盐商捐输金川军需案（乾隆四十六年（1781）议叙）	捐职知府汪思蔚	以应得之缺不论双单月即用
	捐职主事吴廷侃、程光国、王仕基	以应得之缺不论双单月即用、加顶带一级
	捐职主事吴余棫，同知许立纲、何元度、方槌	以本项应得之缺不论双单月即用、加顶带二级
	候选州同汪立名	加顶带四级、以本项应得之缺不论双单月即用
	捐职布政司经历吴世骅、王炎、吴一德，州同鲍惠、何琳、顾天爵，布政司理问方治	加顶带三级、以本项应得之缺不论双单月即用
	捐职布政司经历姚宾，州同叶道立	加顶带一级、以本项应得之缺不论双单月即用
	捐职布政司理问汪本乾	以本项应得之缺不论双单月即用
	贡生鲍立然、朱乔、朱有信	州同职衔、不论双单月即用、加一级
	监生程云、俞文涟	州同职衔、不论双单月即用
	监生汪日文、祝栋、汪廷模	州判职衔、不论双单月即用
	捐职同知潘奕珧	加顶带一级
	捐职布政司理问何宗方	照该员所得封典加顶带一级（因已受伊侄何俊游击貤封）
	捐双单月补用之盐大使孙慰祖	以应升之知县不论双单月即用
	俊秀程立杞、汪思鉴	五品职衔
	俊秀许荣畅	四品顶带
	一（捐数零星者）	匾额、花红、羊酒

资料来源：黄掌纶等撰，刘洪升点校：嘉庆《长芦盐法志》卷5《盛典》，第84—85页；延丰纂修：嘉庆《重修两浙盐法志》卷18，第386—388页。

说明：案例一合计捐银20万两，获议叙者94人；案例二合计捐银20万两，其中题请议叙者是12名“捐数较多之商”，“其余各商所捐银数零星，不敢遍邀旷典，应恳免造，仰请俯照乾隆十三年（1748）捐输川饷之例，赐以花红、羊酒并给匾额悬挂公所，以昭奖励”；案例三合计捐银100万两，“捐数较多”获得议叙者33名，“捐数零星”者人数不详，“赐匾额、花红、羊酒以示奖励”。

据表4–6，乾隆朝中后期对盐商捐输的奖励与前期类似，授予的资格仍是即用、先用、加级、纪录、顶戴、职衔六种，其中给予顶戴、职衔的品级有所提高。

至乾隆末期，上述奖励实官政策被废止。乾隆五十五年（1790），吏部遵旨议覆御史初彭龄奏折时称“从前曾有议叙邀恩铨选者，系属旧办章程，未免过优”，而近期议叙的江苏民人捐资赈粜案、浙江盐商捐输河工和海塘案，均已不再包括铨选，建议“嗣后各省捐输议叙，自应仍照臣部现行之例”，一律给予“职衔、顶戴、加级、纪录”。[①]对此，乾隆帝谕称：“部议甚是，着依议行。”[②]亦即，本次政策的变更是将关涉铨选的即用、先用两项奖励排除在外。吏部认为该奖励政策过于优渥，既由于以财富换取官职此前一直是捐纳制度的特例，又由于奖励规则的稳定化导致捐输者大概率可以获得预期收益，二者的兼备导致盐商捐输往往同捐纳一般可以相对稳定地获得官职，由此在实际上模糊了捐输与捐纳收益的界限。因此，乾隆末期废止捐输奖励实官政策，正是该政策在长期受到非议后的顺势调整。[③]

由于乾隆朝盐商捐输十分频繁，在此难以全面考察盐商捐输获得实官奖励的规模，兹以资料相对系统的两浙、长芦盐商为例分项统计如下（表4–7）。乾隆朝见于统计的盐商捐输银数3927.1万两，占比最多者如两淮盐商2906.1万两、两浙盐商608万两、长芦盐商220万两（详见第五章）。由于大多数奖励史籍乏载，表4–7所统计案例合计捐银仅380万两，不及捐输总额的十分之一，即便如此，其中获得即用、先用的盐商已有183人次。照此比例，除去乾隆五十五年（1790）以后废止奖励实官政策之后的数据，乾隆朝通过捐输而获得实官奖励的盐商应在1000至2000人次之间。如此优渥的奖励不仅此前未有，即便在嘉庆朝以降也罕见。

---

① 《大学士管理吏部事务和珅等奏议长芦等处商人捐输军饷议叙一例事》，乾隆五十五年十月初四日，朱批奏折，档号04–01–35–0623–006。

② 中国第一历史档案馆编：《乾隆朝上谕档》第15册，第974页。

③ 捐输收益的捐纳化问题，早在雍乾之际已引发非议，正如冯尔康所言：“从议叙上讲，捐助（捐输）与捐纳有相同之处，捐助议叙也具有卖官的性质。”冯尔康：《雍正传》，人民出版社，1985年，第373页。

表4–7　乾隆朝两浙、长芦盐商捐输奖励分项统计表

捐输案例	议叙时间	各项议叙人数						
		即用	先用	加级	纪录	顶戴	职衔	总计
九年（1744）长芦盐商捐输赈济（10万两）	十年	3	9	8	5	6	6	37
十三年（1748）两浙盐商捐输军需（10万两）	十五年	9	1	0	0	0	0	10
十三年（1748）长芦盐商捐输军需（20万两）	—	4	26	12	7	22	12	83
二十四年（1759）两浙盐商捐输军需（20万两）	二十六年	12	0	0	0	0	0	12
二十四年（1759）长芦盐商捐输军需（20万两）	—	6	8	10	3	59	8	94
三十八年（1773）两浙盐商捐输军需（100万两）	四十六年	28	0	2	0	1	2	33
三十八年（1773）长芦盐商捐输军需（60万两）	—	20	57	5	0	16	6	104
四十七年（1782）两浙盐商捐输河工（80万两）	五十五年	0	0	8	1	1	125	135
四十九年（1784）两浙盐商捐输塘工（60万两）								
总计		82	101	45	16	105	159	508

资料来源：黄掌纶等撰，刘洪升点校：嘉庆《长芦盐法志》卷5《盛典》，第82—88页；延丰纂修：嘉庆《重修两浙盐法志》卷18，第386—390页。

说明：1.某人同时所获不止一项奖励者，只统计最优者，不重复统计，如“给予州同职衔、不论双单月即用、仍加一级”统计为“即用”。

2.上述统计并非乾隆朝长芦、两浙盐商的全部捐输数据，因为盐法志记载有缺漏（详见第五章）；其中，乾隆十年（1745）议叙乾隆九年（1744）长芦盐商捐输一案，总计获得议叙者37名，但盐法志只记载了24名，存在13名的遗漏。此处根据档案增补，具体分析详见表4–2的说明。根据这一案例，如果考虑到盐法志记载的缺漏，本表的统计数据偏于保守。

3.由地方盐务官员奖励匾额、花红者不纳入统计。

第三节 嘉庆朝盐商捐输奖励政策的变与不变

（一）嘉庆朝奖励政策的继承与延续

嘉庆朝完全沿袭了乾隆末期的奖励政策。嘉庆四年（1799），军机处报告称：

> 查向来两淮、长芦等处商人捐助饷银，奉旨允准后，由该盐政将捐银之各该商人造具名册，并所捐银数，咨送吏部，再行查照向例，分别赏给顶带、职衔具奏。是以臣等此次于拟写谕旨内，令吏部照例给予议叙。[①]

显然，嘉庆朝仍是依据先例（“向例”）奖励盐商，由此军机处多次奉命查报先例以资参考。例如嘉庆九年（1804），军机处奏称：两浙盐商于嘉庆五年（1800）捐输赈济获得议叙，本年又捐输赈济，“事同一例，臣等谨于拟写谕旨内，将该商等交部议叙之处，一并叙入，恭候钦定”。[②]又如嘉庆十五年（1810），军机处奏称：“查向来商捐银款，蒙恩赏收后，即照例给予议叙。此次两淮商人捐输备造拨船银五十万两，现奉旨赏收，是以臣等于拟写谕旨内，将各该商交阿克当阿查明，照例咨部议叙。”[③]军机处在奉旨对捐输的盐商拟定奖励意见时，始终需要查照先例。由此也进一步证实，乾嘉时期官书、档案所载对盐商捐输“照例议叙”之“例”，实是先例而非定例，此时对盐商捐输的奖励仍属一案一议。

在此亦略举嘉庆朝一例议叙案详为解说。嘉庆六年（1801），山东盐商捐赈济银5万两，至嘉庆七年（1802）吏部给予议叙，其依据是：

---

① 中国第一历史档案馆编：《嘉庆道光两朝上谕档》第4册，广西师范大学出版社，2000年，第99页。

② 中国第一历史档案馆编：《嘉庆道光两朝上谕档》第9册，第320页。

③ 中国第一历史档案馆编：《嘉庆道光两朝上谕档》第15册，第223页。

> 查本年四月内，议覆直隶省捐输煮赈之各绅士民人等，按其银数多寡，酌予职衔、顶带以及加级、纪录等因，题准在案。今山东商人捐输赈济，钦奉谕旨交部议叙。臣等即查照直隶省捐赈议叙之例办理。如内有无可比照者，援照上年山西捐输军饷议叙之例分别定议。[①]

从上述吏部声明的依据可以得出以下认识。第一，嘉庆初年盐商捐输所得奖励确实遵循了乾隆晚期更改后的规定，只保留职衔、顶带、加级、纪录四类奖项，不再包括实官。第二，奖励的依据未必是单一的，此次奖励参考的“先例”既包括当年四月的直隶捐赈议叙案，又包括前一年的山西捐输军饷议叙案，议叙依据的复杂性可见一斑。至于本次具体的奖励详见下表（表4–8）。

表4–8　嘉庆七年（1802）吏部议叙六年（1801）山东盐商捐赈详表

<table>
<tr><th>捐输者</th><th>银数</th><th>议叙所得</th></tr>
<tr><td>分发训导刘宝箹</td><td>2000 两</td><td>加一级</td></tr>
<tr><td>候选通判史瑞仪</td><td>1000 两以上</td><td>纪录二次</td></tr>
<tr><td>贵州试用府经历刘仕鼎</td><td>500 两以上</td><td>纪录一次</td></tr>
<tr><td>捐职运同刘克昌</td><td>8000 两以上</td><td>知府职衔</td></tr>
<tr><td>五品顶带茅垲</td><td>6000 两以上</td><td>同知职衔</td></tr>
<tr><td>捐职州同陈楧</td><td rowspan="2">5000 两以上</td><td rowspan="2">提举职衔</td></tr>
<tr><td>捐职布政使经历张桃、白廷楷</td></tr>
<tr><td>监生刘宝篪、刘汝珏、刘仁安、王大成、梁宋玉</td><td rowspan="2">500 两至 1000 两以上</td><td rowspan="2">从九品吏目职衔</td></tr>
<tr><td>附生郑瑄、曹恒春</td></tr>
<tr><td>民人张克逊、刘汝翮、刘汝霖</td><td>1000 两以上</td><td>八品顶带</td></tr>
<tr><td>民人刘鸿道、陈汝听、曹俊、郭庆宁、纪坤、李肇登、齐为琨、宋定坤、盖鹏鹤、田承恩、纪大生、丁圣儒、刘汝听、王卫山、贾绍基、于永和、郭大铮、刘晋迪、李敖、冯开先、刘焕、关文藻、张壶、李鸿、范继仁、杨万枚</td><td>500 两至 800 两以上</td><td>九品顶带</td></tr>
<tr><td>捐职守御所千总王炘、杨维熊、贺玉春</td><td>500 两至 2000 两以上</td><td>卫守备职衔</td></tr>
<tr><td>捐职营千总李荷禄、洪滋</td><td>1000 两至 2000 两以上</td><td>守御所千总</td></tr>
</table>

① 《吏部尚书琳宁等题报东省商人捐输赈灾照例议叙》，嘉庆七年九月六日，张伟仁主编：《“中央研究院”历史语言研究所现存清代内阁大库原藏明清档案》，档号 A312–2。

资料来源：《吏部尚书琳宁等题报东省商人捐输赈灾照例议叙》，嘉庆七年九月六日，张伟仁主编：《“中央研究院”历史语言研究所现存清代内阁大库原藏明清档案》，档号A312-2。

由于政府的奖励始终停留在先例层面，除了吏部参照先例时还会酌定奖励，皇帝也可能随时施加干预，从而改变奖励的结果。例如，嘉庆五年（1800），嘉庆帝在军机处关于两淮盐商再次捐输的奏报上批复：“俱着议叙，比去岁稍减。”[①]又如，嘉庆十一年（1806），同样是为南河捐输数百万两巨款，因为两淮盐商“托业淮扬，蒙庥桑梓”，也就是属于对境内利益相关事务的捐输，因此只是被谕令“议叙”；而两浙盐商，谕旨称其“托业两浙，南河要工并非两浙境内，乃因邻省工程需用，情切报效，尤为踊跃急公”，因此谕令“从优议叙”。[②]再如，嘉庆十七年（1812），两江总督百龄奏请奖励捐输赈济的两淮盐商时，嘉庆帝谕称：“前次据该督等折内声叙，已先行降旨，将该商等概行加恩赏加一级。所有此次该督奏请加衔甄叙之处，均无庸议。”[③]可见，盐商捐输所获奖励至此仍具有不确定性，这与以固定款项换取确定收益的捐纳存在鲜明的差别。

当然，捐输与捐纳所得不同还体现在，皇帝可能会给予捐输者特别的“恩赏”。例如，嘉庆十九年（1814）上谕称：“据阿克当阿奏淮商公捐银两一折，已降旨赏收矣。所有捐输各商，着阿克当阿查明伊等现在是何职衔、某人捐银若干，分晰开单具奏，候朕酌量施恩。现届年节，发去貂皮一千张、鹿十只、狍十只、鱼一百尾、野鸡四百只，着阿克当阿领到后，先行传齐捐输各商，传旨分赏。俾各祇领将。”[④]

在奖励内容方面，嘉庆时期也不再奖励实官。嘉庆十年（1805），礼部议叙捐输军需的长芦盐商时，即是“遵照节次捐输议叙，按其银数多寡，予以职衔、顶带以及加级、纪录之例，分别议定”[⑤]。这一规则完全遵照乾隆五十五

① 中国第一历史档案馆编：《嘉庆道光两朝上谕档》第5册，第120页。

② 中国第一历史档案馆编：《嘉庆道光两朝上谕档》第11册，第578、601页。

③ 中国第一历史档案馆编：《嘉庆道光两朝上谕档》第17册，第101页。

④ 中国第一历史档案馆编：《嘉庆道光两朝上谕档》第19册，第1018页。

⑤ 黄掌纶等撰，刘洪升点校：嘉庆《长芦盐法志》卷5《盛典》，第89页。

年（1790）调整后的政策。以大额捐输为例，乾隆三十九年（1774）具有道员职衔的两淮盐商王勖捐银6万两，所得议叙是“以道员不论双单月即用，仍于得官日加十级随带”；嘉庆十一年（1806）两淮盐商盐运使职衔黄至筠、鲍漱芳捐银都在8万两以上，所得议叙只是“各加十级”。[①]这一对比反映出嘉庆朝对乾隆末期政策的严格遵守。

当然，嘉庆朝档案中也有两次例外。一是嘉庆五年（1800），“汉商汪必相曾赏戴花翎，系经倭什布奏请奉旨赏给，并非由吏部议叙”；二是嘉庆十六年（1811），因两淮盐商鲍崇城在随同其他盐商共同捐输之外，又单独捐银30万两并另外捐备疏浚海口工具多项，嘉庆帝特将其父御史鲍勋茂“以四品京堂用，遇有缺出，交吏部夹单请旨”。[②]正如前述，这两次均系皇帝破格授予的奖励，属于特例。

（二）嘉庆朝奖励政策执行的变化

嘉庆朝奖励政策总体上率由旧章，但在执行过程中却逐渐走样，从而导致奖励有名无实，具体表现在以下两个方面。

第一，嘉庆朝盐商捐输款项的延期和拖欠成为常态，捐款未清反使政府的奖励难以落实。这种情况如此普遍，以致军机处于嘉庆二十四年（1819）奉旨督促两淮、两浙、长芦、两广等处盐务官员查明各区盐商捐输银两已缴和未缴详情，“如已经全数完缴者，即将该商等衔名确实查明，造册咨部议叙”[③]。盐商未能如期获得奖励的直接原因是拖欠捐款，但根本原因却在于嘉庆时期政府对捐输的索取超出了盐商的承受能力。相较乾隆时期而言，嘉庆时期盐商在捐输后获得奖励的周期愈发延长。

截至嘉庆末年，各区盐商此前捐款待缴的现象比比皆是，政府的奖励工作也受此影响，迟未开展。据嘉庆二十四年（1819）吏部奏报，当时各区盐商捐输未能按期造册送部的案例包括：“两淮商人，自五年起至二十一年止，共有

① 中国第一历史档案馆编：《嘉庆道光两朝上谕档》第12册，第332页。

② 中国第一历史档案馆编：《嘉庆道光两朝上谕档》第12册，第332页；中国第一历史档案馆编：《嘉庆道光两朝上谕档》第16册，第62—63页。

③ 中国第一历史档案馆编：《嘉庆道光两朝上谕档》第24册，第661页。

捐输十五案；粤东洋、盐各商，自五年起至十四年止，共有捐输九案；两浙商人，自四年起至十六年止，共有捐输十二案；长芦商人，自十一年起至十六年止，共有捐输四案”，此外还有“屡经展缓至今尚未起限者”。[①]多个盐区所累积的大量捐输欠款，导致政府对盐商的奖励长期延宕。其中，甚至有嘉庆初年的捐输时过近二十年尚未进入议叙流程。

以捐输最为“踊跃”且数额最多的两淮盐商为例，在嘉庆十四年（1809）之后，历次捐输虽仍“奉旨给予议叙”，但捐输款项“未经全数完缴，是以未据该盐政开单具奏”，截至嘉庆二十四年（1819）“均未经给予议叙”。[②]这种历史遗留问题，甚至历数十年直到道光后期尚未解决。例如嘉庆十四年（1809）两淮盐商为万寿庆典的捐输，中间经历嘉庆二十四年（1819）吏部的督催，直到道光二十年（1840）议叙清单才上报吏部，此案“已历三十二年，所开各商，共有六百零七名，年份既远，商名甚繁。核查册内捐生年岁，多半未符”，遭到吏部议驳，要求地方官“核实查明原捐各商，另造清册”。[③]由于盐商捐输是以盐区为单位的集体行动，即使个别盐商的拖欠仍会导致整个盐区的捐款数额未清，致使政府的奖励迟迟难以兑现。而奖励的延宕又会导致议叙手续的繁杂，反过来又加剧了奖励兑现的难度。

第二，与前述奖励的延宕相关，嘉庆朝起，政府往往先奖励总商，这在两淮最为明显。例如，嘉庆八年（1803），两淮盐政佶山上报两淮盐商捐输奖励名单时奏称：“除现在查造名册咨部外，惟是通河领办公事，责成总商。而总商中，有最为踊跃办公之人，唯有捐职道衔黄至筠、捐职员外郎鲍漱芳、捐职主事恩加顶戴一级尉维柄，在两淮办运年久，素为急公。近年来更加首先出力，遇事奋勉。此次邀恩议叙，若与众商无所区别，似非仰体圣怀嘉奖勤能之至意。”[④]对此，嘉庆帝谕令将三名总商黄至筠、鲍漱芳、尉维柄“先行交部

① 中国第一历史档案馆编：《嘉庆道光两朝上谕档》第24册，第661页。

② 中国第一历史档案馆编：《嘉庆道光两朝上谕档》第24册，第552—553页。

③《吏部尚书奕经等奏请饬令直隶总督核实查明报效捐输各商另造清册出具印结送部以凭核办事》，道光二十年十二月十一日，录副奏折，档号03-3186-045。

④《两淮盐政佶山奏报通河总散各商捐输军需银两可否议叙事》，嘉庆八年二月初十日，朱批奏折，档号04-01-35-0624-042。

优叙”[1]。又如，嘉庆十四年（1809），因两淮盐商捐输，谕令将江广达等十余名总商“各赏加一级，以示优奖”[2]。在一般盐商迟迟得不到奖励的同时，总商却先行获得优奖，这导致了不同等级盐商捐输收益的两极分化。

小　结

清前中期盐商捐输奖励政策的发展以乾隆朝为分水岭。在此之前，清政府对盐商捐输仅予以职衔、顶戴等荣誉性奖励，乾隆朝予以优渥的实官奖励并于末期废止，嘉庆朝的奖励有名无实。在制度运行方面，盐商捐输奖励始终属于一案一议，清政府参照先例酌议的政策导致奖励并非必然且奖项并非法定，这与以固定款项换取确定收益的捐纳有着本质的区别。当然，在捐输收益严重下降之后，嘉庆朝盐商也并不是无动于衷，而是以拖欠捐款等方式作为应付。[3]由此，嘉庆朝盐商表面上的“踊跃”捐输与实际上的拖欠捐款互为表里，生动地反映出在奖励政策变异下盐商的生存之道。

① 中国第一历史档案馆编：《嘉庆道光两朝上谕档》第8册，第63页。

② 中国第一历史档案馆编：《嘉庆道光两朝上谕档》第14册，第591页。

③ 陈锋：《清代盐政与盐税》，第235—240页；黄凯凯：《清代两淮盐商捐输新探》，《清史研究》2022年第2期。

第五章　乾嘉两朝盐商捐输数额新考

清代盐商捐输始于顺康时期，盛于乾嘉时期，至道光朝锐减，而咸丰朝以降罕见。本章之所以聚焦于乾嘉两朝，既是考虑到这个时期的盐商捐输对国家财政助益较大，也是因为笔者在前文已详细梳理了其他时段的数据。[①]针对乾嘉两朝盐商捐输的数额问题，民国盐务署较早做了考察："总计乾嘉两朝，盐商报效军需，将近三千万。此外寻常捐输，若赈务、若河工，淮商动辄捐至百余万，芦东及浙商或十万至数十万不等。"[②]这一宏观论述为此后诸多研究沿用。[③]20世纪30年代，景学钤、刘隽统计了乾嘉两朝两淮盐商的

① 按：根据笔者在第一章的考察，顺治朝18年间仅见1例银1.8万两的盐商捐输；康熙朝61年间的盐商捐输在10例左右（未收除外），其中部分未有具体银数，此外实物（米谷）捐输不计，可统计的银数约为45万两；雍正朝13年间盐商捐输5例，总计银数71万余两。也就是说，顺治、康熙、雍正三朝历时90余年之间盐商捐输银数不过116万余两。道光朝30年间盐商捐输银数为928万余两，其中九成的数额为军需捐输，且集中在回疆军需、鸦片战争军需这两次重大战事时期。

② 盐务署编：《中国盐政沿革史·长芦》，盐务署，1914年，第42页。笔者按：以该书所列数据加总，盐商军需捐输数据为：乾隆朝1820万两，嘉庆朝1150万两，合计2970万两。

③ 例如，民国时期的著名盐政史家曾仰丰有言："洎乾隆时，用度奢广，报效例开，每遇大军需、大庆典、大工程，淮、芦、东、浙各商捐输，动辄数十万至数百万。统计乾嘉时各区盐商报效军需将及三千万，此外若河工、赈务、庆典等项捐输，尤不可胜计。"（曾仰丰：《中国盐政史》，商务印书馆，1937年，第24页。）又如，近现代著名史家左步青提到："总计乾、嘉两朝，各区盐商报效军需将近三千余万两。其他寻常之捐，难以枚举。"（左步青：《清代盐商的盛衰述略》，《故宫博物院院刊》1986年第1期。）

捐输银两数额；[①]朱偰根据《清盐法志》统计了清代两淮、长芦、山东三区盐商的捐输银两数额。[②]在此后相当长的时间内，海内外研究者所统计的数据均未超出上述研究。

至20世纪80年代，相关研究再次集中涌现。薛宗正以《清盐法志》为主要资料统计了乾隆朝两淮、两浙、山东、长芦、两广五区盐商的捐输银两数额；[③]叶显恩统计了康熙至嘉庆年间两淮盐商捐输银两和米谷的数额；[④]赖福顺根据《清实录》和宫中档奏折，统计了乾隆朝“十全武功”的盐商军需捐输银两数额；[⑤]陈锋在《清盐法志》和各区盐法志的基础上补充档案史料，全面统计有清一代的盐商捐输银两数额为8103万余两。其中，乾隆朝约3866.6万两，嘉庆朝2663.6万两，两朝合计约6530.2万两。[⑥]或基于陈著研究

① 景学钤（本白）统计雍正十一年（1733）至嘉庆九年（1804）两淮盐商捐输数额为2615万两（其中雍正朝仅有一例10万两），并声明这只是官书所载数据，“其六次南巡、每逢万寿特别供献、不见奏报者，尚不在内”（本白：《票本问题》，《盐政丛刊》1922年第2期）。刘隽统计总额约3739.5万两，具体包括：军需捐输，乾隆朝1480万两、嘉庆朝550万两；助赈捐输，乾隆朝约210.7万两、嘉庆朝30万两；助工捐输，乾隆朝约231.8万两、嘉庆朝310万两；备公捐输，乾隆朝927万两、嘉庆朝无。如此，乾隆朝约2849.5万两，嘉庆朝890万两（刘隽：《道光朝两淮废引改票始末》，《中国近代经济史研究集刊》1933年第1卷第2期）。

② 朱偰：《中国盐法中之专商制问题》，《国立中央大学社会科学丛刊》1935年第1期。具体数据为：清代长芦、山东、两淮盐商分别捐银294.6万两、186.4万两、3826.6万两；其中乾嘉两朝为278.2万两、186.4万两、2777.6万两。

③ 薛宗正：《清代前期的盐商》，中国社会科学院历史研究所清史研究室编：《清史论丛》第4辑，中华书局，1982年，第61—62页。具体数据为：两淮约1914.6万两、两浙490万两、山东60万两、长芦180万两、两广130万两。

④ 叶显恩：《徽商利润的封建化与资本主义萌芽》，《中山大学学报（哲学社会科学版）》1983年第1期。笔者按：叶显恩首次将实物（米谷）捐输纳入统计；作者的统计依据为嘉庆《两淮盐法志》，银两数据未超出此前刘隽的研究。

⑤ 赖福顺：《乾隆重要战争之军需研究》，台北故宫博物院，1984年，第413—428页。具体数据为1660万两。

⑥ 陈锋：《清代盐政与盐税》，中州古籍出版社，1988年，第215—234页。具体分类数据包括：（1）军需捐输，乾隆朝2230万两，嘉庆朝1863万两；（2）水利捐输，乾隆朝约391.8万两，嘉庆朝678万两；（3）备公捐输，乾隆朝1027万两，嘉庆朝30万两；（4）赈济捐输，乾隆朝约217.8万两，嘉庆朝92.6万两。在稍后出版《清代军费研究》（武汉大学出版社，1992年，第332—334页）中，作者认为乾隆三十二年（1767）两淮盐商以备公名义所捐银100万两，最终奉旨转交云南军前，故计入军需捐输。因此，上述军需与备公两类数据需分别增减这一数额。此外作者指出，盐商还有钱、谷的捐输，但未加统计。

的系统性，迄今30余年间，除了对两淮盐商捐输数额的研究有所突破，[①]学界对这一问题的探讨基本陷入停滞。

上述成果在数量上可谓相当丰厚，为学界理解乾嘉两朝盐商捐输的规模及其影响贡献良多。但就既有研究数据的完整性与准确性而言，仍存在以下不足：第一，统计数据主要依据盐法志，突破点限于统计盐区与时段的增加。除了赖福顺、徐泓，利用档案等其他史料增补数据的案例屈指可数。第二，系统性遗漏嘉庆朝的大量数据（详见后文）。与此相关，有关乾隆朝盐商捐输数额最多的结论，需要得到重新检视。第三，根据单一史料来罗列数据，未解释不同盐区捐输数额差异悬殊的原因，未曾检验数据的完整性。

综上，笔者将在利用盐法志和《清实录》的基础上，补充近年来新刊的起居注册、上谕档、奏折等资料，并参之以中国第一历史档案馆藏户科题本、朱批奏折、录副奏折等档案资料，重新统计乾嘉两朝的盐商捐输数额。与此同时，考察盐商捐输差异的原因，以验证数据的完整性。

第一节　盐法志对清代盐商捐输的记载及其问题

对盐商捐输的系统记载主要出自清代各区盐法志和民国盐务署所修《清盐法志》，而官书、档案等其他资料的记载多是零散的。因此，既有研究均以盐法志为主要史料来源，问题也由此而生。兹整理盐法志资料对清代盐商捐输的记载如表5-1。

① 徐泓根据盐法志资料和中国第一历史档案馆藏《录副奏折·盐税》统计乾嘉两朝两淮盐商“捐输45次，银47 506 000余两、米35万余石”，“其他的皇室庆典报效、乾隆帝六次南巡两淮盐商建造行宫园林及招待费用尚不在内”。与此前研究者统计的两淮捐银最高额（陈锋统计为4156万余两）相比，这一数据推进较大，可惜作者未列出详细的统计表格（徐泓：《清代两淮盐商没落原因的探讨》，卞利主编：《徽学》第7卷，黄山书社，2011年，第10—32页）。

表5–1　盐法志资料对清代盐商捐输记载统计表

盐区	清代各区盐法志纂修及记载详情	《清盐法志》记载详情
两淮	凡五修。康熙、雍正志未见相关记载。乾隆志卷39《杂志·捐助》载有清初至乾隆十一年（1746）的数据；嘉庆志卷42《捐输》分军需、河工（城工附）、灾济、备公四类记载了清初至嘉庆九年（1804）的数据；光绪志卷145—149为《捐输门》，分助军、助赈、助工、捐收票本4个子目。其中，捐收票本仅涉及光绪朝，且该志未沿袭前志中“备公”这一分类，其他三类记载缺失嘉庆十年（1805）至二十五年（1820）的数据	卷153—156《杂记门·捐输》分助饷、助赈、助工、捐收票本四类，完全继承光绪志的分类与数据缺失问题
两浙	凡两修。雍正志未见相关记载，嘉庆志卷18《优恤·奖赏》载有雍正四年（1726）至嘉庆六年（1801）的数据	卷186《杂记门·捐输》载有雍正五年（1727）至嘉庆六年（1801）的数据，仅补充了同治、光绪朝的3次数据
两广	凡三修。乾隆志未见相关记载，道光志卷29《捐输》载有乾隆十四年（1749）至道光十二年（1832）的数据，光绪志不详	卷240《杂记门·捐输》载有乾隆十四年（1749）至道光十二年（1832）的数据
长芦	凡三修。雍正志未见相关记载，嘉庆志卷5《盛典》载有雍正十年（1732）至嘉庆八年（1803）的数据，光绪志不详	卷33《杂记门·捐输》载有雍正十年（1732）至同治十年（1871）的数据
山东	凡两修。雍正志未见相关记载，嘉庆志卷4《盛典·议叙》载有乾隆二十四年（1759）至嘉庆十一年（1806）的数据	卷72《杂记门·捐输》载有乾隆二十四年（1759）至嘉庆二十五年（1820）的数据
河东	仅见雍正志，未见相关记载	未见相关记载
福建	仅见道光志，未见相关记载	未见相关记载
四川	仅见光绪志，卷25《商捐》载有咸丰四年（1854）、光绪四年（1878）案例各一	卷270《杂记门·捐输》载咸丰四年（1854）、光绪四年（1878）案例各一
奉天	仅见宣统《东三省盐法志》，未见相关记载	未见相关记载
云南	未见志书	未见相关记载
陕甘	未见志书	未见相关记载

资料来源：王世球等纂修：乾隆《两淮盐法志》卷39，于浩辑：《稀见明清经济史料丛刊》第1辑第9册，国家图书馆出版社，2009年，第1—59页；单渠等纂修，方濬颐等续纂：嘉庆《两淮盐法志》卷42《捐输》，于浩辑：《稀见明清经济史料丛刊》第2辑第31

册，国家图书馆出版社，2012年，第391—444页；王定安等纂修：光绪《重修两淮盐法志》卷145—149，《续修四库全书》第845册，上海古籍出版社，2002年，第516—579页；延丰纂修：嘉庆《重修两浙盐法志》卷18，《续修四库全书》第841册，第384—392页；阮元等修：道光《两广盐法志》卷29，于浩辑：《稀见明清经济史料丛刊》第1辑第43册，第129—188页；黄掌纶等撰，刘洪升点校：嘉庆《长芦盐法志》卷5，科学出版社，2009年，第81—90页；崇福修，宋湘等纂：嘉庆《山东盐法志》卷4，于浩辑：《稀见明清经济史料丛刊》第1辑第22册，第290—298页；觉罗石麟纂：《初修河东盐法志》（雍正本），学生书局，1966年；佚名：《福建盐法志》，于浩辑：《稀见明清经济史料丛刊》第1辑第29册；丁宝桢等纂修：光绪《四川盐法志》，《续修四库全书》第842册，第1—598页；载泽等修：宣统《东三省盐法志》，于浩辑：《稀见明清经济史料丛刊》第1辑等44册；民国盐务署编：《清盐法志》，于浩辑：《稀见明清经济史料丛刊》第2辑第1—15册。

说明：1.表中“未见相关记载”，是指该盐法志没有专门在某一卷集中记录盐商的捐输，但其他卷中可能会有零散提及。

2.中山大学图书馆藏光绪《两广盐法志》、河北省档案馆藏光绪《长芦盐法志》稿本，笔者均未能见到。

盐法志资料的数据特征直接影响到既有研究。

第一，清代内地11个盐区的盐法志中，唯有两淮、两浙、两广、长芦、山东有系统的捐输数据（四川仅2例，可以不计）；《清盐法志》也是为这些盐区设“捐输”专卷，相关数据基本未超出清代各区盐法志。正是如此，既有研究也集中在前述5个盐区，统计时段少有超出盐法志的记载；盐法志中嘉庆朝系统性的数据遗漏也为绝大多数的研究者继承。①

第二，根据款项管理和归属的差异，清代各区盐法志将盐商所捐款项分为“捐输”与“善举”两类，前者是盐商上缴后由政府管理的款项，后者一般是盐商自行管理（详见第一章概念界定）。此处统计不包括属于“善举”的“捐”。

第三，盐法志中，唯有两淮对捐输行为分类，这种军需、河工（水利）、赈济、备公的四分法为既有研究沿用。此外，盐商的捐输事由还有城工、缉私、漕运等事务，这些未纳入统计的事务与水利、赈济均属地方公共事

① 嘉庆十年（1805）至二十五年（1820）两淮盐商的捐输数据、嘉庆七年（1802）至二十五年（1820）两浙盐商的捐输数据在盐法志中完全缺失，既有研究的相关统计也完全空缺。唯有徐泓对两淮数据有所补充，但因没有详细统计表格，无法确知补充了哪些数据。

务。因此，笔者将盐商捐输调整为三类：军需捐输、皇室事务捐输、地方公共事务捐输。[①]

第四，盐法志除了记载盐商捐输银两，还有米、谷等实物捐输。考虑到实物捐输仅见零散记载，且数量较少，既有研究大多不做统计，此处亦不纳入统计。

总之，此处所言盐商捐输，特指盐商捐献给国家（包括皇室）的银两，这部分款项需上缴给政府，直接影响到国家收入。至于数量有限的实物捐输，以及按照惯例由盐商自行管理的对寻常地方公共事务的资助（“善举”），均不纳入统计。

第二节　乾隆朝数额补正与分析

关于乾隆朝盐商捐输的数额，目前最系统的数据出自陈锋著作《清代盐政与盐税》。因此，笔者将主要在该成果的基础上做出补充和修订。

（一）军需捐输数额

1.乾隆朝盐商军需捐输数据补正。乾隆朝较大规模的战事有11次之多，包括乾隆十二年（1747）初次金川之役至乾隆五十七年（1792）廓尔喀之役的10次大规模军事行动——即乾隆帝自诩之“十全武功”，及乾隆六十年（1795）正月爆发的苗疆之役。关于此类战事中的盐商捐输，赖福顺、陈锋的统计最具代表性。兹将两者统计失误之处补正如下：

第一，初次金川之役的捐输数额，赖福顺统计为两淮、两广盐商各10万两；陈锋统计总额为160万两，包括长芦盐商30万两、两淮盐商110万两、两浙盐商10万两、两广盐商10万两。两者的统计均存在失误。

① 军需捐输，即盐商对战时军费的捐输；皇室事务捐输，即备公捐输，因为“备公”语义含混，其本意为“备内府公用”，实际包含盐商以各种名义捐献给皇室的经费；地方公共事务捐输，主要指盐商为赈济、水利（主要是黄河河工，此外包括运河、海塘、长江、永定河治理）的捐输，此外还包括几例城工、缉私、漕运的捐输。

首先，陈锋将长芦盐商捐输数额统计为30万两，但盐法志记为20万两。陈锋统计所谓“王太来”捐银10万两，实为“太来”商号主人王廷扬以山西富户身份在家乡所捐，与长芦盐区无关，不可重复计入。[①]其次，两者均遗漏了山东、河东、福建盐区的数据。乾隆十四年（1749），在江西经营盐务的两淮盐商请捐金川军需银10万两时，户部议覆中提及此前各区盐商为本次战事的捐输，其辞曰“查两浙、芦、东、河东、福建、粤东各商，前据各该督抚、盐政奏准情愿捐银以佐军糈”；[②]乾隆十八年（1753）的一份奏折回顾称，针对初次金川之役两广盐商的捐输，户部议覆“准其报捐，照淮、浙、芦、东、河东、福建各商捐银量加议叙之例，行令将各商姓名、捐输银数造册报部”，[③]可知山东、河东、福建盐商本次亦有捐输。据档案，本次福建盐商捐银10万两；[④]河东盐商捐银14万两；[⑤]山东和长芦盐商合计捐银30万两，其中山东盐商数额为10万两。[⑥]

综上，经过修正，初次金川之役盐商的捐输数额为184万两，具体包括长芦盐商20万两、山东盐商10万两、两淮盐商110万两、两浙盐商10万两、两广盐商10万两，河东盐商14万两、福建盐商10万两。

第二，关于回部之役的长芦、山东盐商捐输数额，赖福顺未统计到，陈锋则统计为长芦盐商捐银20万两。查嘉庆《长芦盐法志》，本次的捐输额是20万两，捐输者是“长芦、山东商人查茂德等”。[⑦]但是这一记载并不准确。据档

---

① 萧奭撰，朱南铣点校：《永宪录》，中华书局，1959年，第130页。

② 《署理江西巡抚彭家屏题报委员领解各商报捐银两赴两淮盐政衙门交收数目日期事》，乾隆十四年五月二十八日，户科题本，档号02-01-04-14359-005。

③ 《署两广总督班第奏报广西各商捐足银数佐讨金川折》，乾隆十八年四月二十四日，台北故宫博物院编：《宫中档乾隆朝奏折》第5辑，第169页。

④ 《闽浙总督喀尔吉善奏报福建盐商公捐银两事》，乾隆十四年正月二十三日折，朱批奏折，档号04-01-35-0452-037。

⑤ 《巡视河东盐政庆恩奏为晋商范清注等人公捐银稍佐军需等情形事》，乾隆十四年正月初六日，朱批奏折，档号04-01-30-0244-023。

⑥ 《署理长芦盐政丽柱等为金川用兵芦商东商情愿捐银事奏折》，乾隆十三年十二月初七日，中国第一历史档案馆等编：《清代长芦盐务档案史料选编》，天津人民出版社，2014年，第57页。

⑦ 黄掌纶等撰，刘洪升点校：嘉庆《长芦盐法志》卷5《盛典》，科学出版社，2009年，第84页。

案，本次长芦盐商捐银20万两，山东盐商捐银10万两。[①]

第三，关于台湾之役的盐商捐输问题。两者均发现档案所载河东盐商捐银30万两，其资料来源均为乾隆五十三年（1788）山西巡抚明兴奏折，但赖福顺认为这笔捐输未被清政府接受。兹查该折朱批“山西皆家商，不必了”，[②]可证此处赖福顺统计得实。此外，关于两浙盐商的捐输数额，两者均遗漏了第二次捐输。据载，乾隆五十三年（1788）二月，“浙江巡抚觉罗琅玕奏：据两浙商人呈称，台匪克日剿除，曾经奏准捐银，以资赏兵之用。今复派员赴台，建筑城工。请再公捐银三十万两，为添补城工之用。下部知之”。[③]两浙盐商再次捐银30万两虽以修筑城工为名，但战事到翌年二月结束，因此仍属军需捐输。综上，两浙盐商为此役捐输两次，合计银70万两。

第四，关于第二次廓尔喀之役的盐商捐输数额。赖福顺统计为两淮盐商200万两、两浙盐商50万两、两广盐商30万两；陈锋的统计数额均为前者的两倍。据《清实录》，由于这3个盐区的捐输数额较多，清政府起初都只接受了一半。[④]但盐法志的记载更为详细：两淮盐商请捐银400万两，实收200万两；[⑤]两广商人请捐银60万两，实收30万两；[⑥]两浙盐商请捐100万两，起初亦只收一半，但再次请捐后，收取了剩余一半。[⑦]两浙盐商的再次请捐也为档案证实。[⑧]因此，本

---

① 《长芦盐政官著奏报芦东盐商捐输甘省屯饷先支库项垫解分年归还事》，乾隆二十四年三月初六日，朱批奏折，档号04-01-35-0621-039；中国第一历史档案馆编：《乾隆朝上谕档》第3册，档案出版社，1991年，第301页。

② 《明兴奏报河东盐商捐银事》，乾隆五十三年正月二十七日，台北故宫博物院编：《宫中档乾隆朝奏折》第67辑，第160页。

③ 《清高宗实录》卷1299，乾隆五十三年二月，《清实录》第25册，第473页。

④ 《清高宗实录》卷1395，乾隆五十七年正月庚寅，《清实录》第26册，第734页；卷1397，乾隆五十七年二月癸亥，《清实录》第26册，第763页；卷1402，乾隆五十七年闰四月癸酉，《清实录》第26册，第832页。

⑤ 单渠等纂修，方濬颐等续纂：嘉庆《两淮盐法志》卷42《捐输一·军需》，于浩辑：《稀见明清经济史料丛刊》第2辑第31册，第398—399页。

⑥ 阮元等修：道光《两广盐法志》卷29，于浩辑：《稀见明清经济史料丛刊》第1辑第43册，第135—136页。

⑦ 延丰纂修：嘉庆《重修两浙盐法志》卷18，《续修四库全书》第841册，第391页。

⑧ 《浙江巡抚福崧奏报浙商再请准捐银五十万两事》，乾隆五十七年四月初七日，录副奏折，档号03-0637-084。

次两淮、两广、两浙盐商的捐输数额分别为200万两、30万两、100万两。

此外，两者统计到的两广盐商4次捐输，后3次均包含广东洋行商人（后文简称行商）的捐输。据《清实录》，乾隆三十八年（1773）军需捐输60万两中，有20万来自行商；乾隆五十二年（1787）军需捐输50万两中，有30万两来自行商；乾隆五十七年（1792）军需捐输30万两中，捐输者也明确包括行商。[①]据档案，乾隆五十七年（1792）两广盐商捐银15万两。[②]

2.乾隆朝盐商军需捐输数据的完整性检验。既有研究主要统计乾隆朝盐商捐输的已收款项。根据既有研究和上述补正，在乾隆朝的11次重要战事中，仅见8次战事的盐商捐输，且不同战事参与捐输的盐区多寡悬殊。而且，统计数据主要来自两淮、两浙、长芦、山东、两广5个盐区。这种显著的战事与盐区差异，是否由于史料存留的偏差或统计的疏漏？为解释这一问题，兹整理乾隆朝盐商军需捐输未收款项详情如表5-2，再将已收和未收数额统计如表5-3，如此捐输行动的一致性便一目了然。

表5-2 乾隆朝盐商军需捐输未收款项详表

<table>
<tr><th>战事</th><th>请捐时间</th><th>捐输者</th><th>请捐银数（万两）</th><th>资料来源</th></tr>
<tr><td rowspan="6">初次准噶尔之役</td><td rowspan="3">十九年（1754）十一月</td><td>长芦盐商</td><td>20</td><td rowspan="2">宫 1</td></tr>
<tr><td>山东盐商</td><td>10</td></tr>
<tr><td>福建盐商</td><td>10</td><td>宫 2</td></tr>
<tr><td>十九年（1754）十二月</td><td>浙江盐商</td><td>20</td><td>宫 3</td></tr>
<tr><td>二十年（1755）七月</td><td>两淮盐商（湖北）</td><td>20</td><td>宫 4</td></tr>
<tr><td>二十年（1755）九月</td><td>两淮盐商（江西）</td><td>10</td><td>宫 5</td></tr>
<tr><td rowspan="2">回部之役</td><td>二十四年（1759）三月</td><td>福建盐商</td><td>10</td><td>档 1</td></tr>
<tr><td>二十四年（1759）四月</td><td>河东盐商</td><td>10</td><td>档 2</td></tr>
<tr><td>缅甸之役</td><td>三十二年（1767）闰七月</td><td>两浙盐商</td><td>20</td><td>宫 6</td></tr>
</table>

① 《清高宗实录》卷949，乾隆三十八年十二月丁未，《清实录》第20册，第865页；卷1294，乾隆五十二年十一月壬辰，《清实录》第25册，第362页；卷1402，乾隆五十七年闰四月癸酉，《清实录》第26册，第832页。

② 《署理两广总督郭世勋题为广东洋盐两商捐饷助剿并各起委员职名领解银数起程赴川日期事》，乾隆五十七年十月初九日，户科题本，档号02-01-04-17716-013。

续表

战事	请捐时间	捐输者	请捐银数（万两）	资料来源
第二次金川之役	三十八年（1773）九月	河东盐商	20	档3
	三十九年（1774）正月	两淮盐商（江西）	10	宫7
	三十九年（1774）二月	两淮盐商（湖北）	20	宫8
台湾林爽文之役	五十三年（1788）正月	河东盐商	30	宫9
苗疆之役	六十年（1795）四月	两浙盐商	60	实

说明：1.“资料来源”一栏，《宫中档乾隆朝奏折》（台北故宫博物院编，台北故宫博物院，1982年）标注为“宫”及其序号，宫1：《普福奏为芦东商人请捐银充赏需折》，乾隆十九年十一月二十四日，《宫中档乾隆朝奏折》第10辑第142页；宫2：《闽浙总督喀尔吉善奏为福建办课盐商请捐银折》，乾隆十九年十一月二十四日，《宫中档乾隆朝奏折》第10辑第142—143页；宫3：《浙江巡抚周人骥奏为代商请捐银佐征准夷大军刍秣之需折》，乾隆十九年十二月初九日，第10辑第256页；宫4：《湖北巡抚张若震奏报淮南徽西商人愿公捐银二十万折》，乾隆二十年七月二十六日，《宫中档乾隆朝奏折》第12辑第206—207页；宫5：《江西巡抚胡宝瑔奏为代江西商人呈请公捐银供赏平准夷有功人员折》，乾隆二十年九月十九日，《宫中档乾隆朝奏折》第12辑第514页；宫6：《浙江巡抚熊学鹏奏为两浙商人吴玉如等为征缅匪情愿捐银折》，乾隆三十二年闰七月二十四日，《宫中档乾隆朝奏折》第27辑第649页；宫7：《江西巡抚海成奏报商人捐银十万两以供金川军营购秣之需事》，乾隆三十九年正月二十八日，《宫中档乾隆朝奏折》第34辑第409页；宫8：《湖广总督陈辉祖奏报商人捐助川省军饷事》，乾隆三十九年二月二十六日，《宫中档乾隆朝奏折》第34辑第670页；宫9：《明兴奏报河东盐商捐银事》，乾隆五十三年正月二十七日，《宫中档乾隆朝奏折》第67辑第160页。中国第一历史档案馆藏朱批奏折标注为“档”及其序号，档1：《闽浙总督杨应琚奏报福建商人捐输甘省屯饷先于道库垫解分年带完事》，乾隆二十四年三月十七日，朱批奏折，档号04-01-35-0621-040；档2：《河东盐政萨哈岱奏报河东各商愿捐屯饷请先借支库款解甘省事》，乾隆二十四年四月十二日，朱批奏折，档号04-01-35-0720-008；档3：《河东盐政常龄奏报河东商人公捐军需银两先于运库拨解分年完纳事》，乾隆三十八年九月二十日，朱批奏折，档号04-01-35-0622-034。此外1例资料标注为“实”，具体为：《清高宗实录》卷1476，乾隆六十年四月丁亥，《清实录》第27册，中华书局，1986年，第720页。

2.乾隆帝对这些盐商请捐一概批复为“不必”；唯五十三年（1788）拒收河东盐商捐输的批复最为详细：“山西皆家商，不必了。”

3.乾隆二十年（1755）和三十九年（1774）两淮盐商的请捐，由在湖北和江西经营盐务的两淮盐商发起，故分别加以标注；乾隆六十年（1795）两浙盐商请捐奏折未查到，故此处为谕旨发布时间。

4.此处表格统计为请捐银数全部拒收的数据。此外部分收受的数据未纳入统计（第二次廓尔喀之役时期，乾隆五十七年（1792）两淮、两广盐商捐输的款项政府均只收取一半）。

表5–3 乾隆朝盐商军需捐输已收和未收数据表

战事	盐区及捐输数额（单位：万两）							
	长芦	山东	两淮	两浙	两广	河东	福建	实收总计
初次金川之役	20*	10*	110	10	10	14*	10*	184
初次准噶尔之役	（20）	（10）	100	（20）	—	—	（10）	100
回部之役	20	10*	100	20	—	（10）	（10）	150
缅甸之役	—	—	100	（20）	—	—	—	100
第二次金川之役	60	30	400	100	40*	（20）	—	630
台湾之役	35	15	200	70*	20*	（30）	—	340
第二次廓尔喀之役	35	15	200*	100*	15*	—	—	365
苗疆之役	—	—	200	（60）	—	—	—	200
实收总计	170	80	1410	300	85	14	10	2069

说明：1.已收数据出自赖福顺《乾隆重要战争之军需研究》、陈锋《清代盐政与盐税》及前文的补正，笔者补正的数据标注“*”；政府未收的盐商请捐款项出自表5–2，本表一并纳入统计，以加注括号的方式区别，但不计入总额核算。

2.在初次准噶尔之役和第二次金川之役时期，在江西和湖北经营盐务的两淮盐商均另外请捐银合计30万两，政府未收；第二次廓尔喀之役时期，两淮盐商、两广盐商和行商捐输的款项分别有一半（200万两、30万两）未被接受（因为同一栏中已展示部分已收款项，故这几次捐输未收的情况无法在统计表格中体现，特在此单独说明）。

首先，关于不同战事的捐输差异问题。如表5–3所示，在乾隆朝第二次大规模战事时，清政府只接受了两淮盐商的捐输，对其他盐区一概拒收。至于理由，在长芦盐政普福奏报长芦、山东盐商捐输时，乾隆帝有明确声明：本次“援金川之例为请，此甚非是”，前次接受各处盐商捐输，系因“金川用兵，适当朕普免天下钱粮数千余万之后，又值江南水灾，赈济抚恤，需用过多”，但“方今国家全盛，府库充实”，应对本次战事“不过以余力举之，已属裕如”，“并不因西北军需，于应用帑项，稍存裁节之见。统计经费，仍复有赢无绌。何至遽以商捐为请耶？”[①]显然，第一次金川之役时期政府接受7个盐区捐输的情况实属例外。此后，乾隆三十二年（1767），当接受两淮盐商为缅甸之役捐银100万两后，乾隆帝特别指示“两淮各商，人多引裕，较他处情形不

① 《清高宗实录》卷477，乾隆十九年十一月辛丑，《清实录》第14册，第1165页。

同，着准其所请”，“至此外各处物力，非两淮可比，倘有闻风援请者，断不准行，该盐政等亦毋得渎奏”。[①]苗疆之役亦是如此，乾隆帝在拒收两浙盐商的请捐银两时声明：“浙江商力，本不如两淮之充裕。现在楚省军务，连次克捷，大功即日可成。军需等项，已属宽裕。该商等所请捐输之处，竟可不必，以示体恤。”[②]在乾隆朝的军需捐输中，两浙是仅次于两淮的第二大盐区。既然乾隆帝以商人资本的差异不允两浙的捐输，其他盐区的情况可想而知。

其他3次未见盐商捐输的战事，均有特殊之处。其中，第二次准噶尔之役与初次准噶尔之役、回部之役相继发生，盐商在这一系列战事开始和结束之时均有捐输。至于安南之役、第二次廓尔喀之役未见盐商捐输的记载，在于这两次战事开销很低，无须盐商捐输。[③]对比之下，这3次战事盐商没有捐输是可信的。

其次，关于不同盐区的捐输差异问题。如表5–3所示，两淮盐商对8次战事的捐输均为政府接受，长芦、山东、两浙、两广盐商有四五次的捐输为政府接受，而河东、福建盐商只有第一次捐输为政府接受。具体原因已如前述，乾隆帝洞悉不同盐区商人资本的差异，因而对不同盐区分别对待。此外，乾隆朝未见捐输的尚有四川、奉天、云南、陕甘4个盐区。陈锋已留意到部分盐区在整个清代都未见捐输的记载，并推断：“奉天、福建、云南、陕甘四区未见有盐商报效的记载，当然没有记载不等于没有盐商的报效。”[④]这一论断是审慎的。这些盐区之所以在整个清代都少有捐输或未见捐输，并非数据的遗漏，而是由于其商人资本相对薄弱。对此，《清盐法志》记载福建盐商捐输概况时亦有论及：“各省盐纲商力雄厚，每遇国家大工、大役，往往捐输巨款……闽盐规模较隘，商力较微，巨款输将，前未之能逮。”[⑤]盐业规模较小的四川、云南、陕甘、奉天盐区亦是如此。

总之，在确定的8次有盐商捐输的战事中，作为捐输主力的两淮和两浙数

① 《清高宗实录》卷801，乾隆三十二年十二月辛巳，《清实录》第18册，第801—802页。

② 《清高宗实录》卷1476，乾隆六十年四月丁亥，《清实录》第27册，第720页。

③ 除因两次准噶尔之役和回部之役实际相继发生，其军费无法分开统计，安南之役军费仅130万余两，二次廓尔喀之役军费仅100万余两；其他战事军费开支均在1000万两以上（陈锋：《清代军费研究》，武汉大学出版社，1992年，第275页）。

④ 陈锋：《清代盐政与盐税》，中州古籍出版社，1988年，第233页。

⑤ 民国盐务署编：《清盐法志》卷212，于浩辑：《稀见明清经济史料丛刊》第2辑第10册，第283页。

据均是完整的。因此，即使其他盐区的数据存在个别疏漏，对总体数据的影响亦极为有限。据此，将乾隆朝盐商军需捐输的数据统计为2069万两。

（二）皇室事务捐输数额

乾隆朝盐商对皇室事务的捐输数额，陈锋统计为927万两。兹分类整理并增补数据如表5-4。

表5-4　乾隆朝盐商皇室事务捐输详表

事由		陈锋统计数据	新增数据	备注
巡幸	南巡	两淮盐商：乾隆十四（1749）、二十二（1757）、二十六（1761）、四十五（1780）、四十九（1784）年各捐银100万两	两浙盐商：乾隆十四年（1749）捐银40万两（档1）；福建盐商：乾隆十五年（1750）请捐银10万两，未收（档2）；长芦盐商：乾隆四十九年（1784）捐银10万两（谕11–2626）	六次南巡时间分别为乾隆十六（1751）、二十二（1757）、二十七（1762）、三十（1765）、四十五（1780）、四十九年（1784）
	西巡	—	河东盐商：乾隆二十五年（1760）捐银3万两（实16–1050，档3）；乾隆四十五年（1780）请捐银10万两，未收（档4）；乾隆五十一年（1786）捐银20万两（实24–793）	六次西巡时间分别为：乾隆十一（1746）、十五（1750）、二十六（1761）、四十六（1781）、五十一（1786）、五十七年（1792）
庆典	太后七旬万寿	两淮盐商：乾隆二十五年（1760）捐银10万两	两淮盐商：捐银10万两（档5）；两广盐商：捐银4万两（档6）；福建盐商：捐银5万两（档7）；两浙盐商：捐银8万两（档8）。以上均在乾隆二十六年（1761）	乾隆朝皇室重大庆典包括4次万寿庆典和乾隆五十年（1785）的千叟宴。4次万寿庆典时间分别为乾隆十六（1751）、二十六（1761）、三十六年（1771）的崇庆皇太后六旬、七旬、八旬大典，乾隆五十五年（1790）的乾隆帝八旬大典
	太后八旬万寿	两淮盐商：乾隆三十六年（1771）捐银20万两	两浙盐商：乾隆三十六年（1771）请捐银10万两，未收（谕6–1174）	
	乾隆帝八旬万寿	两淮盐商：乾隆五十五年（1790）捐银200万两；两浙盐商：乾隆五十五年（1790）捐银100万两	两广盐商和行商：乾隆五十四年（1789）请捐银30万两，未收（谕15–588）；河东盐商：乾隆五十四年（1789）请捐银6万两，未收（谕15–629）	
	千叟宴	—	两淮盐商：乾隆四十九年（1784）请捐银100万两，未收（档9）	

续表

事由	陈锋统计数据	新增数据	备注
内务府备公	两淮盐商：乾隆九（1744）、十二（1747）、十三（1748）、十七年（1753）分别捐银31万、16万、20万、30万两	两淮盐商：乾隆十六年（1751）以修皇家园林乐善园为名捐银25万两（宫2-282）	—
实收总计	两淮827万两、两浙100万两，合计927万两	新增各区盐商实捐银：两淮35万两、两浙48万两、长芦10万两、河东23万两、两广4万两、福建5万两。合计125万两	—

说明：1."资料来源"用括号标注。官书和已刊档案用简称，《清高宗实录》(《清实录》，中华书局，1986年）简称为"实"，其后数字为册数和页码；《乾隆朝上谕档》（中国第一历史档案馆编，档案出版社，1991年）简称为"谕"，其后数字为册数和编号；《宫中档乾隆朝奏折》（台北故宫博物院编，台北故宫博物院，1982年）简称为"宫"，其后数字为辑数和页码。此外，中国第一历史档案馆藏朱批奏折、录副奏折标注为"档"及其序号，档1：《闽浙总督喀尔吉善等奏报浙江盐商吴玉如等捐输银两以备南巡经费事》，乾隆十四年十二月十二日，朱批奏折，档号04-01-35-0621-016；档2：《闽浙总督喀尔吉善等奏为闽省盐商林天衢等呈请捐输圣驾巡浙经费据情转奏事》，乾隆十五年二月初七日，朱批奏折，档号04-01-01-0186-005；档3：《山西巡抚鄂弼奏为商捐承修庙宇剩余银两可否交商运营生息以为五台山岁修工程之用事》，乾隆二十六年七月十二日，朱批奏折，档号04-01-14-0032-031；档4：《山西巡抚雅德奏报河东众商愿捐输银十万两情由事》，乾隆四十五年五月二十九日，朱批奏折，档号04-01-35-0471-029；档5：《两淮盐政高恒奏为两淮商人黄源德等公备皇太后大庆银两可否一并解交三和请旨事》，乾隆二十六年正月十六日，朱批奏折，档号04-01-14-0032-004；档6：《两广总督李侍尧奏报广东盐商王昌隆等情愿捐银四万两事》，乾隆二十六年三月二十五日，录副奏折，档号03-0636-055；档7：《闽浙总督杨廷璋奏为欣逢皇太后万寿闽省商人林兴泮等敬缴庆典银两力求输悃事》，乾隆二十六年五月十一日，朱批奏折，档号04-01-14-0032-028；档8：《浙江巡抚兼管盐政庄有恭奏为庆逢皇太后万寿两浙众商敬备庆典银两恳请查收事》，乾隆二十六年五月十九日，朱批奏折，档号04-01-14-0032-026；档9：《两淮盐政全德代奏商人愿进银一百万两为千叟大宴事》，乾隆四十九年十一月二十六日，录副奏折，档号03-0637-064。

2.据前文分析，乾隆三十二年（1767）两淮盐商以"备公"名义所捐银100万两，最终奉旨转交云南军前，故已计入军需捐输，此处不再重复统计，而非笔者遗漏。

据表5-4，乾隆朝盐商皇室事务捐输最主要的事由是南巡。6次南巡中，两淮盐商仅第四次未曾捐银，其原因如乾隆三十年（1765）谕旨："朕此次南巡，体恤两淮商众，先期传谕，不令捐输烦费。"[①]与两淮盐商五次总共捐银500万两的数据相比，其他盐区为南巡捐银合计仅50万两。此外，河东盐商为乾隆帝的西巡共捐银23万两。除了南巡江浙、西巡五台山，乾隆帝还多次巡幸天津、山东、盛京等地，但未找到盐商捐输的记载。一个可能的原因是，乾隆朝的巡幸活动中，唯有南巡耗资最大。而其他巡幸花销相对很小，基本无须盐商的捐输。

对庆典的捐输也同样以两淮盐商为主力，其他盐区的捐输时常被乾隆帝拒收。例如，乾隆三十六年（1771）两浙盐商为太后八旬万寿庆典的捐输被乾隆帝拒收，理由是："该商等业已分办段落，足以共效悃忱，伊等公备之银，自应听伊等自行办用，又何必另请再备解京。"[②]又如，乾隆五十四年（1789）十月，两广盐商和行商、河东盐商为乾隆帝八旬万寿庆典的捐输均为乾隆帝拒收。为此，乾隆帝分别谕称"粤省洋、盐商人，贸货行盐，向来获利本不及两淮、浙江"[③]，"河东商力，向来未能充裕，非两淮、浙江可比"[④]。显然，因为洞悉不同盐区商人实力的差距，乾隆帝对是否接受捐输也区别对待。

此外，与我们所统计的捐输银两相比，盐商为皇室事务的其他付出为数更为不赀。以巡幸论，《清史稿》总结说："惟乘舆屡次游巡，天津为首驻跸地，芦商供亿浩繁，两淮无论矣。"[⑤]至于具体数额，我们略陈数例：其一，乾隆三十三年（1768），因提引案发，两淮商人供称："历年办贡及豫备差务，共用过银四百六十七万余两。"[⑥]此案所涉"差务"不过乾隆十六年（1751）至三十年（1765）的四次南巡，两淮盐商的相关开支已高达467万余

① 中国第一历史档案馆编：《乾隆朝上谕档》第4册，第588页。

② 中国第一历史档案馆编：《乾隆朝上谕档》第6册，第511—512页。

③ 中国第一历史档案馆编：《乾隆朝上谕档》第15册，第259页。

④ 中国第一历史档案馆编：《乾隆朝上谕档》第15册，第277页。

⑤《清史稿》卷123《食货四·盐法》，中华书局，1977年，第3613页。

⑥《清高宗实录》卷813，乾隆三十三年六月辛巳，中华书局，1986年，第988页。

两（当然还包括办贡）；其二，乾隆四十五年（1780）第五次南巡时，两淮盐政汇报称："此次南巡，两淮商众约捐用银四五十万两，至贡物及铺垫陈设装修等项，俱系该商等自行办理。"[①]贡物和景观陈设均耗资甚大，本次两淮盐商的南巡开支很可能并不低于捐输的数额（100万两）。以万寿庆典论，据研究，两淮、长芦、浙江盐商都需赴京承担西华门至西直门地段的庆典点景，每次耗资数十万两。仅乾隆五十五年（1790），盐商的庆典开支就高达71.5万余两之多。[②]此外，以盐政名义上交的庆典银两，例如乾隆二十六年（1761）两淮盐政交银20.5万两，长芦盐政交银10万两，实际"皆派自商众，而以盐政出名"。[③]以盐政名义对皇帝的进贡，实际很可能也都是由盐商承担开支。例如，乾隆五十八年（1793），因审查长芦盐政穆腾额派累商人案，长芦盐商供称："自（乾隆）五十二年起至五十七年止，共缴过办贡银二十五万零九百三十两，总是众商量力公捐。"[④]

上述盐商为巡幸、万寿庆典等皇室事务的开支颇类捐输，但又不能计入，因此我们略为陈述。而且，这也正好印证了前文的论点：此类捐输，两浙盐商有限参与，而长芦、山东、两广、河东、福建盐商很少参与，部分是由于不同盐区盐商经济实力的差异，部分是由于皇帝知悉这些盐商已经通过其他方式为皇室做了更高的"贡献"，小额的货币捐输反而无足轻重，前引乾隆三十六年（1771）两浙盐商捐银10万两被拒收的案例即是典型。

总之，乾隆朝见于统计的盐商皇室事务捐输银1052万两，其中两淮独占862万两。这类捐输主要集中在两淮盐商，而两淮的数据（尤其是对南巡和万寿庆典的大额捐输数据）十分完整，纵使有个别遗漏，对统计规模影响亦有限。

（三）地方公共事务捐输数额

有关乾隆朝盐商的地方公共事务捐输银数，陈锋统计总额为609.6万两。

---

① 中国第一历史档案馆编：《乾隆朝上谕档》第9册，档案出版社，1991年，第949页。

② 鞠德源、林永匡：《乾隆勒索盘剥官商民史料》，《故宫博物院院刊》1982年第1期。

③ 中国第一历史档案馆编：《乾隆朝上谕档》第6册，档案出版社，1991年，第417页。

④《署理长芦盐政巴宁阿为查明穆腾额侵用办贡缴银事奏折》，乾隆五十八年一月十五日，中国第一历史档案馆等编：《清代长芦盐务档案史料选编》，第179—180页。

分项如下：水利捐输约391.8万两，具体包括两淮盐商3次捐银约231.8万两、两浙盐商3次捐银160万两；赈济捐输约217.8万两，具体包括两淮盐商11次捐银约207.8万两、长芦盐商1次捐银10万两。兹主要根据官书、档案增补数据如表5-5。

表5-5　乾隆朝盐商地方公共事务捐输增补案例表

时间	捐输者	捐输银数（万两）	捐输事由	资料来源
十年（1745）二月	两淮盐商	48	挑浚盐河	增 1
十一年（1746）正月	河东盐商	（4）	修整盐池相关渠堰	档 1
十八年（1753）十一月	两淮盐商	60	南河高堰工程	宫 1
二十年（1755）十二月	两淮盐商	12.2	运盐灶河工程	宫 2
二十一年（1756）三月	两淮盐商	30	江苏灾歉赈济	增 2
二十三年（1758）十二月	两淮盐商	14.9	淮扬运河工程	档 2
二十四年（1759）三月	两淮盐商	12.8	挑浚淮北盐河	档 2、档 3
二十五年（1760）五月	两淮盐商	5.6	通泰盐河工程	档 4
二十九年（1764）七月	两淮盐商	1	武昌、汉阳长江堤工	宫 3
三十年（1765）三月	两淮盐商	10	江苏城工	增 3
三十年（1765）十月	河东盐商	（10）	山西城工	宫 4
四十九年（1784）十月	两淮盐商	（200）	豫省河工	档 5
五十九年（1794）八月	长芦盐商	2	直隶赈济	档 6

说明：1.“资料来源”一栏，《宫中档乾隆朝奏折》（台北故宫博物院编，台北故宫博物院，1982年）标注为“宫”及其序号，宫1：《普福奏报两淮通河众商请公捐修补堤工折》，乾隆十八年十一月初四日，《宫中档乾隆朝奏折》第6辑第649—650页；宫2：《普福奏报盐商呈请捐挑运盐灶河折》，乾隆二十年十二月十二日，《宫中档乾隆朝奏折》第13辑第222—223页；宫3：《湖广总督李侍尧奏报汉口商人愿捐银修武汉堤工折》，乾隆二十九年七月十三日，《宫中档乾隆朝奏折》第22辑第198—200页；宫4：《李质颖奏为转奏阖纲商人刘阜和等请捐修城工折》，乾隆三十年十月十二日，《宫中档乾隆朝奏折》第26辑第308页。中国第一历史档案馆藏朱批奏折、录副奏折标注为“档”及其序号，档1：《署理河东盐政众神保奏报盐商情愿捐金修整渠堰事》，乾隆十一年正月初六日，朱批奏折，档号04-01-35-0450-014；档2：《两淮盐政高恒奏请盐商捐银修筑淮扬盐运河道缘由事》，乾隆二十三年十二月初八日，朱批奏折，档号04-01-35-0457-025；档3：《两淮盐政高恒奏为两淮

商人捐银陆续解赴肃州兑收并报前往淮北督查起身日期事》，乾隆二十四年二月二十日，朱批奏折，档号04-01-01-0234-009；档4：《两淮盐政高恒奏报查收泰属各场堤河工程并通属堤工用过商捐银两事》，乾隆二十五年五月初一日，朱批奏折，档号04-01-35-0458-052；档5：《两淮盐政全德奏报两淮商人公捐河工经费先借库项拨解分年完缴事》，乾隆四十九年十月初八日，朱批奏折，档号04-01-35-0623-002；档6：《长芦盐政征瑞奏明捐输赈济之绅士听督臣题请议叙事》，乾隆五十九年八月二十四日，录副奏折，档号03-1069-047。此外，"增1"为王世球等纂修：乾隆《两淮盐法志》卷39《杂志一·捐助》，于浩辑：《稀见明清经济史料丛刊》第1辑第9册，第40—41页；"增2"为《清高宗实录》卷509，乾隆二十一年三月甲申，《清实录》第15册，中华书局，1986年，第423页；"增3"为中国第一历史档案馆编：《乾隆帝起居注》第24册，广西师范大学出版社，2002年，第147页。

2.此类捐输的部分数据比较零碎，统计时以四舍五入的原则保留一位小数。

3.本表将政府未收款项一并纳入统计，以加注括号的方式区别。其中，乾隆三十年（1765）十月河东盐商请捐奏折的朱批为"不必"，乾隆四十九年（1784）十月两淮盐商请捐奏折的朱批为"此非大工，况已有项，将蒇事矣，不必"，说明未收。此外，乾隆十一年（1746）河东盐商请捐奏折的朱批为"该部议奏"，而笔者在官书和档案中均未见后续的议覆，故为慎重起见将该笔捐输计为"未收"。

表5-5新增银数196.5万两，分项如下：水利（包括河工）捐输7例，银数约154.5万两；新增赈济捐输2例，银数32万两；此外，城工捐输1例，银数10万两。据此，将乾隆朝盐商的地方公共事务捐输银数修订为约806.1万两。若以盐区分，两淮盐商捐银约634.1万两，两浙盐商捐银160万两，长芦盐商捐银约12万两。与皇室事务捐输类似，此类捐输的主力仍然为两淮盐商，其次为两浙盐商，其他盐区无足轻重。这一差异仍是基于乾隆帝对不同盐区商人资本差异的认识。例如，乾隆五十三年（1788），当两淮盐商为荆州水灾捐银100万两后，乾隆帝特颁谕旨："长芦、山东、河东、广东、浙江等处，非两淮可比。若因淮商现在捐输之举，纷纷吁请，转非朕体恤各商之意。着传知各该盐政，俱毋庸代为陈奏。"①

需要再次强调的是，与军需和皇室事务的捐输款项均上交政府不同，盐商出资办理地方公共事务，有时所捐经费不由政府支配，故不计入"捐输"。

① 《清高宗实录》卷1314，乾隆五十三年十月癸巳，《清实录》第25册，第746页。

笔者在档案中发现了一些盐商捐银办理地方公共事务的案例，且记载了具体数额，但这些款项并未交给政府管理，故未计入“捐输”，具体包括：（1）乾隆八年（1743）、十一年（1746），两浙盐商为盐义仓分别捐银10万两；[①]（2）乾隆十一年（1746），两淮盐商为修潮墩工程捐银9200余两，“商等分认其工”；[②]（3）乾隆二十五年（1760），两淮盐商为扬州城修筑炮岸桥梁捐银3.2万余两，“商总等自行承办”；[③]（4）乾隆六十年（1795），长芦盐商为天津浮桥捐银3万两。[④]其中，两浙盐商为盐义仓的捐银、长芦盐商为天津浮桥的捐银，笔者在绪论中已考察其属“善举”；至于两淮盐商在乾隆十一年（1746）和二十五年（1760）的这两次捐银，也是由盐商自行办理，故亦属“善举”。

除了上述零散记载，在此有必要讨论一则长芦盐商的案例。乾隆五十年（1785），长芦盐政征瑞奏称，长芦盐商呈请捐银30万两“备造剥船一千余只”以利漕运。朝廷议准，船只制造由江西、湖广两省负责，“工竣据实核销”；经费由长芦盐商“按引均摊”，“分限十年”。[⑤]至乾隆五十二年（1787），江西、湖广两省制造船只完成，“共一千二百只，实用银二十八万二百五十两零，核计原捐银三十万两，共节省银一万九千七百四十三两零”，朝廷谕令此项节省银“毋庸照原捐之数交纳”。[⑥]

如果仅仅根据上述史料将此项捐银视为单次行动，那么这笔总计28万余两的捐银似应归入捐输。不过，后续的报告则揭示了该项捐银的复杂性。嘉庆元年（1796），直隶总督梁肯堂、长芦盐政方维甸奏称：

---

① 《浙江巡抚常安奏报盐商吴玉如等捐输银两请奖励事》，乾隆十一年八月十七日，朱批奏折，档号04-01-35-0620-015。

② 《署理两淮盐政吉庆奏报商捐银两修筑潮墩查明应修潮墩土方银数事》，乾隆十一年三月十五日，朱批奏折，档号04-01-35-0450-023。

③ 《两淮盐政高恒奏报估办商捐修筑炮岸桥梁事》，乾隆二十五年四月十二日，朱批奏折，档号04-01-35-0458-050。

④ 《长芦盐政方维甸奏为芦商捐资修建浮桥请于运库内借项分二年归款事》，乾隆六十年七月初五日，朱批奏折，档号04-01-35-0481-007。

⑤ 中国第一历史档案馆编：《乾隆朝上谕档》第12册，第812页。

⑥ 《清高宗实录》卷1275，乾隆五十二年二月辛酉，《清实录》第25册，第72页。

直隶运漕拨船一千五百只，长芦商人于乾隆五十年、五十一年两次捐造。初次捐银二十八万二百余两，二次在商捐项下续拨银九万两，共捐银三十七万余两。又船户守冻、守拨，每只各给与津贴饭银十八两，每年商人另捐银二万七千两。[1]

除了前述乾隆五十年（1785）长芦盐商为制造漕运船1200只捐银合计28万余两，此处还提及另外两项经费：第一项经费，乾隆五十一年（1786）“二次在商捐项下续拨银九万两”，盐法志记载称，后续因1200只船“尚不敷用”，长芦盐商又请捐300只“以足一千五百只之数”，所需银9万两“经巡盐御史征瑞奏请于商交二钱款内拨造，无庸商人另行捐出”；所谓“商交二钱款”即“芦商弥补参商无着帑项，四十八年（1783）加价后按照随课交银二钱，分五年归款”。[2]据此，乾隆五十一年（1786）长芦盐商为新增300只拨船所捐银9万两，并不是另外出资，而是从此前的一项名为“商交二钱款”的定期缴款中支出。换言之，这笔捐银并非“捐输”。至于第二项经费，即长芦盐商每年另行补贴漕运船户银2.7万两，如以“十年之期”（乾隆五十一年［1786］至乾隆六十年［1795］）计算总额则为27万两，据盐法志的记载同样从前述“商交二钱款”中支出（记载数额不一致，盐法志记载每年2.16万两），[3]如此第二项经费亦非“捐输”。

至于如何界定乾隆五十年（1785）长芦盐商28万两捐银的性质，尚需结合后续政策考察。至嘉庆元年（1796），此前1500只漕运拨船“满十年排造之期”，因此梁肯堂等奏请再次由长芦盐商捐银新造拨船1500只，最终朝廷议定“俯如所请，准照（乾隆）五十年之例，仍听按引捐输”，并对所需银37.5万两和原本1500只旧船做出如下安排：

准将应拨应解直隶、山东藩库之城工帑利（按：26万两），及道库积

① 中国第一历史档案馆编：《嘉庆道光两朝上谕档》第1册，第82页。

② 黄掌纶等撰，刘洪升点校：嘉庆《长芦盐法志》卷19《营建·拨船》，第403—405页。

③ 黄掌纶等撰，刘洪升点校：嘉庆《长芦盐法志》卷19《营建·拨船》，第404页。

存油舱（按：7.1万余两）二共银三十三万一千余两，先行垫用，仍分十年按限归完；不敷银四万四千两，并令商人自行添足，不必另行拨借。交地方官照估按年打造。下次造船之期，即将此项辘轳周转，令商人等常川捐输归款，亦无庸另筹垫款。其糟朽旧船所值无几，本系商捐之物，即归商人具领。[①]

值得注意的是，朝廷显然将长芦盐商对此项漕运船只的捐银视为惯例，并明确表示后续即如此办理（“下次造船之期，即将此项辘轳周转，令商人等常川捐输归款”），果然，至嘉庆十二年（1807），署直隶总督温承惠奏报此项漕运拨船“所需津贴费用，该商（长芦盐商）等情愿仍照原数报捐”。[②]从而不论是乾隆五十年（1785）还是嘉庆元年（1796）、嘉庆十二年（1807）议定的这笔捐银，实际上都成为长芦盐商以十年为期的定期缴款。另外，嘉庆元年（1796）朝廷声明1500只旧船“本系商捐之物，即归商人具领”，从形式上讲盐商此前捐银所造船只，朝廷只是使用了十年，而该船的所有权最终由朝廷归还了盐商。因此，这样持续的定额缴款不可计入“捐输”，而这也正是盐法志的界定，嘉庆《长芦盐法志》将长芦盐商捐银建造“拨船”与捐建地方工程、捐办慈善事业一并归入“营建”，而非归入记载盐商捐输军需、赈济的“盛典”，即为明证。

综上，盐商对有些地方公务事务的出资属于“善举”。因此，统计到的这类捐输数据，与盐商对地方公务事务的资助经费之间，存在一定的差距。

（四）小结

根据前文的统计与分析，乾隆朝见于记载的盐商捐输总额约3927.1万两（表5-6），具体数据详见附表2《乾隆朝盐商捐输分区统计详表》。在各类捐输中，两淮盐商都是绝对的主力，两浙盐商次之，二者合计所占比例极高；长芦、山东、两广盐商亦捐输军需数次，而在其他两类事务中少有捐输；河东、福建盐商的捐输仅见寥寥数例，数额亦相对较小。此外，四川、云南、陕甘、

① 中国第一历史档案馆编：《嘉庆道光两朝上谕档》第1册，第83—84页。

② 中国第一历史档案馆编：《嘉庆道光两朝上谕档》第12册，第464页。

奉天盐商在乾隆朝未见捐输。

表5-6　乾隆朝盐商捐输数额总表（单位：万两）

盐区	军需捐输		皇室事务捐输		地方公共事务捐输		捐输总计	
	银数	比例（%）	银数	比例（%）	银数	比例（%）	银数	比例（%）
两淮	1410	68.1	862	81.9	634.1	78.7	2906.1	74.0
两浙	300	14.5	148	14.1	160	19.8	608	15.5
长芦	170	8.2	10	0.9	12	1.5	192	4.9
山东	80	3.9	—	—	—	—	80	2.0
两广	85	4.1	4	0.4	—	—	89	2.3
河东	14	0.7	23	2.2	—	—	37	0.9
福建	10	0.5	5	0.5	—	—	15	0.4
总计	2069	100	1052	100	806.1	100	3927.1	100

总之，统计数据所展现的各盐区捐输差异，并非史料记载的偏差或统计的遗漏，而是根源于乾隆帝对不同盐区商人资本差异的认识。而两淮和两浙盐商作为钦定的捐输主力，他们在各类捐输中的数据均相对完整，因此，虽然不能排除个别的数据遗漏，但上述统计数据相当接近乾隆朝盐商捐输的实际数据。

第三节　嘉庆朝数额统计与分析

从嘉庆朝开始，清王朝进入多事之秋。嘉庆元年（1796），川楚白莲教起义爆发，前后历时9年，波及5省，军费开支浩大；同时，嘉庆一朝黄河反复决口，河工经费不断增加。由此，持续动员盐商捐输成为嘉庆朝解决财政危机的重要手段。

（一）嘉庆朝盐商捐输数据的再统计

既有研究均系统性地遗漏了嘉庆朝中晚期两淮、两浙盐商的数据，而二者恰是清代盐商捐输的主力，因此必须重新统计。统计资料的使用原则如下：第一，主要依据为上谕档，辅之以盐法志，并通过对比来反映这两类数据的可靠程度。之所以选择上谕档，是因为这是笔者所见记载嘉庆朝盐商捐输最系统的资料；[①]第二，就嘉庆朝捐输数据而言，《清盐法志》基本涵盖了清代各区盐法志的记载，因此笔者使用《清盐法志》，此外通过清代各区盐法志补充的个别案例另做说明。兹统计嘉庆朝盐商捐输银两数据如表5-7。

需要特别强调的是，根据绪论部分定义，笔者所言“盐商捐输”是指盐商以盐区为单位的集体捐献，但嘉庆朝还有不少盐商（一般是总商）在参与集体捐输的同时又单独捐输，此类单独捐输作为表5-8另行统计，但款项不计入相应盐区的“盐商捐输”总额。

表5-7　嘉庆朝盐商捐输银两数据详表（单位：万两）

请捐时间	捐输者	请捐银数	实捐银数	捐输事由	资料来源
四年（1799）三月	长芦盐商	66	39.6	川楚军需	谕 4-309，盐 33
	山东盐商	34	20.4		
四年（1799）四月	两淮盐商	300	200	川楚军需	谕 4-346，盐 153
	两浙盐商	150	100	川楚军需	谕 4-396，盐 186
四年（1799）六月	两广盐商	20	12	川楚军需	谕 4-603，盐 240
	广东行商	20	12		
五年（1800）二月	两淮盐商	200	100	川楚军需	谕 5-169，盐 153
	两浙盐商	100	50	川楚军需	谕 5-187，盐 186
	两广盐商和行商	50	20	川楚军需	谕 5-207，盐 240
五年（1800）三月	两淮盐商	100	50	川楚军需	谕 5-304，盐 153
五年（1800）五月	两广盐商和行商	30	30	川楚军需	谕 5-634，盐 240
五年（1800）六月	长芦盐商	1.6	1.6	盐河工程	谕 5-790

① 笔者起初考虑使用起居注和实录这两类官书，但核对之后，发现实录遗漏较多；起居注虽遗漏较少，但目前出版的《嘉庆帝起居注》缺失嘉庆十七年（1812）和二十年（1815）的数据，十九年（1814）也仅存四个月的数据。相对而言，见于起居注、实录的盐商捐输记载，一般都见于上谕档（嘉庆朝上谕档缺失嘉庆八年［1803］三月和十二年［1807］三月、四月、八月共4个月）。因此，笔者将上谕档作为主要史料来源，同时根据起居注补充了4例数据（其中两例为上谕档缺失月份）。此外，笔者又查核了嘉庆朝的朱批奏折、录副奏折，未补充数据。由此可见嘉庆朝上谕档对盐商捐输的记载相对全面，遗漏较少。

续表

请捐时间	捐输者	请捐银数	实捐银数	捐输事由	资料来源
五年（1800）六月	两浙盐商	100	50	川楚军需	谕 5–812，盐 186
		10	10	浙江海防	
五年（1800）八月	两淮盐商	100	50	川楚军需	谕 5–1005，盐 153
		50	50	江苏邵家坝黄河漫工	谕 5–1005，盐 155
六年（1801）二月	两广盐商	15	15	川楚军需	谕 6–166，盐 240
	广东行商	15	15		
六年（1801）四月	两浙盐商	100	50	川楚军需	谕 6–359，盐 186
六年（1801）六月	两淮盐商	200	200	川楚军需	谕 6–639，盐 153
六年（1801）八月	两浙盐商	30	30	赈济	谕 6–903，盐 186
	两广盐商和行商	50	50	永定河河工	谕 6–979，盐 240
	山东盐商	5	5	赈济	谕 6–1006，盐 72
	长芦盐商	10.6	2.6	赈济	谕 6–1007，盐 33
六年（1801）十月	两淮盐商	50	0	赈济	谕 6–1143
七年（1802）二月	两浙盐商	100	100	川楚军需	谕 7–139
七年（1802）八月	两广盐商和行商	40	20	川楚军需	谕 7–658，盐 240
七年（1802）十月	两淮盐商	10	10	赈济	盐 154
八年（1803）正月	两淮盐商	200	100	川楚军需	谕 8–46、148，盐 153
八年（1803）七月	两淮盐商	10	10	湖北城工	淮 42
八年（1803）十一月	两淮盐商	110	110	豫省衡家楼黄河漫工	起 8–536，盐 155
	长芦盐商	10	0	赈济	谕 8–1158，盐 33
九年（1804）二月	两广盐商	20	20	豫省衡家楼黄河漫工	谕 9–189，盐 240
	广东行商	20	20		
九年（1804）四月	两淮盐商	100	100	豫省衡家楼黄河漫工	谕 9–384，盐 155
九年（1804）七月	两浙盐商	16	16	赈济	谕 9–852
九年（1804）八月	两淮盐商	20	20	赈济	谕 9–930，盐 154

续表

请捐时间	捐输者	请捐银数	实捐银数	捐输事由	资料来源
九年（1804）九月	两广盐商和行商	12	12	缉捕洋盗	谕 9–1048，盐 240
	两广盐商	4.7	4.7		
九年（1804）十一月	两淮盐商	40	40	南河高堰堤工	谕 9–1417，盐 155
十年（1805）五月	广东行商	12	12	缉捕洋盗	谕 10–567
十年（1805）六月	两浙盐商	20	20	赈济	谕 10–741
十一年（1806）正月	两广盐商和行商	20	20	缉捕洋盗	谕 11–38，盐 240
	两淮盐商	30	30	黄河改道工程	谕 11–132
十一年（1806）二月	两淮盐商	4.5	4.5	淮扬河道工程	谕 11–308
十一年（1806）七月	两淮盐商	300	300	黄河改道工程	谕 11–1239
十一年（1806）八月	两浙盐商	50	50	黄河改道工程	谕 11–1282
十一年（1806）九月	长芦盐商	26	6	黄河改道工程	谕 11–1467，盐 72
	山东盐商	14	14		
十二年（1807）三月	两广盐商	20	20	缉捕洋盗	起 12–101，盐 240
十二年（1807）四月	两淮盐商	50	50	江陵堤工	起 12–184
十二年（1807）五月	广东行商	12	12	缉捕洋盗	谕 12–272
十三年（1808）五月	两淮盐商	300	300	南河筹办要工	谕 13–598
十三年（1808）闰五月	两浙盐商	120	120	南河筹办要工	谕 13–699
十三年（1808）六月	两淮盐商	300	300	南河筹办要工	谕 13–750
	长芦盐商	34	15	南河筹办要工	谕 13–970，盐 72
	山东盐商	16	8		
十三年（1808）七月	两广盐商	20	0	南河筹办要工	谕 13–1027，盐 240
	广东行商	30	30		谕 13–1036
十三年（1808）九月	两淮盐商	40	40	嘉庆帝五旬万寿	谕 13–1320
	两浙盐商	20	20	嘉庆帝五旬万寿	谕 13–1438
十三年（1808）十月	长芦盐商	12	12	嘉庆帝五旬万寿	谕 13–1467
	山东盐商	8	8		
	两广盐商	20	20	缉捕洋盗	谕 13–1480，盐 240
十三年（1808）十二月	广东行商	15	15	南河筹办要工	谕 13–1872
十四年（1809）正月	两广盐商	8	8	嘉庆帝五旬万寿	谕 14–90，盐 240
	广东行商	12	12		

续表

请捐时间	捐输者	请捐银数	实捐银数	捐输事由	资料来源
十四年（1809）五月	广东行商	10	10	澳门驻军	谕 14–655
十四年（1809）七月	两广盐商	3	3	缉捕洋盗	谕 14–1010，盐 240
	两淮盐商	200	200	嘉庆帝五旬万寿	谕 14–1090、1101
十五年（1810）五月	两淮盐商	50	50	江广漕运船只	谕 15–626
十五年（1810）十一月	两广盐商	24	24	缉捕洋盗	谕 15–1478，盐 240
	两广盐商	2	2	缉捕洋盗	盐 240
十五年（1810）十二月	两淮盐商	10	10	巡幸五台	谕 24–1575
十六年（1811）正月	两淮盐商	150	150	南河筹办要工	谕 16–45
	河东盐商	20	10	巡幸五台	谕 16–48
十六年（1811）二月	两浙盐商	50	50	南河筹办要工	谕 16–213
十六年（1811）六月	两广盐商	84	84	广东海防	盐 240
十六年（1811）八月	两淮盐商	100	100	王营减坝漫工	谕 16–1152
十六年（1811）九月	两浙盐商	40	40	王营减坝漫工	谕 16–1313
十六年（1811）九月	两淮盐商	160	160	王营减坝漫工	谕 16–1439
	两广盐商	40	40	王营减坝漫工	谕 16–1448，盐 240
	广东行商	60	60		
十六年（1811）十一月	长芦盐商	24	24	王营减坝漫工	谕 16–1668，盐 72
	山东盐商	16	16		
十七年（1812）八月	两淮盐商	400	300	南河善后工程	谕 17–869
十七年（1812）九月	两淮盐商	100	100	南河善后工程	谕 17–1058
十七年（1812）十二月	两淮盐商	30	30	供奉南河河神	谕 17–1341
十八年（1813）十月	长芦盐商	13	13	平天理教军需	起 17–430，盐 72
	山东盐商	7	7		
十八年（1813）十一月	两浙盐商	50	50	平天理教军需	谕 18–1120
	河东盐商	3	3	平天理教军需	谕 18–1136
	两淮盐商	100	100	平天理教军需、豫省睢州黄河漫工	谕 18–1137
十九年（1814）正月	两广盐商	16	16	平天理教军需、豫省睢州黄河漫工	谕 19–52，盐 240
	广东行商	24	24		

续表

请捐时间	捐输者	请捐银数	实捐银数	捐输事由	资料来源
十九年（1814）三月	两浙盐商	10	10	平天理教军需、赈济	谕 19-530
十九年（1814）四月	两淮盐商	100	100	南河善后工程、豫省睢州黄河漫工	谕 19-850
十九年（1814）十二月	两淮盐商	400	400	河工、赈济	谕 19-2511
二十年（1815）三月	两浙盐商	100	0	豫省睢州黄河漫工	谕 20-362
二十一年（1816）六月	两淮盐商	5.2	5.2	赈济	谕 21-724
二十二年（1817）正月	长芦盐商	20	0	天津海防	谕 22-64
二十二年（1817）二月	两淮盐商	320	100	嘉庆帝六旬万寿	谕 22-140
二十二年（1817）六月	两淮盐商	220	100	嘉庆帝六旬万寿	谕 22-614
二十二年（1817）七月	广东行商	16	6	广东海防	谕 22-744
二十三年（1818）二月	两浙盐商	30	20	嘉庆帝六旬万寿	谕 23-202
二十三年（1818）四月	广东行商	10	10	广东海防	谕 23-498
二十三年（1818）五月	两淮盐商	10	0	巡幸盛京	谕 23-577
	两广盐商	20	10	嘉庆帝六旬万寿	谕 23-666
	广东行商	30	20		
二十四年（1819）六月	长芦盐商	12	6	嘉庆帝六旬万寿	谕 24-952，盐 72
	山东盐商	8	4		
二十四年（1819）十一月	两淮盐商	300	200	豫省武陟河工	谕 24-1798
二十四年（1819）十二月	两淮盐商	100	100	豫省武陟河工	谕 24-1972
二十五年（1820）正月	两浙盐商	50	50	豫省武陟河工	谕 25-23
	长芦盐商	20	0	豫省武陟河工	谕 25-68
	山东盐商	10	0		
二十五年（1820）二月	长芦盐商	20	10	豫省武陟河工	谕 25-96，盐 72
	山东盐商	10	5		
	两广盐商	40	20	豫省武陟河工	谕 25-107，盐 240
	广东行商	60	30		
二十五年（1820）五月	两淮盐商	100	100	协济淮北运本	谕 25-651
二十五年（1820）八月	两淮盐商	200	100	豫省仪封漫工	谕 25-944
二十五年（1820）	两广盐商	20	20	豫省武陟河工	盐 240

说明：1."资料来源"一栏，《嘉庆道光两朝上谕档》（中国第一历史档案馆编，广西师范大学出版社，2000年）简称"谕"，其后数字为册数和编号；《清盐法志》（民国盐务署编，于浩辑：《稀见明清经济史料丛刊》第2辑第1—15册，国家图书馆出版社，2012年）简称"盐"，其后数字为卷数；《嘉庆帝起居注》（中国第一历史档案馆编，广西师范大学出版社，2006年）简称为"起"，其后数字为册数和页码；嘉庆《两淮盐法志》（单渠等纂修，方濬颐等续纂，于浩辑：《稀见明清经济史料丛刊》第2辑第26—33册，国家图书馆出版社，2012年）简称"淮"，其后数字为卷数。此外，由于上谕档和《清盐法志》有时只记载长芦、山东盐商的捐输总额，故表中嘉庆十三年（1808）七月、十六年（1811）十一月、二十四年（1819）六月这三次长芦、山东分区数据均出自同治《山东盐法续增备考》（王定柱纂，于浩辑：《稀见明清经济史料丛刊》第1辑第26册，第93—129页）。

2.嘉庆十一年（1806）二月两淮盐商捐输数额，上谕档中仅称"加恩赏收"；至于具体的捐输数额，出自《两江总督铁保、南河总督徐端等奏为估挑淮扬下游河道并筹款赶办情形事》（嘉庆十一年二月二十三日，录副奏折，档号03-2072-060）。本次请捐银总计13.5万两，其中两淮盐商集体捐银为4.5万两，另外总商鲍有恒单独捐银6万两、候补员外郎江兰（其家为盐商）捐银3万两不计入"两淮盐商"的捐输数额统计。

3.从嘉庆朝开始，因为盐商请捐数额过大，清政府时常仅接受部分款项，故表中分列请捐银数和实捐银数；因盐商多会反复请求"赏收"未接受的款项，故最终被政府接受的部分作为另一笔捐输列入表中，未被接受者则不纳入统计。

4.广东行商常与盐商一同捐输，一并纳入统计。

5.请捐时间以上谕档记载为准，个别时间与盐法志的记载有一个月左右的误差。

6.嘉庆十六年（1811）六月两广盐商为广东海防捐银84万两，为多年累积数据加总而得。嘉庆十六年（1811），两广总督奏称，两广盐商呈请每年再为广东海防捐银6万两，并声明待两三年洋面肃清后量为裁减；嘉庆十九年（1814），两广总督向朝廷奏称这笔款项"仍令照常捐缴，俟外海、内河实在肃清，再行酌裁"；直到道光五年，两广总督阮元才奏请停缴这笔款项。故两广盐商捐银起嘉庆十六年（1811），止于道光四年（1824），合计84万两（民国盐务署编：《清盐法志》卷240，于浩辑：《稀见明清经济史料丛刊》第2辑，第12册167—170页）。严格地说，这一款项从嘉庆十九年（1814）开始已具有某种程度的附加税性质。

7.嘉庆二十五年（1820）五月两淮盐商捐输较为特殊，系淮南盐商公捐银两协济淮北运本。

表5–8　嘉庆朝盐商个人捐输（独捐）银两数据详表（单位：万两）

请捐时间	捐输者	请捐银数	实捐银数	捐输事由	资料来源
六年（1801）十一月	广东行商潘致祥	10	0	赈济	谕 6–1315
八年（1803）	山东盐商刘克昌	3	3	赈济	盐 72
十一年（1806）二月	两淮盐商鲍有恒	6	6	淮扬河道工程	谕 11–308
十六年（1811）二月	两淮盐商鲍有恒	30	30	南河筹办要工	谕 16–132
十八年（1813）十月	两淮盐商鲍崇城	10	10	平天理教军需	谕 19–359、24–1575
十八年（1813）十一月	两淮盐商鲍崇城	10	10	平天理教军需	谕 18–1137
十八年（1813）十一月	山东盐商刘杰凤	3	3	平天理教军需	谕 18–1200
十九年（1814）闰二月	两淮盐商鲍崇城	—	10	豫省睢州黄河漫工	谕 19–359
十九年（1814）闰二月	长芦盐商查世倓、查有圻	6	6	赈济	谕 19–493，盐 33
十九年（1814）八月	两淮盐商鲍崇城	20	20	豫省睢州黄河漫工	谕 19–1629
二十二年（1817）二月	两淮盐商鲍崇城	10	10	嘉庆帝六旬万寿	谕 22–140

说明：“资料来源”一栏说明同表5–7；以上合计实捐银数总额为108万两，其中鲍有恒（鲍崇城）捐银96万两，占绝大多数。

除了上述表格，已经演变为长期定额资助或者说成为惯例的盐商“捐银”未纳入统计。此类捐银，在地方公共事务中最为常见（称“善举”），亦见于皇室事务之中。关于盐商对皇室事务的出资，长芦盐商因地处京畿而较为典型，即前引《清史稿》所谓“惟乘舆屡次游巡，天津为首驻跸地，芦商供亿浩繁”，对此前文论乾隆朝时已做过具体分析，兹在举嘉庆朝一例。嘉庆十三年（1808），因查办长芦盐政李如枚“借差肥己”案，长芦盐商供称：“本年恭办巡幸差务，如行宫、河楼、御舟、庙宇等处工程，大戏、铺垫、点缀、段落等项，通共需用银七十万余两，俱系各商照例公捐公办。”[①]仅仅当年皇帝的一次巡幸，长芦盐商相应的支出竟然高达银70余万

① 《刑部右侍郎穆克登额等为遵旨查核李如枚家财事奏片》，嘉庆十三年七月十五日，中国第一历史档案馆等编：《清代长芦盐务档案史料选编》，第237页。

两，而这笔银两不属于“捐输”。此外，按照乾隆朝的惯例，在嘉庆十三年（1808）、二十三年（1818）两次嘉庆帝的五旬和六旬万寿庆典时，以两淮为首的盐商均需提前一年进京自行出资办理“庆典工程”，这类开支数额不菲，同样不属“捐输”。

关于盐商的“善举”，前文论述长芦盐商于乾隆五十年（1785）为漕运拨船捐银时，已附带论及嘉庆元年（1796）、嘉庆十二年（1807）同项捐银的性质。此外典型案例如下。例如，嘉庆十八年（1813）谕旨提及长芦盐商为河南挑浚贾鲁河工程“摊捐津贴银”9.7万余两。[①]据长芦盐政奏报，本次由长芦盐商分担的河南贾鲁河工程银，“据纲总商人议禀，请令经由贾鲁河运盐商人查余庆等分认一半银四万八千七百二十五两，其余一半银四万八千七百二十五两通纲分认”。[②]此项盐商出资称“津贴”而不称“捐输”，很可能是因为该笔款项已成为惯例。又如，嘉庆十八年（1813），两淮盐商为下河水利工程捐银27.5万余两，其辞曰“下河水利应归商办，工程估需银两，向由淮商等捐款兴办”。[③]既然该项捐银属于两淮盐商长期以来的惯例性资助，自然也不计入“捐输”。

总体而言，盐法志的数据绝大多数都见于上谕档，可见嘉庆朝上谕档对盐商捐输的记载相对完整。根据统计，嘉庆朝盐商和广东行商合计捐输银为6324.6万两。其中，两广盐商和广东行商时常共同捐输，表5–8统计为广东行商单独捐输银数318万两、两广盐商单独捐输银数318.7万两，二者在嘉庆朝的捐输约略相近。因此，上述统计中，未能区分的两广盐商和行商共同捐输有6次计152万两，此处以五五分成的原则加以估算（即各占76万两）。如此，表5–7统计的数据中可以排除广东行商捐输银394万两，嘉庆朝盐商捐输总额为5930.6万两。根据统计详表，将嘉庆朝盐商捐输分类统计如表5–9。至于分区统计详表，见本书附表3《嘉庆朝盐商捐输分区统计详表》。

① 中国第一历史档案馆编：《嘉庆道光两朝上谕档》第18册，第189—190页。

② 《长芦盐政广惠奏为商捐贾鲁河工程津贴银两请展限五年完交事》，朱批奏折，档号04–01–35–0494–016。

③ 中国第一历史档案馆编：《嘉庆道光两朝上谕档》第18册，第277页。

表5-9 嘉庆朝盐商捐输数据分类统计表（单位：万两）

盐区	军需捐输		皇室事务捐输		地方公共事务捐输					总计
	川楚军需	平天理教军需	万寿	巡幸	黄河河工	其他水利	赈济	海防	其他	
两淮	700	100	440	10	2970	54.5	35.2	—	160	4469.7
两浙	350	60	40	—	310	—	66	10	—	836
长芦	39.6	13	18	—	55	1.6	2.6	—	—	129.8
山东	20.4	7	12	—	43	—	5	—	—	87.4
两广	62	16	18	—	100	25	—	173.7	—	394.7
河东	—	3	—	10	—	—	—	—	—	13
总计	1172	199	528	20	3478	81.1	108.8	183.7	160	5930.6

说明：1.本表数据整理自表5-7，其中军需捐输、皇室事务捐输、赈济捐输的数据对应关系清晰。“其他水利”包括表5-7盐河工程、永定河河工、淮扬河道工程、江陵堤工各1例，其余治河相关事务均属“黄河河工”；“海防”包括表5-7缉捕洋盗、广东海防、澳门驻军、浙江海防、天津海防，“其他”包括表5-7湖北城工、江广漕运船只、协济淮北运本各一例。

2.嘉庆十八年（1813）、十九年（1814）有3例捐输的事由除了军需，还同时包含河工或赈济，考虑到当年平天理教军需为急务，故一概计入“军需”；同理，嘉庆十九年（1814）十二月两淮盐商的捐输事由为“河工、赈济”，其数据只计入“黄河河工”。

3.与此相关，嘉庆朝广东行商捐输总额银394万两中，分别为川楚军需约62万两、平天理教军需24万两、嘉庆帝万寿32万两、黄河河工185万两、其他水利约25万两、海防约66万两。

根据上述统计，嘉庆朝盐商捐输银两的数额约为5930.6万两。以盐区论，两淮仍为绝对主力，两浙次之，两广、长芦、山东亦有相当数额的捐输，而河东捐输为数甚少。嘉庆朝的主要数据来源为上谕档，如果说各区盐法志尚存在记载不均导致的盐区差异，上谕档作为中央政府的系统记载则不太容易出现这种问题。这进一步证实了笔者对乾隆朝不同盐区捐输差异的推断：部分盐区未见或少见捐输记载，并非因为记载的偏差或统计的遗漏，而是事实如此。

（二）嘉庆朝盐商捐输数据的完整性分析

与盐法志中的系统数据不同，上谕档对盐商捐输的记载是分散的。为检验分散数据的完整性，兹整理档案所见嘉庆朝盐商捐输的系统数据如表5–10。

表5–10 档案所见嘉庆朝盐商捐输系统数据表

奏报时间	奏报详情	数据对比
嘉庆九年（1804）三月	“两浙商人节次公捐，共有六款，应输银三百九十万两”	表5–7统计为6次计390万两，次数与银数均一致
嘉庆二十二年（1817）二月	两淮盐商“计自嘉庆二、三年起至二十一年，河工、军需、灾赈等项共捐输过银不下五千万两”	表5–7统计约3769.7万两，相差达1200余万两
嘉庆二十五年（1820）正月	“两浙各商，自嘉庆四年起至十六年止，呈请公捐川楚各饷十二案，共银六百八十六万两”	表5–7统计为13次计706万两，次数多出1次、银数多出20万两
嘉庆二十五年（1820）正月	“查档案，两淮商人，自嘉庆五年起至二十四年止，共有捐输三十案，通计捐银四千零二十五万余两”	表5–7统计银数计4469.7万两，银数多出444万余两（次数由于统计差异难以比较）
嘉庆二十五年（1820）三月	长芦盐商“自嘉庆十一年起至十六年止，共有捐输四案，通计捐银五十七万两”；山东盐商“自嘉庆十一年起至十六年止，共有捐输四案，通计捐银四十六万两”	表5–7统计长芦盐商为4次计57万两、山东盐商为4次计46万两。数据完全一致

资料来源：《两浙盐政延丰奏报两浙商捐未完银两请并为一款征输事》，嘉庆九年三月初三日，朱批奏折，档号04–01–35–0627–012；《两淮盐政阿克当阿奏请将丙子纲以后带完九纲银两展限带纳事》，嘉庆二十二年二月，朱批奏折，档号04–01–35–0495–054；《两浙盐政广泰奏报遵旨查明浙商捐输各案饷银已未完缴数目事》，嘉庆二十五年正月初十日，朱批奏折，档号04–01–35–0647–091；《两淮盐政延丰奏报查明淮商捐输各案已未完银数事》，嘉庆二十五年正月二十一日，朱批奏折，档号04–01–35–0647–097；《长芦盐政常显奏报查明长芦山东各商捐输银两已未完数目事》，嘉庆二十五年三月二十八日，朱批奏折，档号04–01–35–0648–018。

表5–10数据均来自各区盐务官员的报告。之所以嘉庆二十五年（1820）各处统一报告，是因为嘉庆二十四年（1819）底清廷谕令相关官员报告商人历

次捐输情况。谕旨的对象包括两广总督（兼管两广盐务）、长芦盐政（管理长芦、山东盐务）、两淮盐政、两浙盐政、粤海关监督。[①]此亦再次证明，嘉庆朝的盐商捐输集中在两广、长芦、山东、两淮、两浙5个盐区。

将表5-10与表5-7对比，可见两浙、长芦、山东盐商的数据与笔者的统计基本一致。据此，表5-7对嘉庆朝两浙、长芦、山东盐商捐输的统计遗漏似有限。此外，笔者未找到嘉庆二十五年（1820）两广官员的报告，无法估算两广盐商数据的遗漏情况。至于两淮盐商，嘉庆朝的几份系统数据差异较大。其中，嘉庆二十二年（1817）的数据统计从嘉庆二年（1797）至二十一年（1816）的捐输银数不下5000万两，比笔者的统计多出1200余万两；[②]嘉庆二十五年（1820）数据统计银数比笔者统计还少，不宜为据。相对而言，道光三年（1823）三月两江总督孙玉庭、两淮盐政曾燠的详细报告更为可靠，其辞曰：

> 嘉庆年间两淮共捐输军需、河工等银五千三百六十六万七千余两，已完银三千七百九十六万三千余两。未完银一千五百七十万三千九十八两一钱九分六厘，内有一千五十五万余两，均系奏明先以正课垫解，业经解交在案，现在分纲带征，系归还正课，应仍按限完交外；查尚有报捐未缴、叠经展限带征银五百十四万六千七百九十两八钱五分八厘，应于甲申等纲带征。臣等伏思，皇上体恤商艰至优极渥，前项未完捐款银五百十四万六千七百九十两零，既未借动正课垫解，而商力疲乏，迟久未克完缴。可否特沛恩施，照积年民欠一体准予豁免之处，出自圣主逾格鸿慈。[③]

相对表5-10中两淮盐商捐输数据，道光三年（1823）三月的数据更为精确，其中记载嘉庆朝两淮盐商捐输银数为5366.7万余两，已缴完3796.3万余

① 中国第一历史档案馆编：《嘉庆道光两朝上谕档》第24册，第661页。

② 这一数据起自嘉庆二年（1797），但笔者在档案、官书中均未能找到嘉庆二年（1797）、三年（1798）的数据。

③《两江总督孙玉庭等奏请豁免两淮商人未完捐输银两事》，道光三年三月初九日，朱批奏折，档号04-01-35-0653-047。

两，未完银1570.3万余两。不过，核对道光二年（1822）十二月两淮盐商欠款清单可知，表5–7所统计嘉庆二十五年（1820）五月所捐协济淮北运本银100万两并未计入上述未完银中，而是被归入“淮南北未完带征银款”（具体对比和论述详见第六章第三节）。综上，嘉庆朝政府接受的两淮盐商请捐银数为5466.7万余两。而笔者此前统计详表的数额为约4469.7万两，相当于遗漏997万两。据此可推知，笔者统计详表中嘉庆朝两淮盐商捐输银数的遗漏率约为18.24%。

上谕档作为中央政府的系统档案，记载各盐区的捐输时不会区别对待，因此主要依据上谕档统计的嘉庆朝盐商捐输数据，理论上对各区的数据遗漏率约略相当。根据详细统计（表5–7、表5–9），嘉庆朝两浙、长芦、山东、两广、河东等五区盐商的捐输总额约为1460.9万两。如以两淮同样的遗漏率计算，两浙等五区盐商捐输的遗漏数据约为325.9万两，据此可以将两浙等五区盐商在嘉庆时期的捐输总额估算为约1786.8万两。不过，根据前文的统计与分析（表5–10），目前所见档案呈现的其他盐区遗漏似乎有限，且捐输数额所占总额的比例较低，因此这里不将估算数据纳入统计。

总之，根据道光初年的档案将嘉庆朝两淮盐商捐输数据修订为约5466.7万两（比详表数据多出997万两），其他盐商的数据仍沿用之前详表的统计为约1460.9万两。如此而来，嘉庆朝盐商捐输银数约为6927.6万两。考虑到统计遗漏问题，并根据前文的估算，我们可以说嘉庆朝盐商请捐而政府接受的银数超过7000万两。

小　结

通过系统的数据统计与分析，笔者认为，在清代内地11个盐区中，两淮、两浙、长芦、山东、两广五区盐商是乾嘉两朝的捐输主体。此外，由于商人资本相对薄弱，河东、福建两区盐商偶有捐输，四川、云南、陕甘、奉天四区盐商并未捐输。就政府接受的盐商请捐银数总额而言，乾隆朝约3927.1万两、嘉庆朝约6927.6万两。既有研究对乾隆朝的统计遗漏不少，但对总额影响有限；

对嘉庆朝的统计总额遗漏则超过一半。这一数据补正有助于我们重新认识嘉庆朝政府筹集经费的方式与盐商捐输对国家财政的补充作用。同时，还需要强调的是，因为盐商的大额捐输多系分期缴纳，这些分期款项部分被减免，部分长期拖欠，所以此处统计的盐商捐输数额不等于政府实际收到的数额。针对此问题，详见第六章。

第六章　盐商对捐输的因应机制

清初至雍正时期，盐商捐输较为有限，即便如此，盐商有时仍会拖延缴款。至乾嘉两朝，朝廷对盐商捐输的索取越来越失去节制，捐输成为盐商的沉重负担，由此盐商也发展出一系列的应对策略。因此，本章论述集中于乾嘉两朝，同时根据叙事的需要酌情回溯至清初或者下探至道光时期。

第一节　盐商对捐输成本与收益的分配

盐商捐输与民间普通捐输具有本质区别，因为其捐输之时以盐区为单位，是一种集体行动。此外，盐商捐输大多采取分期缴纳的形式，这也造成了请捐当年名义上的捐输者与其后各年实际上的缴款者并不总是一致，从而加剧了问题的复杂性。因此，作为集体的盐商尚需对捐输的成本与收益做进一步的分配，兹据档案整理如下（表6–1）。

表6–1　清代盐商捐输成本与收益分配详表

盐区	捐输成本和收益的分配详情
两淮	乾隆二十六年（1761）傅恒等奏称：两淮盐商“凡遇一切报效捐输，皆系通纲商众按引输纳”（①）
	乾隆四十七年（1782），两淮盐政伊龄阿代两淮盐商奏辞议叙：“现在公输银二百万两，均系借给帑项，尚未完交。两淮商人销引辗转更替，事属常有。圣主恩施，何敢预行滥冒。”朱批“不必辞”（②）
	嘉庆八年（1803），两淮盐政佶山奏称：“节次报捐，均系通河总、散各商按引带纳。其行盐花名虽多，实则不过五六十人，自应全数造册咨部，听候分别议叙，以昭公溥”（③）

续表

盐区	捐输成本和收益的分配详情
两浙	乾隆三十九年（1774），浙江巡抚三宝奏称：两浙盐商捐银已遵旨解交四川，“传集众商，查开各名下行销引目，合算分年应输银数”。因为捐输款项系借支库帑，然后再由盐商“按引”五年缴完，“今虽按引核计，捐款可稽，但此五年之内各商引目不无顶退”，“若就现在所行额引，预为核定捐数等差，在现商既以虚数仰邀旷典，而将来顶引实交之商转不得共沐恩荣”，所以建议“将各商逐年完缴银两数目详记档案。统俟五年缴足，查明输交银数多寡，核定等差，再行开造清册，咨部核议”。朱批谕准“该部知道”（④）
长芦、山东	乾隆十三年（1748），长芦盐政丽柱奏称：长芦和山东盐商合计捐银30万两，“请照商等京外引数分别报捐，随同己巳、庚午两年正课，按年交库”（⑤）
两广	嘉庆十三年（1808），两广总督吴熊光奏称：“粤省盐商公捐银两，均系按引匀摊”（⑥）
	嘉庆十五年（1810）谕旨：两广总督百龄奏称“察看各埠情形不一，恐按引匀摊，未能克期完竣。若量为变通，按包摊完，计至十八年冬底可以一律全完”，因此谕准“着照所请”“统令按包扫数摊完”，“俟依限全完后，所有各商应得议叙，着该督查明摊完银数多寡，分别等差，造册咨部”（⑦）

说明：资料来源以括号形式标注，具体如下：①中国第一历史档案馆编：《乾隆朝上谕档》第3册，第627页；②《伊龄阿奏为两淮商人公捐银两恳免议叙缘由折》，乾隆四十七年八月廿九日，台北故宫博物院编：《宫中档乾隆朝奏折》第52辑，第786—787页；③《两淮盐政佶山奏报通河总散各商捐输军需银两可否议叙事》，嘉庆八年二月初十日，朱批奏折，档号04-01-35-0624-042；④《浙江巡抚三宝奏报浙江盐商捐助川饷一百万两事》，乾隆三十九年二月二十六日，台北故宫博物院编：《宫中档乾隆朝奏折》第34辑，第659—660页；⑤《署理长芦盐政丽柱等为金川用兵芦商东商情愿捐银事奏折》，乾隆十三年十二月初七日，中国第一历史档案馆等编：《清代长芦盐务档案史料选编》，第57页；⑥中国第一历史档案馆编：《嘉庆道光两朝上谕档》第13册，第424页；⑦中国第一历史档案馆编：《嘉庆道光两朝上谕档》第15册，第468—469页。

除表6-1的统计外，档案亦载有一例长芦盐商捐输的具体分配清单。乾隆三十八年（1773），长芦盐商为金川军需捐银60万两，长芦盐政奏报分摊详情如下：

除天津公口岸七百引外，净引九十六万五千三百四十六道内，王起凤公办金义等引捐银四万两，先交三万两，余一万两分五年完交；范宗文引十万六千二百八十二道，捐银五万两，分限五年完交；查奕茂安阳、林县、曲周引二万八千六百五十七道，捐银四万两，先交三万两，余一万两分五年完交；义和泰张益升引五万一千一百九十二道，捐银二万两，分五年完交；余京外引六十八万七千七百五十四道，共捐银四十五万两，请于癸巳、甲午两年奏销后，暂借库项两次起解，于还交乾隆三十九年正课时起限，分五年随同正课完纳归款。[①]

本次捐输银60万两中，王起凤、范宗文、查奕茂、义和泰共捐银15万两，持有“京外引”的盐商合计捐银45万两。总之，在集体呈报捐输后，各盐商需缴银数通常根据盐引数分配，即所谓“按引核计”“按引带纳”“按引匀摊”，即根据各个盐商的经营规模（盐引数额）按照比例分摊。

盐商捐输成本分配的复杂性，不仅在于“按引”分摊，更在于每年行盐者的不确定性。在前文考察盐商捐输的议叙程序时，笔者已指出，乾嘉时期政府往往等待盐商款项缴清始予议叙。这种做法的主要原因并不是担心盐商无法全数缴款，而是因为若非款项缴清则难以核实奖励名单。如果盐商呈请捐输时缴纳现银，则如何分摊是确定的。只是根据前文分析，盐商捐输大多为借支库款，随后再分年缴纳。由此，只有当年应缴款项的承担者是确定的，而随后几年的款项具体由哪些盐商承担则面临不确定性。尤其是根据表6-1可知，作为捐输主力的两淮、两浙均面临“商人销引辗转更替”的情况，也就是每年的行盐商人存在变动，这样就导致政府无法在款项未缴完之前确定奖励的名单。当然，并非所有盐区均系如此，据乾隆三十八年（1773）两淮盐政李质颖奏称：“伏查众商公输银两，诚如圣谕，不过就引目均摊。奴才前在河东、长芦盐政任内，该二处系认地行盐，某商认行某州县引目若干，每岁照额办运，商无更易，引无增减。就一商一年所交银数而计，则以后各年数目即可预知。”[②]也

① 黄掌纶等撰，刘洪升点校：嘉庆《长芦盐法志》卷5《盛典》，第85—86页。

② 《两淮盐政李质颖奏为办理按商捐银两数目分等造报请敕部议叙事》，乾隆三十八年十月十五日，朱批奏折，档号04-01-35-0468-022。

就是说，河东、长芦两个盐区的盐商在短期内保持稳定，因此呈请分期捐输之时，未来数年每年缴银的盐商是确定的。

为了更好地展示这种成本分配的复杂性，兹以捐输最多的两淮盐商为例展开论述。乾隆三十八年（1773），两淮盐政李质颖奏称“两淮纲商江广达、程谦德等呈称情愿公捐银四百万两”，对此乾隆帝谕称从优奖励盐商，“但此事虽系江广达、程谦德二人出名呈请，而其中所捐银数，自系众商等，各就资本多寡，量力奉公，自应视其捐助之等差，以定录叙之轻重，方为平允。着传谕李质颖，查明某商名下捐银若干，按其数目定为三等，造册报部，以便分别议叙，仍将所定等次开单具奏”。[1]也就是说，两淮盐商本次的捐输虽由江广达、程谦德两位总商领衔呈请，但乾隆帝已明确知悉其属于两淮盐商的集体行动。随后，李质颖覆奏称“请俟所借库项全完之日，再将各商实捐银数，造报请叙”，即建议在捐输款项全数完缴后再予议叙，对此乾隆帝谕称：

> 该商等虽因资本转运在外，暂借官项，但既属伊等奉公之忱，即应予录叙，以昭嘉奖。若俟借项全完之日，再为造报，则须至四年之后，为期未免过迟。或众商中稍有变更，沾泽未能均溥，非所以励急公之义。至伊等所捐银数，自不过各就引目均摊，其多少亦可约计而得。着李质颖即为查明，按数分等，造报请叙。[2]

乾隆帝进一步指出，两淮盐商的捐银虽然尚未缴清，但其系根据盐引数额分摊，因此各盐商最终缴纳的数额“可约计而得”。对此，李质颖详细报告了两淮盐商捐输款项的分摊问题。他指出盐商捐输确系“就引目均摊”，河东、长芦两处由于“认地行盐”制度可以预先确定未来数年具体承担缴款任务的盐商，但两淮有所不同，其辞曰：

> 惟两淮自设立盐法以来，如湖广、江西等处皆系公共口岸，额引有一

① 中国第一历史档案馆编：《乾隆朝上谕档》第7册，第429页。

② 中国第一历史档案馆编：《乾隆朝上谕档》第7册，448—449页。

定之数，运商非一定之人。每年俱于冬间催令总商等各保般实运商，将一纲额引分认运行。所认引目或多或少，各量资本厚薄听其自便。总以额引分认完足为准，名曰滚总。由运司造册，详送盐政存案。来春新纲开征，即按滚总册内各商所认引目催令纳课。行盐一年纲竣，又另行滚总。奴才到任三年以来，查阅滚总册内，有前纲有名而后纲歇业者，有连年办运而引目多寡不同者，每纲情形迥非画一。是两淮按引均摊之项，各商名下本纲之数易知，至下纲之多寡即不能预定。若就各商本纲现办引目，统后数纲作为总数，悬拟邀恩。则事非实在，奴才何敢草率颛顸，自蹈欺蒙之咎。当经檄行运使边廷抡并饬令总商等确查妥议，随据详禀，情形亦复相同。[①]

概言之，两淮盐引实行“滚总制”，每年引额是一定的，不过每年行盐的商人并不稳定。而且，李质颖指出自己任职两淮盐政的三年期间，不仅每年行盐的商人不同，而且连续行盐的商人每年行盐数额亦不稳定。在分摊捐输款项时，只能确定当年各个盐商承担的数额，而无法预知后续各年的数额。因此，他建议，应当先议叙当年已捐银100万两的盐商，因为这份名单是确定的；至于剩余300万两的捐款系分期缴纳，“因后来运商更换不一，办引多寡不齐，实难预计各名下应摊银数。奴才令运使将每纲运商按引交银数目，详记档案，俟全完之日，据实分等造册，送部听候核议。如此，庶急公报效者先沐恩荣，随后交纳者核实请叙”。也就是说，既然无法确定后续每年缴款的盐商及其数额，不如每年详细记载，待款项缴完后再提交这份盐商实际承担捐输款项的名单。对此，乾隆帝表示赞同，批复“是，知道了”。[②]

盐商捐输的收益同样也是根据缴银数额分别等级。不过，因为盐商的大额捐输多采取分期缴纳的方式，呈请捐输的盐商可能在随后退出盐业经营而由他人顶替，所以后续实际分担捐输成本的盐商与请捐时期的盐商名单未必一致。总体上乾嘉时期政府在盐商款项缴完后始予议叙。表6-1乾隆四十七年

① 《两淮盐政李质颖奏为办理按商捐银两数目分等造报请敕部议叙事》，乾隆三十八年十月十五日，朱批奏折，档号04-01-35-0468-022。

② 《两淮盐政李质颖奏为办理按商捐银两数目分等造报请敕部议叙事》，乾隆三十八年十月十五日，朱批奏折，档号04-01-35-0468-022。

（1782）两淮盐政奏辞捐输时乾隆帝虽批复“不必辞”，但由于未见后续的报告，我们不可据此草率认为本次捐输无须等待款项缴完即可议叙。作为旁证的是，同样在乾隆四十七年（1782），两浙盐商也为河工捐银80万两，奉旨“咨部照例议叙”，但直到乾隆五十五年（1790）浙江盐政始将捐输盐商“造册咨部”，吏部才最终给予议叙。[①]这显然是由于至此捐输款项才缴完的缘故。

至嘉庆时期，由于盐商拖欠捐输款项成为常态，上报请奖名单的拖延也成为常态。以捐输最多的两淮盐商为例，嘉庆二十四年（1819）军机处报告称：

> 遵查两淮商人自嘉庆十四年赏给加级之后，历次捐输各款内奉旨给予议叙者，现据吏部查核历年公捐各商姓名，叠经行催，未据该盐政造册咨部，是以均未经给予议叙。臣等检查册档，二十年二月据阿克当阿奏，该商等所捐银两，因有未经缴清者，尚未造册咨部，俟该商等全数完缴之日，再行开单奏请恩施，奉旨依议。臣等查两淮商捐各款，自十五年后，共计银一千七百万两。此内十八年所捐军需银一百万两，十九年所捐睢工银一百万两，又是年所捐工赈银四百万两，续经该盐政奏准，展自二十七年壬午纲起分作九限带完，此时尚未起限。其余各款，或系分年完缴，或续经奏准递展，均有蒂欠，未经全数完缴，是以未据该盐政开单具奏。[②]

据此可知，在嘉庆十四年（1809）之后，两淮盐商的捐输虽多，但盐政并未造册请奖，原因就是其中有“未经缴清者”，需待“全数完缴”后再开具名单。事实上，这种情况相当普遍，据嘉庆二十四年（1819）军机处报告，此类“俱早经限满，节次行催，皆未造册送部”的捐输案例包括“两淮商人，自五年起至二十一年止，共有捐输十五案；粤东洋、盐各商，自五年起至十四年止，共有捐输九案；两浙商人，自四年起至十六年止，共有捐输十二案；长芦商人，自十一年起至十六年止，共有捐输四案”，于是嘉庆帝谕称：

> 各商人历次捐输银两，有已经完纳者，有屡经展缓至今尚未起限者。

① 延丰纂修：嘉庆《重修两浙盐法志》卷18，《续修四库全书》第841册，第388页。

② 中国第一历史档案馆编：《嘉庆道光两朝上谕档》第24册，第552—553页。

着该总督、盐政、监督等查明前项捐输银两，如已经全数完缴者，即将该商等衔名确实查明造册咨部议叙；其未经完缴者，一面饬令该商等按限完解，一面将历届请展尚未归还垫款缘由咨明吏部，以备查核。将此各谕令知之。[①]

也就是说，军机处奉旨督促两淮、两浙、长芦、两广等处盐政官员查明各区盐商捐输银两已缴和未缴详情，其中如已全数缴完则需开具捐输盐商的名单以备朝廷议叙。

盐商捐输缴款名单的长期推迟提交带来了意想不到的后果。由于盐商捐输时一般使用盐务“引名”（行盐花名、商名、商号），而政府的奖励给予个人，这就导致请捐之时的“盐商”之名（引名）与最终议叙名单中的“盐商”之名（“本名”“本商”“的名”，即真实姓名）并不一致，因此在多年之后上报请奖盐商名单时就存在人为操作的空间，导致捐输收益的变质。如果盐商在捐输之后较快得到议叙，这一矛盾尚不突出。但如前所述，乾嘉时期盐商捐输长期未进入议叙程序的情况愈发常见，这一问题就愈发严重。

关于盐商引名与本名的关系，既有研究已有论及。[②]此外，档案载有更为详细且系统的记载。以两淮为例，嘉庆十六年（1811）谕令奖励捐输的“淮南总商鲍有恒”时，明确声明“该商引名鲍有恒，即鲍崇城，已捐即用道员”。[③]也就是说，该盐商捐输之时使用的是引名“鲍有恒”，清政府在奖励时候，需要确定其本名。嘉庆二十四年（1819），军机处奉旨开列的两淮总商名单同样

① 中国第一历史档案馆编：《嘉庆道光两朝上谕档》第24册，第661页。

② 林永匡、王熹根据档案整理了乾隆二十二年（1757）南巡奖励两淮盐商时，若干盐商的商名与本名之间的对应关系（林永匡、王熹：《清代盐商与皇室》，《史学月刊》1988年第3期）；王振忠考察乾嘉时期两淮盐务“首总”商人江广达、鲍有恒、黄潆泰等指出其均属“盐务牌号”即盐商行盐的旗号（王振忠：《明清徽商与淮扬社会变迁（修订版）》，生活·读书·新知三联书店，2014年，第40页）；吉朋辉开列了清前中期若干长芦盐商的“本名引名对照表”（吉朋辉著，天津市档案馆编：《皇权的力场：清前中期天津大盐商的兴衰》，天津社会科学院出版社，2022年，第387—388页）；吴玉廉也指出盐商“商号”（行盐旗号）并非真名，并开列了若干清中期两淮总商的商号与本名之间的关系（〔美〕吴玉廉著，林蕾译：《奢华之网：十八世纪的徽州盐商、社会阶层和经世之道》，社会科学文献出版社，2023年，第61—71页）。

③ 中国第一历史档案馆编：《嘉庆道光两朝上谕档》第16册，第62—63页。

包含了引名和本名：

> 黄潆泰的名黄至筠，议叙盐运使衔；邹同裕的名邹文琳，捐纳即用道；尉跻美代办许豫鼎，捐纳即用道；鲍有恒的名鲍崇城，捐纳即用道；汪肇泰的名汪承墊，捐纳即用员外郎；巴恒大的名巴光奎，捐纳即用道……张广德的名张錞，议叙盐运使衔；程震泰的名程元灿，捐职道员；王履泰的名王协，议叙盐运使衔；罗甡泰的名罗铨，捐职道员；黄双茂的名黄文耀，议叙盐运使衔；余承瑞的名余振坊，捐职员外郎；方德懋的名方绍，捐职道员；江广达的名江大镛，捐职大理寺寺丞。[①]

盐商引名和本名同时并用的情况不限于两淮。雍正七年（1729），吏部题请议叙雍正五年（1727）捐输的盐商“沈公盛”等人时称“沈公盛，即捐职州同沈芳仁”，“汪渭，即捐职州同汪兆纶”，“方允泰，即监生方大承”，“吴永丰，即候选主簿吴焯”。[②]可见，两浙盐商在请捐时使用引名，而议叙时需查明对应的本名。兹根据档案和盐法志整理若干典型盐商捐输案例中的引名与本名的对照关系如下（表6–2）。

表6–2　盐商请捐名单与议叙名单对照表

捐输议叙案	请捐盐商名单	议叙盐商名单
乾隆六年（1741）两淮盐商捐输淮扬水灾赈济银7.1万余两，乾隆九年（1744）议叙	黄仁德、吴世昌、洪充实、汪勤裕、闵德裕、程可正、汪启源、罗振玉、樊德懋等 （按：档案未全部开载盐商名单，仅称“黄仁德等”公捐；由于本次捐输是盐商自行设厂煮赈，故档案中又提及另外8名盐商名单。此9名盐商是本次请捐的领衔者和负责者）	程振箕、汪允信、徐璟庆、徐士修、江春、刘公楷、吴家龙、洪征治、吴公洋、张子琏 （按：此处总计10人是捐银超过1000两者，此外捐银不及1000两者未开名单）

① 中国第一历史档案馆编：《嘉庆道光两朝上谕档》第24册，第555页。

② 延丰纂修：嘉庆《重修两浙盐法志》卷18，《续修四库全书》第841册，第385页。

续表

捐输议叙案	请捐盐商名单	议叙盐商名单
乾隆九年（1744）长芦盐商捐输赈济银10万两，乾隆十年（1745）议叙	王至德、金义、范宗文、和兴、查为仁、郭源生、晋永兴、晋仁、刘运宏、刘易宏、高日昇、范沐民、张峻德、刘兴盛、李永裕、卫源、林懋、李承宗、晋隆基、沈世弘、杨天泽、郭祺、王正、王致玉、田卫泩、张锦、晋宏义、王怀德、陈勋、卫复升、张宣、冯昌瓒、孟德裕、王益、李天植、吴继先、刘起晋、李大亨（总计38名）	王至德、范清柱、郭慎履、郭泰峰、张履澎、查礼、张再堪、郭永宁、卫楷、陈广业、沈世弘、王宾、卫焜、王嵩年、张京衍、吴琅、冯昌瓒、金义、何兴、阎复光、查为仁、田柏龄、范时良、刘方焕、刘方烜、张八士、李士彦、杨翘松、王廷瑞、吕鼐、李承宗、卫秉铨、李一锡、寇思敬、刘缵鲁、李广龄、王焰（总计37名）
乾隆二十四年（1759）两浙盐商捐输军需银20万两，乾隆二十六年（1761）议叙	吴玉如、方同元、叶如春、吴大盛等（按：此处开载的只是领衔请捐的4名甲商名单。两浙行盐分杭州、嘉兴、绍兴、松江四所，每所甲商、副甲商各1人）	金海、薛棠、鲍清、王一绅、吴份、汪湛、吴玉垣、叶以嘉、方濂、朱峻、许嗣抗、薛世俊（按：此处12名只是“捐数较多者”，“捐数零星者”未开名单）
乾隆三十八年（1773）两浙盐商捐输金川军需银100万两，乾隆四十六年议叙	何永和、方同元、汪有基、孙大春、吴丰玉、薛宏裕、叶如春、查荣昌等（笔者按：此处开载的只是领衔请捐的8名盐商名单，其中当为甲商4名、副甲商4名，即档案所载“杭州、嘉兴、绍兴、松江四所甲商何永和等”）	汪思蔚、吴廷侃、程光国、王仕基、吴余棫、许立纲、何元度、方檖、汪立名、吴世骅、王炎、吴一德、鲍惠、何琳、顾天爵、方治、姚宾、叶道立、汪本乾、鲍立然、朱乔、朱有信、程云、俞文涟、汪日文、祝栋、汪廷模、潘奕珧、何宗方、孙慰祖、程立杞、汪思鉴、许荣畅（按：此处议叙名单总计33名只是“捐数较多者”，“捐数零星者”未开名单）

资料来源：《吏部尚书协理户部尚书讷亲等题为遵旨会议江苏扬州地方偶被偏灾程振箕等淮南商人捐资煮赈请分别议叙事》，乾隆九年九月二十四日，户科题本，档号02-01-04-13793-012；王世球等纂修：乾隆《两淮盐法志》卷39，于浩辑：《稀见明清经济史料丛刊》第1辑第9册，国家图书馆出版社，2009年，第22—25、29—32页；《巡视长芦盐政伊拉齐奏报商人王至德等捐银助赈可否议叙事》，乾隆九年七月十二日，朱批奏折，档号04-01-35-0620-001；《协办大学士监管户部尚书事务刘于义等题为会议长芦盐政伊拉齐呈长

芦商人王至德自愿捐银十万两报部核议准予议叙事》，乾隆十年十月初五日，户科题本，档号02-01-04-13881-001；延丰纂修：嘉庆《重修两浙盐法志》卷18《优恤·奖赏》，《续修四库全书》第841册，第387—388页；《浙江巡抚杨廷璋奏为盐商捐银请先于道库垫解分年完缴事》，乾隆二十四年二月十三日，朱批奏折，档号04-01-35-0621-038；《浙江巡抚三宝题为两浙商人情愿捐助川饷银两请于藩盐二库借支分年完缴事》，乾隆三十九年二月十五日，户科题本，档号02-01-04-20679-003；《浙江巡抚三宝奏报浙江盐商捐助川饷一百万两事》，乾隆三十九年二月二十六日，台北故宫博物院编：《宫中档乾隆朝奏折》第34辑，第659—660页。

由于盐政官员在奏报盐商捐输之时往往只提及领衔捐输者，无论档案还是官书中罕见全部盐商名单。表6-2只列举了乾隆朝两淮、长芦和两浙的案例。经对比可知，长芦盐商中仅有王至德、金义、查为仁三名盐商在请捐时使用本名，其余大多数盐商使用的是引名，而在议叙名单中出现的才是相应的本名。这种对应关系，还可再举一例，如请捐名单中的“范宗文”，对应议叙名单中的范清柱。[①]而且，盐商引名具有相当的稳定性，不因主事者的变更而改变。乾隆四十七年（1782）的一份档案载“长芦商人范宗文，本名范清济”，“自乾隆二十九年接办引盐”。[②]可见，作为著名晋商范氏家族的产业，虽然实际主事者先后为范清柱、范清济，但引名始终保持稳定。至于两淮和两浙，请捐名单中的大盐商（总商、甲商）均使用了引名。

除两淮、长芦、两浙外，其他盐区未见系统的对比数据。不过山东与长芦盐区同归长芦盐政管理，两区盐商多有重合，故可以推知山东情况应与长芦大致相似。至于两广，乾隆三十八年（1773）和五十二年（1787）领衔捐输者名“李念德”，[③]据盐法志载即系“商名”。[④]总之，盐商捐输之时多使用引名，

---

① 乾隆十一年(1746)长芦盐政伊拉齐奏称：“商人范宗文本名范清柱”（中国第一历史档案馆等编：《清代长芦盐务档案史料选编》，天津人民出版社，2014年，第55页）。

② 《征瑞奏报长芦商人范清济接办引盐采购洋铜亏折公帑事》，乾隆四十七年十一月初六日，台北故宫博物院编：《宫中档乾隆朝奏折》第53辑，第684页。

③ 《清高宗实录》卷949，乾隆三十八年十二月丁未，《清实录》第20册，第865页；卷1293，乾隆五十二年十一月壬辰，《清实录》第25册，第362页。

④ 阮元等修：道光《两广盐法志》卷5《引饷一》，于浩辑：《稀见明清经济史料丛刊》第1辑第39册，第594页。

但政府的奖励需落实到个人，因此奖励名单使用的才是盐商的本名。明乎此，才能理解清代盐商请捐名单与奖励名单的差异。

这种请捐名单和议叙名单的差异，为盐商以调换议叙名单的方式转移捐输成本和收益提供了机会。对此，乾隆五十五年（1790）御史初彭龄奏报称，盐商捐输原有议叙实官之例，“原以该商等急公报效，量加录用，以示奖励”，但其中所谓“盐商”的身份存在问题：

惟是此内商人正身子弟不过十之二三，其余俱系假借商伙名色具呈报捐。查商伙本无在官名姓可稽，该盐政给咨时止以商人结报为凭。诚恐侥幸之徒，本非商伙，妄思干进，辄向商人关说，啖以重利。而商人等或以本名下捐项较多，除本身子弟得邀议叙外，尚可转售他人，因而串通作弊，私相授受，以皇上格外殊恩转借为营私之地。倘该盐政止凭商人结报，不复分别详查，概行给咨赴选，势必纷纷效尤，挟资营谋，滥膺名器。且恐宵小乘机局骗，致滋讦讼，于政体、铨法均有关系。应请旨饬交该督抚、盐政等切实详查，如实系商人本家子弟，仍照旧例叙用；此外即实系商伙，亦不过随同帮办商务，究未便与正身商人出力多年、临事急公者一例邀恩，自应分别请旨赏给职衔，停其铨选。至并非商伙而凭空假借，即当查明咨部，无论已、未铨选俱照冒籍例办理，以杜滥竽。[①]

初彭龄此奏揭开了盐商通过操纵请奖名单而获益的内幕。概言之，盐商请捐之名多系“引名”，因此当政府将奖励授予个人时，“引名”的持有者可以根据需要开具名单。这份议叙名单既可以开报本人或本家族其他人，也可以开报代为经营盐务的商伙之名。问题的关键是，“商伙本无在官名姓可稽，该盐政给咨时止以商人结报为凭”，即引名的持有者完全可以将一些无关之人列入名单，以分担捐输的成本与收益。对盐商和顶替者来说，双方只需协商好均可

① 《大学士管理吏部事务和珅等奏议长芦等处商人捐输军饷议叙一例事》，乾隆五十五年十月初四日，朱批奏折，档号04-01-35-0623-006。

接受的价格即可，顶替者协助出资以减少盐商的负担，同时获得相应的收益，这种做法可谓“双赢”。一方面，盐商在频繁捐输之后，本家族需要此项议叙之人会越来越少，因此有转让“指标”的动机；另一方面，冒名顶替者可以通过转让的方式获得议叙，尤其是乾隆朝奖励捐输者实官的做法具有相当的吸引力。从理论上讲，可以得到的议叙越具有吸引力，盐商转让此项名额的收益就越大。总之，盐商将代为出资之人列入议叙名单，不但转移了捐输成本和收益，甚至还可能从中牟利。

在乾隆晚期停止议叙实官政策之后，上述顶替议叙名单的情况仍然存在。道光二十年（1840），吏部在议叙嘉庆十四年（1809）为万寿庆典捐银的两淮盐商时称：

> （两江总督伊里布咨称）“惟现在办事商人多系新商，本难周悉前商捐纳原委。且从前散商最多，今既由各旧商按照司中抄发完银上库旗名、银数，自为核对。或从前自立花名、或仍用原总、或拨引请运、或附本行盐，并有前商已故由其后人开报者。分晰核对，逐名下加具认押，开造的完银数、各名履历总册咨送议叙”等因到部……例得遵旨议叙，惟查此案已历三十二年，所开各商共有六百零七名，年份既远，商名甚繁，核查册内捐生年岁多半未符。若非确实查明，恐不免有冒滥情弊。相应请旨饬令该督核实，查明原捐各商另造清册，出具并无冒滥切实印结送部，以凭核办。此内如有冒滥情事，即将出结官照例议处。[1]

道光中期的两淮盐政改革后，两淮盐政由两江总督兼管，故此处系由总督上报。请奖名单的上报时间距请捐时间已有30余年，“新商”无法知悉“旧商”的情况，故总督特别声明所开具的嘉庆十四年（1809）捐银盐商清单经过了“逐名下加具认押”的确认环节。然而，吏部并不认可，“核查册内捐生年岁多半未符”，认为存在冒名顶替的问题，故予以驳回，要求重新上报议叙名单，且该名单需要相关官员出具“并无冒滥”的保证书（“印结”），并警告

① 《吏部尚书奕经等奏请饬令直隶总督核实查明报效捐输各商另造清册出具印结送部以凭核办事》，道光二十年十二月十一日，录副奏折，档号03-3186-045。

这份名单若被查出存在顶替问题，将处分出具保证书的官员。事实上，冒名顶替的情况始终存在且很难革除，对此咸丰初年就有官员声称所谓盐商捐输，“其议叙职官，早经售市于人，黠商转有所利”。[①]

第二节　盐商对捐输负担的化解策略

通过前文对运作流程的考察，我们可以看出盐商捐输在乾嘉两朝变得愈发被动。在不能改变这一基本政策的情况下，盐商必须寻找对策去化解捐输负担，其中最常见的举措就是对既有捐款的分期缴纳与拖欠，对此后文将单独考察。此外，盐商为减轻捐输负担而采取的策略通常包括如下数种。

第一，通过增加盐价转嫁捐输成本。这种做法由于乾隆初年御史陈其凝的批评而得以证实。乾隆五年（1740）六月，御史陈其凝奏称，乾隆三年（1738）两淮盐商为淮扬水利捐银30万两，此项水利工程“有便盐场”，因此盐商捐输“不惟急公，兼且利己”，朝廷准其分年缴款，实属“爱恤商民，非有利于其财也”。然而，盐商却转而从中牟利：

> 乃众商借此捐输之名，遂增添于成本之内，甚至明捐者一二而暗增者倍蓰，名为效力于朝廷，实则取偿于百姓。臣闻各省盐价昂贵，恐有此弊。今见两淮盐臣三保折奏，众商开呈成本价值，公然以捐赈、煮赈、挑河捐项繁多为名，似不出臣愚所料之外。夫民为邦本，用资于民，财之在民，犹在国也。今借急公之名输之于公，而倍加盐价，取之于民，已无异取之公而输之公矣。况公然借捐输之名增入成本之内，使小民知盐价之贵由于捐输，是商人蒙急公之赏，百姓受派累之苦，而朝廷任受捐之名。谓商捐其可受乎！即上年淮扬歉收，众商捐赈饥民，民间未尝不被其惠。若仍算作成本，济之民者取之民，皇上何难动发帑项，而必待盐贾之代赈乎！总之，捐助之事原系好善乐施之举，必己实有余，出其有余以补不足，朝廷博济之所不到，

① 宗稷臣：《通筹出入虚实疏》（咸丰元年，1851），盛康辑：《皇朝经世文续编》卷30，来新夏主编：《清代经世文全编》第60册，学苑出版社，2010年，第168页。

亦赖有此补救之一法。若取之民而输之公，名为好施而实未施，号为乐善而并非善，商人则得计矣，究何补于民生，何禅国计耶！①

概言之，盐商将捐输款项计入成本并以此为借口增加盐价，有时增加的盐价甚至远超其捐数，从而直接将捐输负担转嫁给民间。盐商不仅获得朝廷的政治奖励（议叙），还从中获得实际的经济利益，由此形成盐商得利而朝廷和民间双输的局面，即“商人蒙急公之赏，百姓受派累之苦，而朝廷任受捐之名”。尤为关键的是，陈其凝并非只是做可能性分析，而是举出了实在的例子，那就是两淮盐政三保开报的盐商成本中“公然以捐赈、煮赈、挑河捐项繁多为名”。三保之所以开具盐商成本清单，是因为当时朝廷正在讨论湖广行销淮盐的价格问题，面对湖广地方官所言盐价太高的指责，三保从两淮盐商的立场出发出具了将捐输款项计算在内的成本清单，以证实淮盐较高定价的合理性。②陈其凝的奏报在次月（闰六月）通过大学士等议覆，朝廷议定盐商此后不得将捐输计入成本，不得以此借口抬高盐价。③

陈其凝的批评并非孤例。当年七月大学士会同户部议覆湖广总督班第条奏楚省盐务时，其一即系该总督“禁公捐摊作成本”，其辞曰“商人成本，每称捐项繁多。查商捐银两久奉禁革，该商等皆当自出赢余，岂可摊作成本，科累民间。应请嗣后如有尚义乐施等项报捐银两，务须声说自出己资，不得摊作成本；如果实因盐场事务公捐，应作成本抵扣者，亦于报捐呈内先为声明，通行立案”。对此，大学士等亦引用此前对御史陈其凝条奏的议覆，声明“商捐一项摊入成本，抬价累民，自应永行禁止。不得复以盐场事务公捐，请作成本抵扣”。④

盐商将捐输款项计入成本以提高盐价的策略在乾隆五年（1740）被明令禁

① 《协理江南道事河南道监察御史陈其凝奏请停止商捐以清盐务事》，乾隆五年六月初九日，朱批奏折，档号04-01-35-0445-008。

② 韩燕仪：《清代乾隆前期湖广部定盐价制度中的政治博弈》，温春来主编：《区域史研究》2020年第1辑（总第3辑），社会科学文献出版社，2020年，第109—131页。

③ 《清高宗实录》卷120，乾隆五年闰六月乙巳，《清实录》第10册，第761—762页。

④ 王世球等纂修：乾隆《两淮盐法志》卷39《杂志一·捐助》，于浩辑：《稀见明清经济史料丛刊》第1辑第9册，第20—21页。

止。然而，据前引韩燕仪的研究，这种禁止不过流于表象，两淮盐商很快因为频繁的巨额捐输而获得乾隆帝的支持，从而逐渐实现了不断抬高盐价的目标。对于盐商捐输与食盐加价的关系，档案中有明确的案例可证。例如，嘉庆五年（1800），在户部议驳长芦盐政观豫所奏长芦、山东盐斤加价后，嘉庆帝谕准户部意见，并声称“昨两淮、浙江、广东各商俱吁恳报效，而长芦商人并未呈请出资助饷，更无可借口。今若允该商等所求，致两淮等处亦复效尤，纷纷恳请加价，更无所底止矣”。[①]嘉庆帝认为长芦盐商本次并未捐输，因此无法以此为借口请求提高盐价；以此反推，若长芦盐商本次同两淮等其他盐区同样请求捐输，那么请求加价就具有一定的合理性。又如，嘉庆十三年（1808）谕称，此前两江总督铁保奏报两淮盐商为南河工程捐银300万两，同时声称“淮商成本较重，营运维艰，吁恳量加调剂”，对此嘉庆帝指示“亦照所请，准其加余息一分五厘，听各商暂时售卖，俾资充裕”，此即朝廷因盐商捐输而允许提高盐价的明证。尤其是，两淮盐商可以从本次提价中获得很大利益，对此嘉庆帝分析称：

因思淮商加息一事，额勒布曾两次奏恳，均经部议驳斥。今因筹款治河不得不借资商力，而该商等情殷报效，踊跃急公，是以加恩暂行允准。计该商等每年所得息银约有一百三十余万两，其报捐之三百万两则缓至六限后始行分年交纳。是此六限中，该商等已获现利银八百余万两，既倍于所捐之数。而目前所谓报效者，转系垫解备用，无庸现出己资，并得邀赏议叙。况南河各工兴修稳固，不独保障淮扬，于鹾务场灶、行运事宜均大有裨益。[②]

概言之，此前两淮盐商请捐银300万两是在6年之后才开始陆续缴纳。因此，当盐商获准提高盐价后，每年可以多得银130余万两。其在6年间因此获得的利润高达800余两万，远远高出此前请捐的银数。

除了上述通过合法方式公开增加盐价，盐商还会因为捐输而私增盐价。

① 《清仁宗实录》卷61，嘉庆五年三月戊午，《清实录》第28册，第813—814页。

② 中国第一历史档案馆编：《嘉庆道光两朝上谕档》第13册，第265—266页。

例如，嘉庆八年（1803），职员张江梅赴京控告浙江盐商在“官设定价”之外“任意浮增”，而盐运使“袒庇商人”。[①]对此，嘉庆帝谕称“现在浙江盐务，即有职员张江梅来京控告，以该运使借捐饷为名私增盐价”，“两淮盐务，或有似此加价累民之事，亦未可定”。[②]显然，嘉庆帝在听闻浙江盐商因捐输而私增盐价之后，即怀疑两淮亦存在类似情况。

第二，推迟新增捐输款项的分期起限。嘉庆十三年（1808）两淮盐商的捐输即是典型，因两年前的同类捐款分期6年（至嘉庆十七年才能缴完），于是本次300万两的捐银“准其于旧捐六限全完之后，续分四年带完归款”[③]，即本次捐款于嘉庆十八年（1813）起分期缴纳；同年闰五月，两浙盐商再次为南河工程捐银120万两，“俟旧捐报效银两捐足之后，自辛未纲起分作三年带完归款”[④]，即从嘉庆十六年（1811）起分期缴纳。自此开始，这种情况愈发普遍。例如，嘉庆十六年（1811），因南河工程，两淮盐商于正月、八月、九月的三次捐输（依次为150万两、100万两、160万两）分别自嘉庆十八年（1813）、十九年（1814）、二十年（1815）起分期缴纳；[⑤]两浙盐商于二月、九月的两次捐输（依次为50万两、40万两）分别自嘉庆十八年（1813）、二十年（1815）起分期缴纳。[⑥]在嘉庆中期之前，盐商捐输或为现银，或于当年或次年起分期缴纳。而嘉庆十三年（1808）起，不少捐输是在三至五年之后才分期缴纳，这显系盐商减轻压力之举。对此，清政府自然心知肚明。嘉庆二十二年（1817），当长芦盐商声称新一轮捐输需“俟前次捐款扣完之后，再行起限交纳”时，嘉庆帝斥之为“拖延年限，徒有捐输之名，毫无实济”，因此本次捐输“概不赏收”。[⑦]

第三，在“踊跃”捐输的同时拖欠其他款项。例如，嘉庆七年（1802），针对两浙盐政延丰分期八年带征盐课的请求，嘉庆帝斥之曰：“前据延丰奏，

---

① 中国第一历史档案馆编：《嘉庆道光两朝上谕档》第8册，第53页。
② 中国第一历史档案馆编：《嘉庆道光两朝上谕档》第8册，第62页。
③ 中国第一历史档案馆编：《嘉庆道光两朝上谕档》第13册，第258页。
④ 中国第一历史档案馆编：《嘉庆道光两朝上谕档》第13册，第299页。
⑤ 中国第一历史档案馆编：《嘉庆道光两朝上谕档》第16册，第30、464、574页。
⑥ 中国第一历史档案馆编：《嘉庆道光两朝上谕档》第16册，第90、524页。
⑦ 中国第一历史档案馆编：《嘉庆道光两朝上谕档》第22册，第20页。

两浙商人续请捐输，似商力尚属裕如。今于现年引目，犹不能循例营销。与其例外输将，何如将引课实心经理，俾得年清年款，又何用为此报效虚辞，转将正课及带销积引铳销展限？岂核实办公之道乎！况捐输款项，仍系运库垫发，尚须分年带缴，又为将来借口积压地步，殊属无谓。”[①]又如，嘉庆二十年（1815），针对两浙盐政广泰同时呈递请求捐输、调剂（即缓交各款）两份奏折，嘉庆帝一针见血地指出：浙江盐商“忽有此请，显系希图推迟应交各款，故借为报效乞恩。其意以为此时若准其捐输，即不能不加之调剂”，盐商既然有资本捐输，自不应无力完缴其他各项经费，“广泰所奏自相矛盾，甚属取巧”。[②]此为盐商以捐输为名拖欠包括盐课在内的各项款项之明证。然而，盐商以此减轻眼前缴款负担的策略，直接导致了清政府盐务相关财政收入的混乱。嘉庆二十五年（1820），御史袁铣奏称盐商此举导致捐输有名无实，大学士托津等奉旨议覆称：盐商捐输“原非定例”，“应请敕下该盐政等，先以清厘商课为亟，毋得竞尚虚文，徒有报效之名，转将正课亏挪，借词延宕”。[③]这证实盐商此举确实变相减轻了捐输负担。

此外，一些属于个案的策略亦值一提。一为示弱，例如嘉庆五年（1800）谕旨称：“长芦盐务，商力素称疲乏，今于捐挑运盐河道，需费不过一万余两，已需分限二年完纳，可见该处商力疲乏已极。着传谕观豫，嗣后惟当悉心调剂，以期商力渐臻饶裕，不可再有苦累为要。”[④]如此小额款项却请分期缴纳，显系长芦盐商的刻意之举。二是将其他款项蒙混为捐输，例如嘉庆十六年（1811），在筹补生息银两时，长芦盐商“在原捐参课额内借动，影射作为商人报效”，山东盐商“以参课作为捐款”，均属“蒙混”。[⑤]

① 中国第一历史档案馆编：《嘉庆道光两朝上谕档》第7册，第72页。

② 中国第一历史档案馆编：《嘉庆道光两朝上谕档》第20册，第124页。

③ 中国第一历史档案馆编：《嘉庆道光两朝上谕档》第25册，第386页。

④ 中国第一历史档案馆编：《嘉庆道光两朝上谕档》第5册，第304页。

⑤ 中国第一历史档案馆编：《嘉庆道光两朝上谕档》第16册，第454、545页。

第三节　盐商捐输的缓征与减免

总体来看，盐商的大额捐输多系分期缴纳，由此带来的问题就是后续缴款的拖欠。顺治、康熙和雍正三朝盐商捐输十分有限，在此不再讨论，以下只针对乾嘉两朝请捐的数额进行考察。相较而言，乾隆朝的历次大额捐输之间往往相隔多年，因此盐商的分期款项大多能够按期缴纳，乾隆末年缓征的款项在嘉庆朝前期陆续缴完；至嘉庆朝官府对盐商捐输的索取失去节制，从而盐商拖欠款项的情况愈发普遍，该时期盐商未完捐输款项在道光朝又反复缓征，因此本节的考察时段推展至道光朝前期。

据笔者所见，乾隆朝前中期的盐商捐输大多能按期缴纳，朝廷对捐款的缓征与减免主要出现在乾隆朝晚期。其中，减免仅见一次，乾隆四十五年（1780）南巡途中，乾隆帝谕令免除两淮盐商未完捐输银120万两，即“所有应还川饷项内，尚有未缴银一百二十万两，着加恩全行豁免”，同时“又两淮商人历纲提引余利项内，庚子年限应完银二十七万六千余两，并着展限递缓一年”。[①]这次减免相当特殊，并非简单的南巡“加恩”，而是因为两淮盐商同时还有一笔数额惊人的“提引余利银”。在颁发“加恩”谕旨前，两淮盐政伊龄阿曾奉旨报告两淮盐商额外负担时称：“历纲提引余利项内，前经奉旨将未完银五百五十二万余两，分作二十限完缴。除已完四限外，尚有十六限未缴，每限应完银二十七万六千余两；又，捐还川饷三百万两，分作十纲完缴。除已完六纲外，尚有四纲未缴，每纲应完银三十万两。计每年共应征银五十七万两千余两。”[②]对乾隆帝来说，552万余两的“提引余利银”数额更高，权衡之下也就免除了这项120万两的未完捐输银。至于其他盐区，笔者未见到免除的记载。考虑到其他盐区捐输数额相对较少，应该是未曾减免，乾隆五十九年（1794）军机处

① 中国第一历史档案馆编：《乾隆朝上谕档》第9册，第963页。

② 中国第一历史档案馆编：《乾隆朝上谕档》第9册，第949—950页。

的报告就称“芦、东商人应交银两，只有展缓之例，从未减免”。[①]

至于乾隆朝盐商捐输的延期缴纳情况，除了乾隆前期两淮盐商的一例，其他集中于乾隆晚期。乾隆十四年（1749），因为当年两淮盐商为南巡捐银100万两且系现银缴纳，同时两淮盐商尚需自行出资办理各项南巡事务，意味着当年盐商的负担远远超出平时，所以署理两淮盐政吉庆提议将此前请捐的数项捐款延期缴纳，其辞曰：

> 查淮商于敬筹湖河蓄泄机宜案内，有每年应捐还挑浚盐河银两；又于遵旨议奏事案内，有每年愿捐生息银两；又有遵旨议奏事三案，每年应捐还两淮报捐川饷、并扬商在湖广报捐川饷，及江西报捐川饷各银两。可否仰恳圣恩，将带捐盐河、生息、两淮川饷三项自本年己巳纲为始，湖广、江西川饷二项自庚午纲为始，均暂缓二年，俟二年之后再行按年捐补。[②]

乾隆帝批复同意，即“准如所奏行，咨部知之”。此处延期缴纳的款项中，生息银暂且不论，涉及的捐输款项及缓征方案为：第一，“敬筹湖河蓄泄机宜案”内“捐还挑浚盐河银”银48万两，系乾隆十年（1745）请捐并分限八年，至此剩余第5至8限银未完；本次从乾隆十四年（乙巳纲）（1749）暂缓两年，即乾隆十四（1749）和十五年（1750）无须缴纳，推迟于乾隆十六年（1751）至十九年（1754）每年缴纳6万两。第二，“两淮报捐川饷”银80万两，系乾隆十三年（1748）请捐并“于次年起分限四年”，至此尚未开始缴纳；本次于乾隆十四年（1749）和十五年（1750）免缴，推迟于乾隆十六年（1751）至十九年（1754）每年缴纳20万两。第三，“湖广、江西川饷”即在湖广和江西经营盐务的两淮盐商请捐银，前者于乾隆十三年（1748）请捐银20万两并分限四年（未说明起限，参考同时捐款缴纳时间推测为乾隆十四年［1749］起限），后者于乾隆十四年（1749）请捐银10万两并“本年起分限

---

① 中国第一历史档案馆编：《乾隆朝上谕档》第17册，第814页。

②《署理两淮盐政吉庆奏请盐商缓二年捐盐河生息并两淮湖广江西川饷事》，乾隆十四年十月十六日，朱批奏折，档号04-01-35-0453-016。

五年”，至此均未开始缴纳；本次从乾隆十五年（庚午纲）（1750）暂缓两年，即乾隆十四年（1749）各需缴纳第一限银，乾隆十五年（1750）和十六年（1751）免缴，剩余从乾隆十七年（1752）起继续缴纳。

乾隆晚期的缓征情况如下。乾隆五十八年（1793）十月，因两淮盐政巴宁阿之请，乾隆帝谕称：“淮南商众，向来办运引盐，完纳课项，尚属奋勉急公。兹因节次铳销及公捐等项，分年完纳，商力未免稍形竭蹶。且带征各款，尚非正项钱粮可比。所有淮南不入成本之铳销食引及铳销壬子纲引，并节次公捐借拨库项等款共银三百六十九万余两，着自甲寅年起分作十年带完，以纾商力，此系朕格外加恩，嗣后不得援以为例。”①甲寅年即乾隆五十九年（1794），本次分十年缴纳的369万余两中即包括“节次公捐”也就是此前未完的捐输在内。

在乾隆五十八年（1793）两淮盐区请求延期缴纳捐输款项并成功之后，长芦、山东、两浙盐区也陆续提出此类申请。乾隆五十九年（1794）四月，因长芦盐政征瑞之请，乾隆帝谕旨称：“所有长芦、山东未完六限、三限缓征及带征五限川饷，并本年应完正余引票课银三百八十八万余两，着再加恩于各原限届满奏销后起限，统行接展三年，分年带征。”②此处所言“带征五限川饷”，即乾隆三十八年（1773）所捐金川军需银。该笔款项距请捐已逾二十年，显然此前已经历多次缓征。乾隆五十九年（1794）五月，因两浙盐政全德之请，乾隆帝谕称：“户部议驳两浙盐政全德奏‘浙商应输闽饷等款银两，请分限十年带完’一折，仍令各照原限完纳，固属照例办理。但浙商资本微薄，此项外输银两，若于正课之外，责令一并交纳，恐商力转输不继，办运未免多艰。所有浙省商人应完闽饷、藏饷、外输等款银一百九十万两，着加恩自甲寅年为始，分限五年完纳清款，以示格外体恤至意。”③甲寅年即乾隆五十九年（1794），乾隆帝允准当年起分5年缴纳的“闽饷”“藏饷”分别指乾隆五十三年（1788）所捐台湾军需银、乾隆五十七年（1792）所捐廓尔喀军需银。

根据前文的分析，兹统计乾隆朝两淮盐商捐输的缓征与减免情况如下

① 《清高宗实录》卷1438，乾隆五十八年十月乙丑，《清实录》第27册，第220页。

② 中国第一历史档案馆编：《乾隆朝上谕档》第17册，第814页。

③ 中国第一历史档案馆编：《乾隆朝上谕档》第17册，第906页。

（表6–3）。由于前文讨论时已详细分析并注释，此处表格不再另行标注资料来源。至于每次减免所针对的款项，对照第三章表3–1《乾隆朝两淮盐商捐输缴款详表》。其中乾隆五十八年（1793）延期时未声明捐输款项的总额及其相应的款项，因此“针对款项”一栏的部分数据出自笔者推理。

表6–3　乾隆朝两淮盐商捐输缓征与减免详表

时间	详情	针对款项（对照表3–1）	备注
乾隆十四年（1749）	敬筹湖河蓄泄机宜案内带捐盐河、两淮川饷银，自己巳纲为始，湖广、江西川饷二项自庚午纲为始，均暂缓二年	（1）带捐“盐河”银，即乾隆十年（1745）请捐48万两；（2）“两淮川饷”即乾隆十三年（1748）请捐金川军需银80万两；（3）“湖广、江西川饷”即乾隆十三（1748）、十四年（1749）请捐金川军需银20万两、10万两	前两项从乾隆十四年（1749）起延期两年缴纳，第三项从乾隆十五年（1750）起延期两年缴纳
乾隆四十五年（1780）	应还川饷未缴银120万两全行豁免	乾隆三十八年（1773）所捐金川军需银，剩余第5—8限总计120万两	直接豁免未完捐输银120万两
乾隆五十八年（1793）	节次公捐借拨库项等款自甲寅年起分作十年带完	（1）乾隆五十三年（1788）所捐台湾军需银第6限约33.33万两；（2）乾隆五十三年（1788）所捐荆州水灾工赈银第5限20万两；（3）乾隆五十五年（1790）所捐乾隆帝八旬万寿银第3—6限合计约133.33万两；（4）乾隆五十七年（1792）所捐廓尔喀军需银第2—5限合计160万两	总计约346.66万两，从乾隆五十九年（1794）起分限十年，即每年缴银约34.67万两

嘉庆朝的捐输缓征更为常见并一直延续至道光朝。考虑到两淮是捐输的绝对主力，兹统计该区自嘉庆至道光初年捐输款项的缓征与减免情况如下表（表6–4）。与表6–3类似，每次缓征或减免所针对的款项，对照第三章表3–2《嘉庆朝两淮盐商捐输缴款详表》。

表6–4 嘉庆至道光初年两淮盐商捐输缓征与减免详表

时间	详情	针对款项（对照表3–2）	备注
嘉庆十七年（1812）十二月	两淮盐政阿克当阿奏称，癸酉纲（嘉庆十八年，1813）至戊寅纲（二十三年，1817）计六纲“八百数十万两”的河工捐银，应缴各款过重；谕准“展限分为十纲带完”（①）	（1）嘉庆十三年（1808）五月所捐300万两，当时声明“十八年起分限四年”；（2）嘉庆十三年（1808）六月所捐剩余第5—8限银150万两；（3）嘉庆十六年（1811）正月所捐银150万两，当时声明“十八年起分限四年”；（4）嘉庆十六年（1811）八月所捐银100万两，当时声明“十九年起分限四年”；（5）嘉庆十六年（1811）九月所捐银160万两，当时声明“二十年起分限四年”	嘉庆十三年（1808）至十六年（1811）请捐河工银总计1010万两，至此未完银860万两，从嘉庆十八年（1813）起分限十年，每年应缴银86万两
嘉庆十九年（1814）四月	谕称“应交十九年冬季河工现银一百万两，准其展限一年，于二十年冬季完缴”（②）	即嘉庆十七年（1812）八、九月所捐河工银400万两，当时声明其中100万两于嘉庆十九年（1814）冬季缴纳（十七、十八年已各缴150万两）	原本嘉庆十九年（1814）应缴100万两，推迟至二十年（1815）
	谕称“应交军需、河工银一百万两，原请分作四纲带完者，准其于丙子纲并作一纲带完”（②）	即嘉庆十八年（1813）十一月所捐军需、河工银100万两，当时声明“次年起分限四年”	原本从嘉庆十九年（1814）起分限四年，改为嘉庆二十一年（丙子纲）（1816）缴纳
	谕称“其历次商捐河工各款，原请分作十纲带完者，除已完外尚未完银七百七十四万两，准其自戊寅纲起分作七纲，每纲带还银一百一十万五千余两”（②）	即前项嘉庆十七年（1812）十二月未完河工捐银860万两（谕准分限十年），其中嘉庆十八年（1813）按期缴纳第1限银86万两，剩余未完银774万两	总计774万两，从嘉庆二十三年（戊寅纲）（1818）起分限七年，每年应缴银约110.57万两
嘉庆十九年（1814）十二月	谕称“十九年报捐银一百万两，二十年岁底报捐银一百万两，并此次报捐银四百万两”即总计未完银600万两“自乙亥年为始至癸未年分作九限，每年交银六十六万六千六百余两”（③）	（1）“十九年报捐银”即嘉庆十九年（1814）四月所捐河工银100万两，当时声明“当年缴纳”；（2）“二十年岁底报捐银”即嘉庆十七年（1812）八、九月所捐河工未完银100万两（嘉庆十九年四月谕准推迟于二十年缴纳）；（3）“此次报捐银”即嘉庆十九年（1814）十二月所捐河工银400万两，原声明自嘉庆二十一年（丙子纲）（1816）起分限八年	嘉庆十七年（1812）至十九年（1814）请捐河工银总计900万两，至此未完银600万两，从嘉庆二十年（乙亥纲）（1815）起分限九年，每年应缴银约66.67万两

续表

时间	详情	针对款项（对照表 3-2）	备注
嘉庆二十二年（1817）二月	两淮盐政阿克当阿奏称：两淮盐商“计自嘉庆二、三年起至二十一年河工、军需、灾赈等项共捐输过银不下五千万两，已完缴过银将至四千万两，尚有未完银一千三百余万两，均需自丙子纲起以后九纲带完，实属转输不及”；谕称“加恩将丙子纲起以后应带完九纲银两，推展六纲起限，自壬午纲起，仍按九纲带完，以纾商力”（④）	此处所言系嘉庆二十二年（1817）之前所有捐输未完银合计1300余万两，按照原计划应于嘉庆二十一年（丙子纲）起分限九年，具体对应款项，据此前统计可知应包括以下两项：（1）前项嘉庆十九年四月谕准，从嘉庆二十三年(戊寅纲)起分七年缴纳银774万两；（2）前项嘉庆十九年（1814）十二月谕准，从嘉庆二十年（乙亥年）起分九年缴纳银600万两，此处请求自丙子纲（嘉庆二十一年，1816）起加恩，则该银仅于嘉庆二十年（1815）缴纳第1限约66.67万两，剩余第2—9限银约533.33万两。以上两项合计约1307.33万两	总计约1307.33万两（正合于“未完银一千三百余万两”之数），推迟六年缴款（原本应从嘉庆二十一年起），即从壬午纲（道光二年）起分限九年
嘉庆二十五年（1820）十一月	第一类“未完捐带各款”1174万余两，其中未完捐输4项合计银450万两：（1）“商捐仪封工需”银100万两，原奏于嘉庆二十五年（庚辰年）缴纳；（2）“庚辰应征第4限圣节赏需”银50万两;（3）“商捐武陟工需未完银”200万两，原奏于壬午、癸未纲（道光二、三年）各缴50万两，甲申纲（道光四年）缴100万两;（4）“商捐淮北运本”银100万两，原奏于辛巳纲（道光元年）起至庚寅纲（道光十年）止分限十年。上述未完捐款和其他带款应于庚辰纲起至己丑纲（道光九年）止分十纲“各按原限完缴”（⑤）	（1）“商捐仪封工需”银即嘉庆二十五八月所捐100万两，应于嘉庆二十五年庚辰纲缴纳（本次所分第1限）；（2）“庚辰应征第4限圣节赏需”银即嘉庆二十二年（1817）二月、六月两次合计捐银200万两，原本从嘉庆二十二年（1817）起分限四年，至此尚有第4限银50万两，应于嘉庆二十五年（1820）庚辰纲缴纳（本次所分第1限）；（3）“商捐武陟工需”未完银即嘉庆二十四年（1819）两次所捐总计300万两，其中100万两已于当年缴纳，至此尚有未完银200万两，应于道光二（1822）、三年（1823）各缴50万两，道光四年（1824）缴100万两（本次所分第3—5限）；（4）“商捐淮北运本”银即嘉庆二十五年（1820）五月所捐银100万两，应截至道光九年缴完（具体何时开始缴纳不详）	此类未完捐输银总计450万两，虽声明系“各按原限缴纳”，实际第4项“商捐淮北运本”银由截至道光十年（1830）缴完改为截至道光九年（1829）缴完。此类未完银总体上从嘉庆二十五年（1820）至道光九年（1829）分十限

续表

时间	详情	针对款项（对照表 3–2）	备注
嘉庆二十五年（1820）十一月	第二类“未完捐带各款”1680万余两，其中未完捐输银合计1348万余两，具体如下： （1）“未完嘉庆十三年至十七年南河五案商捐”银774万两，改为“于癸巳纲（道光十三年）起至戊戌纲（道光十八年）止分六纲征完”；（2）“未完嘉庆十八年商捐河工、军需”银81万余两，改为“己亥一纲（道光十九年）征完”；（3）“未完嘉庆十九、二十年商捐南河睢工、河工赈恤”银493万余两，改为“于庚子（道光二十年）起至癸卯（道光二十三年）止分四纲征完”。 上述未完捐款和其他带款，“俟前项交清，自庚寅纲（道光十年）起至癸卯纲（道光二十三年）止，分作十四纲完缴”（⑤）	（1）“未完嘉庆十三至十七年南河五案商捐”银774万两，即前项嘉庆十九年（1814）四月、嘉庆二十二年（1817）二月两次谕准展限之银，至此尚未起限，再次改为于道光十三年（1833）起至十八年（1838）分六限缴纳； （2）“未完嘉庆十八年商捐河工、军需”银81万余两，该项银100万两，先于嘉庆十九年（1814）四月改为在嘉庆二十一年（1816）缴纳，此处声明“原展于乙酉纲（道光五年）征完”（具体何时准予展限、如何分期均未详），据此截至当年已缴银18万余两（根据后文表6–5准确数据为约18.29万两，推测为嘉庆二十五年所交），未完银约81.71万两再次改为于道光十九年缴纳； （3）“未完嘉庆十九（1814）、二十年（1815）商捐南河睢工、河工赈恤”银即前项嘉庆十九年十二月、嘉庆二十二年（1817）二月两次谕准展限之银，初次展限银数为600万两，第二次展限银数约为533.33万两。至此未完银493万余两（据此推测此前不知何时已提前还款约40.33万两）	此类再次展缓的未完捐输银总计约1348.71万两，与其他带款一并从道光十年（1830）至二十三年（1843）分十四限，其中道光十年（1830）至十二年（1832）的三纲需缴纳其他“带款”，故未完捐输实际从道光十三年（1833）起至二十三年（1843）缴纳（第一类和第二类未完捐输银总计约1798.71万两，本次未完捐款与带款总计分二十四限）
道光元年（1821）十一月	谕称“分纲带交之武陟、仪封捐款等项，除庚辰初限已完外，余俱推展三年，自甲申纲起分二十三限接续带交”（⑥）	此即前项嘉庆二十五年（1820）十一月分二十四限缴纳之款（嘉庆二十五年至道光二十三年）的剩余第2—24限，其中第1限（嘉庆二十五年庚辰初限）已缴银150万两（嘉庆二十五八月“商捐仪封工需”100万两，“庚辰应征第4限圣节赏需”银50万两）	剩余第2—24限未完银约1648.71万两（第一类未完银300万两，第二类1348.71万余两），再次推迟从道光四年（1824）起限

续表

时间	详情	针对款项（对照表3-2）	备注
道光三年（1823）三月	两江总督孙玉庭、两淮盐政曾燠奏称“嘉庆年间两淮公捐军需、河工等银”5366.7万余两，已完银3796.3万余两，未完1570.3万余两。其中1055万余两“应仍按限完交”，谕令先缴悬垫、息本等其他积欠之款，此项捐款与带款“着俟悬垫、息本全清之后，于甲午起分二十纲征还”；两江总督孙玉庭、两淮盐政曾燠奏称“尚有报捐未缴、叠经展限带征银”514.6万余两请求豁免，谕准“加恩”豁免（⑦）	此即前项嘉庆二十五年（1820）十一月分二十四限的未完银，随后于道光元年（1821）十一月将剩余第2—24限推迟从道光四年（1824）起限（已完第1限银150万两），因此至此未完银仍为第2—24限总计约1648.71万两 （此处声明未完银为1570.3万余两，数据分歧原因详见后文分析）	嘉庆年间未完捐输银豁免514.6万余两，其余1055万余两推迟至道光十四年（甲午，1844）起分二十限缴纳

说明：1.资料来源以括号形式标注，具体如下：①《两淮盐政阿克当阿奏为代奏淮南总商请将明年六纲应缴报效河工银两展限事》，嘉庆十七年十一月，朱批奏折，档号04-01-01-0537-036；中国第一历史档案馆编：《嘉庆道光两朝上谕档》第17册，第470—471页。②中国第一历史档案馆编：《嘉庆道光两朝上谕档》第19册，第312—313页。③中国第一历史档案馆编：《嘉庆道光两朝上谕档》第19册，第1018—1019、1035页。④《两淮盐政阿克当阿奏请将丙子纲以后带完九纲银两展限带纳事》，嘉庆二十二年二月，朱批奏折，档号04-01-35-0495-054；中国第一历史档案馆编：《嘉庆道光两朝上谕档》第22册，第41页。⑤《户部尚书英和等奏为议覆淮南捐带各款请酌宽年限清厘完交事》，嘉庆二十五年十一月初八日，录副奏折，档号03-1809-089；《户部尚书英和等呈淮南应征应缓各款清单》，嘉庆二十五年十一月初八日，录副奏折，档号03-1809-090；《清宣宗实录》卷8，嘉庆二十五年十一月辛酉，《清实录》第33册，第178页。⑥《清宣宗实录》卷26，道光元年十一月戊申，《清实录》第33册，第454页。⑦《两江总督孙玉庭等奏请豁免两淮商人未完捐输银两事》，道光三年三月初九日，朱批奏折，档号04-01-35-0653-047；《清宣宗实录》卷50，道光三年三月辛卯，《清实录》第33册，第898页。

2.嘉庆十九年（1814）在谕准两淮盐商延期缴纳捐输款项同时，对其他欠款也有调整，即“其庚午纲铳引带征之课，原请分作五年带完者，除已完外尚有甲戌、乙亥两纲未完银一百八万四千余两，准其于丁丑纲并作一纲完缴”，即将此项银于嘉庆二十二年（1817）缴纳。此项并非捐输，故未纳入本表统计。正是因为嘉庆二十年（1815）至二十二年（1817）已安排缴纳其他款项，故本表总计774万两的河工银推迟至嘉庆二十三年（1818）起缴纳。

3.嘉庆二十二年（1817）获准缓征款项中，尚有一笔需要讨论。嘉庆十八年（1813）

十一月所捐军需、河工银100万两，此前于嘉庆十九年（1814）四月谕准至嘉庆二十一年（1816）缴纳。但据本表的后续报告，该款并未在嘉庆二十一年（1816）按期缴纳。嘉庆二十四年（1819）十月军机处的报告称："臣等查两淮商捐各款，自十五年后共计银一千七百万两。此内十八年所捐军需银一百万两，十九年所捐睢工银一百万两，又是年所捐工赈银四百万两，续经该盐政奏准，展自二十七年壬午纲起分作九限带完，此时尚未起限"（中国第一历史档案馆编：《嘉庆道光两朝上谕档》第24册，第552—553页）。此处所谓"展自二十七年壬午纲起分作九限带完"即指嘉庆二十二年（1817）获准展限之事，据此似应将此项100万两的未完捐输款计入。不过，本表嘉庆二十五年（1820）十一月提及此款时称，"未完嘉庆十八年商捐河工、军需银八十一万余两，原展于己酉纲（道光五年）征完"（《户部尚书英和等呈淮南应征应缓各款清单》，嘉庆二十五年（1820）十一月初八日，录副奏折，档号03-1809-090）。故以更晚的报告为准，不将该笔款项计入当年缓征之内。

关于道光三年（1823）朝廷谕准减免的未完捐输银具体所对应的款项，档案中也有详细的记载。在此前的道光二年（1822）十二月，军机大臣、大学士曹振镛等奉旨报告了两淮的欠款清单，其中包括"淮南北未完捐款"，兹整理其中未完捐输款详表如下（表6-5）。

表6-5 道光二年（1822）十二月所报两淮未完捐输详表

<table>
<tr><th>序号</th><th>请捐款项及未完银数</th><th>备注</th></tr>
<tr><td>1</td><td>嘉庆十三年（1808）商捐南河未完135万两</td><td rowspan="5">此五项未完银合计774万两，即表6-4所统计"嘉庆十三至十六年请捐河工银"（请捐总计1010万两）；实缴236万两，包括嘉庆十四（1809）至十七年（1812）所缴150万两、嘉庆十八年（1813）所缴86万两</td></tr>
<tr><td>2</td><td>嘉庆十三年（1808）续捐南河未完270万两</td></tr>
<tr><td>3</td><td>嘉庆十六年（1811）商捐高堰堤工未完135万两</td></tr>
<tr><td>4</td><td>嘉庆十六年（1811）商捐王营减坝未完90万两</td></tr>
<tr><td>5</td><td>嘉庆十六年（1811）商捐李家楼河工未完144万两</td></tr>
<tr><td>6</td><td>嘉庆十八年（1813）商捐河工、军需未完约817 098两</td><td>此项数据与表6-4相一致</td></tr>
<tr><td>7</td><td>嘉庆十七年（1812）商捐南河善后未完约868 566两</td><td rowspan="3">此三项合计未完银约514.68万两，即表6-4所统计"嘉庆十七至十九年请捐河工银"（请捐总计900万两）；实缴约385.32万两，包括嘉庆十七年（1812）所缴150万两、十八年（1813）所缴150万两、二十年（1815）约66.67万两。此外推测不知何时又还款约18.65万两</td></tr>
<tr><td>8</td><td>嘉庆十九年（1814）商捐睢州工需未完约868 566两</td></tr>
<tr><td>9</td><td>嘉庆二十年（1815）商捐河工、赈恤未完约3 409 657两</td></tr>
<tr><td>10</td><td>嘉庆二十四年（1819）商捐武陟工需未完200万两</td><td>此项数据与表6-4相一致</td></tr>
</table>

资料来源：《军机大臣大学士曹振镛等呈两淮运库悬垫息本捐款带款四项清单》，道光二年十二月十九日，录副奏折，档号03-3173-037。

说明：1.清单银数中整数的“万两”原样统计，此外单位具体到“厘”的银数统计约数保留到“两”；为方便对比，计算总额时以“万两”为单位并保留两位小数。根据该清单统计“淮南北未完捐款”银约1570.39万两。

2.本表第6、7项未完银，在档案中按照时间顺序分别为第7和第6项，此处统计表格为方便核算将两者顺序对换。

道光二年（1822）十二月和三年（1823）三月所统计的两淮盐商未完捐输银约1570.39万两（档案有时记载称1570.3万余两），之所以与此前推算的未完捐输银数据（约1648.71万两）存在差异，是因为以下两项数据的统计分歧。

第一，“嘉庆十七至十九年请捐河工银”（请捐总计900万两）部分款项的缴纳情况，档案中的记载存在分歧。可以确定的是，此项捐款于嘉庆十八年（1813）至二十年（1815）合计缴纳约366.67万两，剩余未完银约533.33万两。此后的数据则存在分歧：嘉庆二十五年（1820）十一月缓征时声称此项未完银493万余两（故推测此前又还款约40.33万两），而道光二年（1822）和三年（1823）缓征时声称约514.68万两（故推测此前又还款约18.65万两），史料中未见关于该笔款项的具体缴纳记载。此项未完银数额在道光初年统计反比嘉庆二十五年（1820）为多，则必有一处数据存在误差，应以更为晚出的道光初年数据为准。因此，若将嘉庆二十五年（1820）此项未完银数据从493万余两修订为约514.68万两，则嘉庆二十五年（1820）十一月分二十四限缴纳的未完捐输银应为约1820.39万两（而非约1798.71万两）。此后，这项分二十四限缴纳的未完银仅于嘉庆二十五年（1820）缴纳第1限银150万两，并于道光元年（1821）获准推迟至道光四年期限。据此，道光二年（1822）、三年（1823）时此项未完捐输银为约1670.39万两。

第二，嘉庆二十五年（1820）五月淮南盐商所捐“协济淮北运本”银100万两，嘉庆二十五年（1820）十一月数据列入统计，而在道光二年（1822）十二月清单中被归入“淮南北未完带征银款”称“淮南原借提行利协济北商未完银一百万两”。因此二者的数据存在100万两的差额。换言之，这笔款项实际亦属捐输。因此，截至道光三年（1823），两淮盐商未完捐输银数应为约1670.39万两。

在解决上述分歧之后，我们可以看出，道光三年（1823）减免的未完银514.6万余两，即为“嘉庆十七至十九年请捐河工银”的未完部分，剩余列入“淮南北未完捐款”银1055.7万余两和被归入“淮南北未完带征银款”中的“协济淮北运本”银100万两，一并被推迟至道光十四年（1834）起分二十年缴纳。实际上，本次推迟缴纳的款项后续未见提及，大概是不了了之。可以作为旁证的是，道光十年（1830）朝廷议定两淮盐法改革时称“淮南北商欠，若按纲带征，仍致套搭，占碍新纲。应分别停缓，俟课款充裕时归补。内惟帑本利息一项，仍在新纲引内摊征”。[①]也就是说，朝廷认为两淮此前的各项欠款太多，因此本次改革是保证新纲盐课正常缴纳，至于旧欠（帑利除外）则“俟课款充裕时归补”。所谓“课款充裕”此后并未实现。而道光三年（1823）推迟未完捐款时声明是等待“悬垫、息本全清”之后才予起限，由此我们可以推测这项推迟至道光十四年（1834）起限缴纳的未完捐输银此后实际未能缴纳。

至此，我们基本厘清了嘉庆朝两淮盐商请捐款项在嘉道时期的缴纳实况。相对而言，乾隆朝的缓征和减免比较有限，表6–3已经可以清晰反映出相应问题，在此不论。而嘉庆朝的情况相对复杂，表6–4的统计是按照请求缓征和减免的年份统计，兹据该表及前文考证按照款项统计嘉庆朝两淮盐商请捐款项的缓征与减免情况如下（表6–6）

表6–6　嘉庆朝两淮盐商请捐款项的缓征与减免详表

请捐款项详情	实际缴纳情况
嘉庆十三年（1808）至十六年（1811）五次请捐河工银总计1010万两，原请于嘉庆十八年（1813）至二十三年（1818）六纲缴完	（1）嘉庆十四年（1809）至十七年（1812）合计缴纳银150万两，至嘉庆十七年（1812）十二月获准将未完银860万两从嘉庆十八年（1813）起分限十年，每年应缴银86万两；（2）嘉庆十八年（1813）如期缴纳第1限银86万两，未完银774万两于嘉庆十九年（1814）四月获准推迟从嘉庆二十三年（1818）起分限七年；（3）此项未完银774万两，此后实际未能缴纳。嘉庆二十二年（1817）二月，上述未完银与“嘉庆十七至十九年四次请捐河工”未完银共同获准推迟至道光二年（1822）起分限九年缴纳；嘉庆二十五年（1820）十一月，又获准于道光十年（1830）至二十三年（1843）分十四限缴纳（包括其他未完捐款、带款）；道光三年（1823）三月，再获准于道光十四年（1834）起分二十限缴纳（包括其他捐款、带款）

① 《清宣宗实录》卷182，道光十年十二月乙巳，《清实录》第35册，第873页。

续表

请捐款项详情	实际缴纳情况
嘉庆十七年（1812）至十九年（1814）四次请捐河工银总计900万两，分限不等，原请截至癸未纲（道光三年，1823）缴完	（1）嘉庆十七（1812）、十八年（1813）合计缴纳银300万两，至嘉庆十九年（1814）十二月未完银600万两，获准从嘉庆二十年（1815）起分限九年，每年应缴银约66.67万两；（2）嘉庆二十年（1815）缴纳第1限银约66.67万两，剩余未完银约533.33万两；（3）嘉庆二十二年（1817）二月、嘉庆二十五年（1820）十一月延期情况同上；（4）道光三年（1823）三月，上述未完银514.68万余两被豁免（据此推测此前不知何时又提前还款银约18.65万两）
嘉庆十八年（1813）请捐河工、军需银100万两，原请于嘉庆十九年（1814）起分四限缴完	（1）嘉庆十九年（1814）四月，获准改为嘉庆二十一年（1816）缴纳；（2）嘉庆二十五年（1820）十一月，据报已完银约18.29万两（推测为嘉庆二十五年缴纳）；剩余未完银约81.71万两改为道光十九年（1839）缴纳（与其他未完捐款、带款一并从道光十年至二十三年分十四限）；（3）道光三年（1823）三月，上述未完银81.71万两与其他未完捐款、带一并获准从道光十四年（1834）起分二十限缴纳
嘉庆二十四年（1819）两次请捐武陟工需银总计300万两，其中现银100万两，其余200万两原请于道光二年（1822）至四年（1824）缴纳	（1）嘉庆二十四年（1819）缴银100万两，剩余未完银200万两；（2）嘉庆二十五年（1820）十一月声明应按原限缴纳，实际并未遵行，至道光元年（1821）十一月获准与其他未完捐款推迟从道光四年（1824）起限；（3）道光三年（1823）三月，获准与其他未完捐款、带款一并推迟至道光十四年（1834）起分二十限缴纳
嘉庆二十五年（1820）请捐协济淮北运本银100万两，原请从道光元年（1821）起分限十年缴纳	（1）嘉庆二十五年（1820）十一月，改为截至道光九年（1829）缴完（起限时间不详）；（2）此后并未缴纳，道光元年（1821）十一月、道光三年（1823）三月延期情况同上

表6-6统计的嘉庆十三年（1808）至二十五年（1820）部分请捐银2410万两中，在嘉庆朝实际缴银约739.6万两，截至嘉道之际未完银约1670.4万两。这项未完银于道光三年（1823）获准减免514.68万余两，其余1155.7万余两同时声明推迟至道光十四年（1834）起分20限缴纳。而随着道光朝两淮盐政的衰败以及相应的改革，此项未完捐输银后续似未见缴纳，应该成了一项不了了之的悬款。此外，未列入表6-6的嘉庆十三年（1808）至二十五年（1820）请捐银数，至嘉庆二十五年（1820）已全数缴纳；至于嘉庆十三年（1808）之前的

请捐银数（笔者仅统计到嘉庆四年［1799］至十二年［1807］的数据，详见第三章表3-2《嘉庆朝两淮盐商捐输缴款详表》），史料中未见缓征或减免的记载，应当是全数按期缴纳。兹根据上文分析，统计嘉庆朝请捐款项的缴纳情况简表如下（表6-7）。

表6-7　嘉庆朝两淮盐商请捐款项的缴纳实况简表（单位：万两）

款项名目	请捐银数	实缴银数	备注
嘉庆四年（1799）至十二年（1807）请捐，嘉庆朝全完	1424.5	1424.5	表3-2所列嘉庆四年（1799）至十二年（1807）的所有捐输
嘉庆十三年（1808）至二十五年（1820）请捐，嘉庆朝部分缴纳	2410	739.6	即表6-6所统计款项（剩余未完银约1670.4万两）
嘉庆十三年（1808）至二十五年（1820）请捐，嘉庆朝全完	635.2	635.2	即表3-2所列嘉庆十三年（1808）至二十五年（1820）数据中，减去表6-6的数据（详见“说明2”）。
未见详细记录的嘉庆朝请捐，嘉庆朝全完	997	997	此系根据道光初年所报嘉庆朝两淮请捐银数以及已完、未完银数推算，故请捐及缴纳情况均不详
总计	5466.7	3796.3	—

说明：1.笔者根据档案、官书等史料逐年统计到的嘉庆朝两淮请捐银数约4469.7万两、实缴银数约2799.3万两；所谓“未见详细记录的嘉庆朝请捐”，系指根据道光初年的系统报告增补统计遗漏银997万两（详见第五章）。

2.“嘉庆十三至二十五年请捐，嘉庆朝全完”的款项具体包括以下九项：嘉庆十三年（1808）所捐万寿银40万两，十四年（1809）所捐万寿银200万两，十五年（1810）所捐江广漕运船只银50万两，十五年（1810）所捐巡幸银10万两，十七年（1812）所捐供奉南河河神银30万两，二十一年（1816）所捐赈济银5.2万两，二十二年（1817）两次所捐晚收银合计200万两，二十五年（1820）所捐河工银100万两。

根据前文的统计与分析，在此可以得出以下认识：第一，由于捐输未完银存在豁免或实质上长期拖欠未缴的情况，故盐商请捐的数额不能等同于政府收到的数额。这种情况在两淮盐区最为典型，其他盐区同样存在捐输款项缓征与长期拖欠的问题。第二，就两淮盐区而言，乾隆朝请捐银约2906.1万两，其中在乾隆六十年间实缴银约2342.1万两（雍正朝请捐银即使截至乾隆初尚有未完，亦必有限，故可忽略不计），乾隆四十五年（1780）减免银120万两，剩余未完银约444万两在嘉庆元年（1796）至八年（1803）缴纳。嘉庆朝请捐银约5466.7万两，其中在嘉庆二十五年间实缴银3796.3万余两；剩余未完银约1670.4万两，道光三年（1823）减免约银514.6万两，剩余未完银1155.7万余两被展缓至道光十四年（1834）而且实际上此后亦未缴纳。

小　结

清代盐商捐输以盐区为单位，属于集体行动。盐商请捐之时往往由大盐商（总商、甲商）领衔，最终款项则根据经营规模分摊。由于盐商在请捐时往往使用商名（“引名”），而朝廷的议叙针对个人，故议叙清单中的盐商之名才是真名（“本名”）。请捐清单与议叙清单的差异，给盐商通过操纵议叙清单转移捐输成本与收益提供了可能。

随着乾嘉两朝官府对盐商捐输的索取愈发失去节制，盐商也生成了多元策略以减轻负担，这些策略主要包括拖欠并缓交捐款、增加盐价、推迟新增捐输款项的分期起限、拖欠其他款项等。既有学者对清代盐商捐输数额的统计均系请捐银数，同时又根据这一名义上的捐输银数计算盐商负担。考虑到盐商请捐银的减免和缓征问题，盐商实际缴纳的捐输银数与名义上的请捐银数之间存在较大差异，不能根据请捐银数来计算盐商的捐输负担。因此，有必要重新统计盐商的年度实际捐输负担，对此下一章将展开详细分析。

第七章　盐商捐输的实际影响

如前所述，在清代前中期尤其是乾嘉两朝，盐商无论是请捐银数还是实缴银数均十分可观。然而，既有研究对盐商捐输的数额统计存在较大的误差，对盐商捐输的制度运行缺乏细致考察，因此学界对盐商捐输的实际影响问题存在较大的争议。以下分别从盐商捐输对国家财政和盐商本身的影响展开讨论。

第一节　盐商捐输对国家财政的作用

关于清代盐商捐输对财政的影响问题，学界存在截然对立的两种认识。具体而言，盐商捐输是否起到补充国家财政的效果，包世臣等经世学派对盐商捐输"徒有虚名"且有害财政的指控成立吗？

关于清代盐商捐输银数，此前学者统计为数千万两。但据笔者最新统计，在捐输盛期的乾嘉两朝盐商请捐银数已逾1.1亿两。仅从数额来看，如此巨额的银两自然有助于国家财政。不过，自道光朝以降，随着捐输主力两淮盐商巨额积欠的暴露以及两淮盐商的骤然衰落，以包世臣为代表的经世学派对盐商捐输提出强烈批评。这种认为盐商捐输徒有虚名的观点逐渐成为晚清民国以来的主流论调。

至20世纪80年代，陈锋在全面统计清代盐商捐输数额之后提出疑问，认为包世臣等人所论虽"淋漓尽致地数说了报效的弊端"，但"根据盐商历次报效的实际情况来看，包世臣等人所言，显得过于笼统和偏颇"。陈锋一方面认为乾隆中期以前盐商捐输多系缴纳现银，对财政大有裨益；另一方面认为乾隆中期以后盐商请捐银多系借垫库款、分限完缴，从而“商人的积欠越来越多，清廷从报效所得的实际收益也就越来越小”，同时强调乾隆中期以后的盐商捐输虽有诸多弊病，“但其补救财政的意义仍然不能低估，特别是在乾嘉两朝”。[①]

由于陈锋的论述建立在全面的数据统计之上，该论点可以视为过去三十余年学界的主流论调。不过，这一论点近年来受到新的挑战，黄凯凯重拾经世学派的批评意见，在考察两淮盐商捐输银款的会计核算方式与运库管理制度之后，认为：“乾嘉时期两淮盐商频繁捐输巨款，不过是把运库存银贴上捐银的标签而已，表面上为朝廷带来大笔额外收入，其实不过是虚假的账面数字，不仅捐银‘无锱铢纳库’，就连库存正项最终也被瓜分殆尽。”[②]这一论点相当激进，不但认为盐商捐输无助于国家财政，反而认为这种“虚报捐输”导致了国家财政的损失。[③]

既然对立双方均以包世臣论述为鹄的，兹亦不妨引述其论点并展开分析。道光九年（1829）包世臣称：

> （两淮盐商）自嘉庆纪年兵兴以来，兵河两项，报效不过二千三四百万，而道光六年清查库项，商欠反至五千余万，可知以报效为说者，皆右商而左帑者也。亦宜奏请准令将报效之项，划抵欠款，追还议叙，以昭核实。[④]

其实，包世臣的论述存在数据和逻辑上的双重错误。一是包世臣严重低估了两淮盐商的实际捐输数额（请捐银数），其所称嘉庆朝军需、河工两项捐输“不过二千三四百万”并非事实。根据笔者在第五章的逐年统计数额，嘉庆朝两淮盐商请捐军需银800万两、请捐河工银2970万两，这尚不包括笔者逐年统

① 陈锋：《清代盐政与盐税》，第235—237页。

② 黄凯凯：《清代两淮盐商捐输新探》，《清史研究》2022年第2期。

③ 按：黄凯凯的研究虽系对两淮的个案考察，但无论是乾隆朝还是嘉庆朝，两淮盐商捐输的占比均超过70%，因此在实际上从总体上否认了盐商捐输的财政补益作用。

④ 包世臣撰，李星点校：《包世臣全集·中衢一勺》卷5《小倦游阁杂说二》，第132页。

计数据遗漏的银数997万两（因为不清楚捐输事由，无法知悉其中有多少属于军需、河工）。如果不将捐输事由限定于此两项，则嘉庆朝两淮盐商请捐银数已高达5466.7万两。

不过，需要说明的是，我们亦不宜苛责包世臣对捐输数额的错误认知。毕竟由于清廷的有意隐讳，不但包世臣这样的民间人士，甚至朝廷高官，也未必知悉盐商捐输的实况。在此亦略举两例。其一，上谕档记载嘉庆十三年（1808）军机处遵旨传问副都御史莫晋，据称“我早间奏对之语，实不知皇上赏收商捐银两，本系留充公用。我在外廷不能知道，今经军机大臣传谕，仰见皇上约己爱民之至意，实不胜钦服惶悚，此外亦并无可奏”。[①]清朝副都御史为正三品，即便如此高官仍因系外廷官员而无法知悉盐商捐输款项的用处。换言之，除了负责奏报的盐政和主管盐政的户部，盐商捐输的详情很可能只为皇帝与军机处等内廷官员所知。其二，道光二十九年（1849）吏科给事中曹楙坚对盐商捐输议叙政策质疑，同时提交了一份“两淮历次商捐清单”，并声明该清单“载《盐法志》”。[②]该清单数据完全缺失了嘉庆八年（1803）以后的大量数据。由于盐商捐输的议叙掌于吏部，故吏部对盐商捐输的了解虽然不如户部，但完全强于中央其他部院。理论上，吏科给事中可以通过查阅吏科题本而获得盐商捐输的详细数额。可即便如此，曹楙坚所提交的两淮盐商捐输清单仍是出于系统性缺失数据的盐法志，可见他并未掌握盐商捐输的实况。正是如此，笔者才在绪论中强调，曾任职户部的汪喜孙、王守基对盐商捐输的论述总体可靠，但相较而言，包世臣等经世学派的学者因未曾接触到核心档案，其关于盐商捐输的论述需谨慎分析。

包世臣的错误之二是逻辑推论的不当。包世臣将道光六年（1826）两淮运库清查出5000余万两的巨额积欠数额与他认为的嘉庆朝两淮盐商相对较低的捐输数额对比，意在证明两淮盐商捐输的虚伪性，即盐商在“积极”捐输的同时又存在巨额积欠，因此捐输为虚，积欠为实。黄凯凯将其归纳为“包世臣认为

① 中国第一历史档案馆编：《嘉庆道光两朝上谕档》第13册，第699页。

② 《吏科给事中曹楙坚奏为盐商捐款议叙应照成案办理凡商捐并非现银缴库概不准照捐输例奖叙事》，道光二十九年六月十三日，录副奏折，档号03-3275-013；《吏科给事中曹楙坚呈抄录两淮历次商捐清单》，道光二十九年六月十三日，录副奏折，档号03-3275-014。

运库亏空（积欠）与盐商报效关系密切”，“盐商报效徒有虚名”。为加强这一论点，黄凯凯进一步援引陶澍等其他经世学派的论述，认为乾嘉时期两淮盐商所谓捐输实系虚报，“盐商从未按期还清过承诺的报效银款，巨额报效不过是把库存正款贴上捐款的标签而已。而且，盐商借出的库银远过于承诺的报效银总数，大量财政资金被盐商以报效的名义套出”。[①]

针对上述推论，笔者从两个层面予以反驳。首先，嘉庆朝两淮盐商的积欠数额既不如包世臣所言之多，也并非全由捐输所致，甚至在构成积欠的款项中捐输所占相对有限。关于道光前期两淮运库的积欠数据，道光十三年（1833）两江总督陶澍有详细报告：

> 前此道光二年清查案内，查出积欠银三千六百八十七万一千余两；道光八年统引案内，又查出积欠银一千一百七十五万余两；道光九年复查出积欠银四百九十九万余两。计此数十年中，共亏欠银五千数百万。[②]

陶澍作为道光中期两淮盐政改革的直接负责者，所报数据较为可靠。陶澍报告提及两淮盐商的3份积欠数据：道光二年（1822）为3687万余两，道光八年（1828）为4862万余两，道光九年（1829）为5361万余两。据此，包世臣所言道光六年（1826）5000余万两的数据，很可能即是陶澍核计的道光九年（1829）数据。

这份5000余万两的两淮积欠数据，无论是系于道光六年（1826）还是九年（1829），均无法认定为嘉庆朝的积欠，因为这份数据显然包括了道光初年的积欠数额。更需要说明的是，关于道光前期两淮历次积欠清查的数据，不同史料的记载存在差别，其原因应是统计口径的差异。道光二年（1822）陶澍数据统计两淮积欠为3687万余两，然而当年军机处提交了一份详细的两淮运库积欠清单，其中罗列了两淮运库悬垫、息本、捐款、带款四项的详细数额，具体如下（表7–1）。

---

① 黄凯凯：《清代两淮盐商捐输新探》，《清史研究》2022年第2期。

② 陶澍：《陶澍汀先生奏疏》卷57《覆奏许御史密奏两淮盐务办理支饰折子》，《陶澍全集》第3册，岳麓书社，2009年，第483页。

表7-1 道光二年（1822）十二月军机处所呈两淮运库积欠清单

款项名目	银数总额（万两）
运库悬垫银款	944.75
息本项下借款	772.22
淮南北未完捐款	1570.39
淮南北未完带征银款	1677.34
总计	4964.7

资料来源：《军机大臣大学士曹振镛等呈两淮运库悬垫息本捐款带款四项清单》，道光二年十二月十九日，录副奏折，档号03-3173-037。

说明：嘉庆二十五年（1820）五月淮南盐商所捐“协济淮北运本”银100万两，在此清单中被归入“淮南北未完带征银款”，故严格说“淮南北未完捐款”应加上此额，而“淮南北未完带征银款”应减去此额（详见第六章第三节）。

据此，即使采纳积欠的最高数据，我们大致可以认为道光初年两淮运库积欠（姑且认为其全系嘉庆朝的两淮运库积欠）接近5000万两，其中约三分之一为未完捐输银数。换言之，嘉庆朝两淮运库的积欠主要并非捐输所致，此外尚有帑本（息本）、带征等款项的影响。因此，从逻辑上讲，道光前期两淮运库的巨额积欠，并不能简单归咎于捐输这个单一因素。或者说，道光前期两淮运库的巨额积欠有着复杂的因素，并非全是因为两淮盐商将运库资金用于虚报捐输。

其次，两淮盐商确实存在一方面“积极”请捐而另一方面却拖欠其他款项的情况。但根据笔者的统计可知，乾嘉两朝两淮盐商无论是请捐银数还是实缴银数均远超包世臣的想象，仅嘉庆朝的实缴捐输银数已接近道光初年清查出的运库积欠数额，因此针对两淮盐商以运库正款虚报捐输的指控并不成立。

据前文统计，两淮盐商在乾隆朝请捐银约2906.1万两、实缴银约2342.1万两；嘉庆朝请捐银约5466.7万两、实缴银约4240.3万两（其中约444万两系乾隆朝请捐而至嘉庆朝前期缴纳的银数，此外3796.3万余两系嘉庆朝请捐并截至嘉庆末年缴完的银数）。即使将道光前期两淮运库的积欠数额全部视为嘉庆朝所致，而嘉庆朝两淮盐商实际缴纳的捐输银数也十分接近两淮运库的积欠银数，我们也很难认为盐商捐输“徒有虚名”。

乾嘉两朝两淮盐商的捐输多系先动用库款后分期缴纳，根据笔者的统计，乾隆朝的请捐银大多如期缴纳，即使缓交的银数也在嘉庆前期缴完；而嘉庆十三年（1808）之前的请捐银亦全额缴纳；嘉庆十三年（1808）起的请捐银仅部分缴纳，另外未完银存在长期拖欠的情况。即便如此，两淮盐商嘉庆朝请捐银约5466.7万两之中，至嘉道之际未完银约1670.4万两，其余大部分请捐银仍能如数缴纳。因此，不能因为盐商捐输多系借支运库而分限缴纳而认为盐商捐输徒有虚名。此外，作为仅次于两淮的捐输势力，两浙盐商在乾嘉时期的请捐银实缴比例更高。因此，乾嘉两朝盐商捐输确实有裨于国家财政。

前引黄凯凯的研究考察了两淮运库账目管理的混乱问题，指出乾隆朝以降正杂盐课、商捐、摊带等款项的混杂问题，为这一领域的研究开辟了新的方向。即便如此，由于盐课、帑本等款都有严格的奏销考核，到期若未能缴清则面临督催和弹劾；与之相较捐输款项并不在奏销制度的考核之内，如前文所述，即便面临督催，盐政也能反复呈请展缓。因此，盐政官员完全没有理由将运库资金优先用于缴纳捐输款，而置其他款项于不顾。换言之，在各类款项中，捐输款项的缴纳通常是最后才考虑的问题。综上，包世臣等经世学派以至黄凯凯对两淮盐商虚报捐输的指控，似有矫枉过正之嫌，不宜将盐商捐输视为虚假的数字游戏。

综上，笔者认为乾嘉两朝盐商缴纳了巨额捐输银两，这些捐银对当时国家财政起到了直接的补充作用。同时需要强调的是，由于中国帝制时代政商关系的不对等为盐商衰落和国家财政紊乱埋下了种子。在国家亟需经费之时向盐商索取捐输的做法，如果有所节制，确实在短期内有裨于国家财政，乾隆朝即是如此；然而从嘉庆朝起，清朝政府对盐商捐输的索取大大超出了盐商的实际承受能力，从而不仅导致了盐商的衰落，从长远看则极大地损害了国家财政。

第二节　捐输负担与两淮盐商盛衰

清代盐商捐输在乾嘉两朝达到顶峰，而盐商势力的衰落普遍认为在清代中期（或具体到嘉道时期）。[①]早期的研究者普遍将捐输视为盐商衰落的主要原因或原因之一。民国盐务署首发其端，在统计乾嘉两朝两淮、长芦、山东、两浙的军需捐输银数后称“商力几何，虽曰踊跃急公，究之何一非出之于盐，即何一非取之于民。然捐输既多，商力亦因之日困。故报效之例，实有清之弊政也，而尤莫甚于乾隆一朝。兹特详述于此，庶盐法败坏之原，可以考焉”，[②]随后再次申述此意：“夫以芦商当积困之余，课款、帑项亏欠既重，而又加之以报效。虽有充裕者，亦将不支。故盐法之坏，实基于乾隆一朝。各区皆然，匪独长芦也。洎乎嘉道年间，商力竭蹶，辗转愈困。”[③]值得注意的是，民国盐务署不仅将盐商衰落的主要原因归咎于捐输，而且强调盐商衰落虽出现于嘉道时期，但其根源却在乾隆时期。这种论述为民国时期的诸多学者沿用，其典型如曾仰丰所谓：“清自乾隆时代，报效既多，商力疲弊。”[④]

由于两淮是盐商捐输的主力，针对该区捐输与盐商盛衰关系的论述最为集中且深刻。除了民国时期学者的论述，当代学者王思治、金成基的考察最具代表性，他们在统计乾隆至嘉庆前期两淮盐商捐输数额之后，认为捐输负担过重是盐商衰落的三大原因之首，并明确将时间节点界定在嘉庆前期，即“这次起

---

① 按：左步青称“清代前期，盐商资本积聚迅速增升，但好景不长，随着清王朝由盛转衰，嘉道年间，盐商的垄断势力也渐趋衰落”（左步青：《清代盐商的盛衰述略》，《故宫博物院院刊》1986年第1期），朱义成称“嘉庆元年爆发的波及五省、历时九年的白莲教起义，标志着清王朝的由盛转衰，同时也是盐商走向没落的转折点”（朱义成：《清中叶盐商没落的原因及影响》，《盐业史研究》1991年第1期）。以上是总体论述，此外针对两淮、长芦等单一盐商衰落问题的论述亦持相似论点，不再一一列举。

② 盐务署编：《中国盐政沿革史・长芦》，第42页。

③ 盐务署编：《中国盐政沿革史・长芦》，第44页。

④ 曾仰丰：《中国盐政史》，商务印书馆，1937年，第117页。

义（白莲教起义）是清王朝由盛而衰的标志，同时也是两淮盐商走向衰败的一个转折”。[①]

但是，这一传统论点近年来受到新的挑战，徐泓、赖惠敏先后从不同角度质疑，认为捐输并非两淮盐商没落的主要原因。徐泓从盐商开支的角度指出，乾嘉时期两淮盐商“对皇室与朝廷之报效捐输，约占成本十分之一”，因此不能视为其衰落的主要原因，“若以捐输、报效，勾结官吏，发展政商关系，视为盐商消乏的原因，倒不如视之为致使其兴盛之有利操作”。[②]赖惠敏则从统计角度对盐商捐输的数额提出不同于以往的意见，她认为盐商捐输并非既有研究所认为的“巨额开支”，即“学者们统计乾隆朝盐商报效军需、河工、皇帝南巡达三千万两，实际上，从《月折档》所见盐商对皇帝的报效不过15次，这些负担不及提引余利或盐商长期借帑的利息”，根据其统计详表，准确数额约583万两。[③]

对于上述两位学者提出的新说，目前学界似尚无正面回应。其中，赖惠敏的数据统计仅是盐商捐输中上缴到内务府的部分款项，而非全部的捐输款项，因此该数据并不能等同于盐商的实际捐输负担，具体详见前文第三章、第五章的考察。在此主要针对徐泓的数据和分析展开详细讨论。

两淮地区是清代盐商捐输的绝对主力，因此关于捐输负担是否影响到盐商衰落这一论题的讨论最为深入。不过，既有研究无论是何种立场，均只是根据捐输总额以及由此计算出的年度平均数额评估捐输对盐商盛衰的影响。这种计算年均捐输负担的做法存在两方面的缺陷：第一，乾隆初期盐商捐输数额十分有限，将此后的数额平摊至乾隆朝前十二年无疑削弱了乾隆十三年以降的实际负担；第二，两淮盐商的捐输多系分期缴纳，而且后续还存在延期与减免问题，因此政府接受的请捐银数与盐商此后的实缴银数之间不仅存在数额的差异而且存在时间差，例如，由于部分乾隆末期请捐的银数实际是在嘉庆朝缴纳，这些捐输款项不能计入乾隆朝的实际负担。兹根据前文第三章对盐商捐输缴款的详细统计（表3-1、3-2）和第六章缓征、减免数额的统计分析（表

① 王思治、金成基：《清代前期两淮盐商的盛衰》，《中国史研究》1981年第2期。

② 徐泓：《清代两淮盐商没落原因的探讨》，卞利主编：《徽学》第7卷，第10—32页。

③ 赖惠敏：《乾隆皇帝的荷包》，中华书局，2016年，第200—201、219页。

6–3、6–4），科学统计乾嘉两朝两淮盐商的年度实际捐输负担如下（表7–2、7–3）。

需要说明的是，“缴款方式”标注“现银”者计入当年数额；标注具体分期与起限者可以清楚折算入相应年份；标注具体分期未标注起限者原则上默认为当年起限，但其中乾隆十三年（1748）所捐20万两军需银参照同时期的其他捐输计为次年起缴纳；仅标注“分年”者，参考邻近相近数额捐输的分期，例如乾隆二十年（1755）六月所捐军需银100万两、二十二年（1757）四月所捐南巡银100万两，均参考二十三年（1758）十二月所捐军需银分五年之例计为分期五年，不过此类情况仅见于乾隆朝的有限案例，对年度数据的影响十分有限。至于“限数”以分数形式表示（例如“第1/5限”表示该款分五限，此为第一限缴款）。

表7–2　乾隆朝两淮盐商年度捐输负担详表

时间	总额(万两)	对应的捐输详情
三年（1738）	23.4	乾隆三年（1738）所捐挑河银第 1/5 限 6 万两 当年所捐赈济银 17.4 万两
四年（1739）	6	乾隆三年（1738）所捐挑河银第 2/5 限 6 万两
五年（1740）	6	乾隆三年（1738）所捐挑河银第 3/5 限 6 万两
六年（1741）	13.1	乾隆三年（1738）所捐挑河银第 4/5 限 6 万两 当年所捐赈济银 7.1 万两
七年（1742）	36	乾隆三年（1738）所捐挑河银第 5/5 限 6 万两 当年所捐赈济银 30 万两
九年（1744）	31	当年两次所捐备公银 31 万两
十年（1745）	6	乾隆十年（1745）所捐河工银第 1/8 限 6 万两
十一年（1746）	26	乾隆十年（1745）所捐河工银第 2/8 限 6 万两 当年所捐赈济银 20 万两
十二年（1747）	22	乾隆十年（1745）所捐河工银第 3/8 限 6 万两 当年所捐备公银 16 万两
十三年（1748）	26	乾隆十年（1745）所捐河工银第 4/8 限 6 万两 当年所捐备公银 20 万两

续表

时间	总额(万两)	对应的捐输详情
十四年（1749）	107	乾隆十三年（1748）所捐军需银第 1/4 限银 5 万两 乾隆十四年（1749）所捐军需银第 1/5 限 2 万两 当年所捐南巡银 100 万两
十五年（1750）	0	—
十六年（1751）	51	乾隆十年（1745）所捐河工银第 5/8 限 6 万两 乾隆十三年（1748）十二月所捐军需银第 1/4 限 20 万两 当年所捐乐善园工程银 25 万两
十七年（1752）	63	乾隆十年（1745）所捐河工银第 6/8 限 6 万两 乾隆十三年（1748）十二月所捐军需银第 2/4 限 20 万两 乾隆十三年（1748）所捐军需银第 2/4 限银 5 万两 乾隆十四年（1749）所捐军需银第 2/5 限 2 万两 当年所捐备公银 30 万两
十八年（1753）	78	乾隆十年（1745）所捐河工银第 7/8 限 6 万两 乾隆十三年（1748）十二月所捐军需银第 3/4 限 20 万两 乾隆十三年（1748）所捐军需银第 3/4 限银 5 万两 乾隆十四年（1749）所捐军需银第 3/5 限 2 万两 当年所捐赈济银 30 万两 乾隆十八年（1753）所捐河工银第 1/4 限 15 万两
十九年（1754）	48	乾隆十年（1745）所捐河工银第 8/8 限 6 万两 乾隆十三年（1748）十二月所捐军需银第 4/4 限 20 万两 乾隆十三年（1748）所捐军需银第 4/4 限银 5 万两 乾隆十四年（1749）所捐军需银第 4/5 限 2 万两 乾隆十八年（1753）所捐河工银第 2/4 限 15 万两
二十年（1755）	43.1	乾隆十四年（1749）所捐军需银第 5/5 限 2 万两 乾隆十八年（1753）所捐河工银第 3/4 限 15 万两 乾隆二十年（1755）所捐军需银第 1/5 限 20 万两 乾隆二十年（1755）所捐挑河银第 1/2 限 6.1 万两
二十一年（1756）	71.1	乾隆十八年（1753）所捐河工银第 4/4 限 15 万两 乾隆二十年（1755）所捐军需银第 2/5 限 20 万两 乾隆二十年（1755）所捐挑河银第 2/2 限 6.1 万两 当年所捐赈济银 30 万两

续表

时间	总额(万两)	对应的捐输详情
二十二年（1757）	40	乾隆二十年（1755）所捐军需银第 3/5 限 20 万两 乾隆二十二年（1757）所捐南巡银第 1/5 限 20 万两
二十三年（1758）	67.45	乾隆二十年（1755）所捐军需银第 4/5 限 20 万两 乾隆二十二年（1757）所捐南巡银第 2/5 限 20 万两 乾隆二十三年（1758）所捐挑河银第 1/2 限约 7.45 万两 乾隆二十三年（1758）所捐军需银第 1/5 限 20 万两
二十四年（1759）	77.85	乾隆二十年（1755）所捐军需银第 5/5 限 20 万两 乾隆二十二年（1757）所捐南巡银第 3/5 限 20 万两 乾隆二十三年（1758）所捐挑河银第 2/2 限约 7.45 万两 乾隆二十三年（1758）所捐军需银第 2/5 限 20 万两 乾隆二十四年（1759）所捐挑河银第 1/2 限 6.4 万两 当年所捐赈济银 2.2 万两 当年所捐挑河银 1.8 万两
二十五年（1760）	62	乾隆二十二年（1757）所捐南巡银第 4/5 限 20 万两 乾隆二十三年（1758）所捐军需银第 3/5 限 20 万两 乾隆二十四年（1759）所捐挑河银第 2/2 限 6.4 万两 当年所捐河工银 5.6 万两 当年所捐万寿银 10 万两
二十六年（1761）	70	乾隆二十二年（1757）所捐南巡银第 5/5 限 20 万两 乾隆二十三年（1758）所捐军需银第 4/5 限 20 万两 当年所捐万寿银 10 万两 乾隆二十六年（1761）所捐南巡银第 1/5 限 20 万两
二十七年（1762）	40	乾隆二十三年（1758）所捐军需银第 5/5 限 20 万两 乾隆二十六年（1761）所捐南巡银第 2/5 限 20 万两
二十八年（1763）	20	乾隆二十六年（1761）所捐南巡银第 3/5 限 20 万两
二十九年（1764）	21	乾隆二十六年（1761）所捐南巡银第 4/5 限 20 万两 当年所捐堤工银 1 万两
三十年（1765）	30	乾隆二十六年（1761）所捐南巡银第 5/5 限 20 万两 当年所捐城工银 10 万两
三十一年（1766）	0	—
三十二年（1767）	20	乾隆三十二年（1767）所捐军需银第 1/5 限 20 万两

续表

时间	总额(万两)	对应的捐输详情
三十三年（1768）	20	乾隆三十二年（1767）所捐军需银第 2/5 限 20 万两
三十四年（1769）	20	乾隆三十二年（1767）所捐军需银第 3/5 限 20 万两
三十五年（1770）	20	乾隆三十二年（1767）所捐军需银第 4/5 限 20 万两
三十六年（1771）	40	乾隆三十二年（1767）所捐军需银第 5/5 限 20 万两，当年所捐万寿银 20 万两
三十七年（1772）	0	—
三十八年（1773）	100	当年所捐军需银现银 100 万两
三十九年（1774）	30	乾隆三十八年（1773）所捐军需银第 1/10 限 30 万两
四十年（1775）	30	乾隆三十八年（1773）所捐军需银第 2/10 限 30 万两
四十一年（1776）	30	乾隆三十八年（1773）所捐军需银第 3/10 限 30 万两
四十二年（1777）	30	乾隆三十八年（1773）所捐军需银第 4/10 限 30 万两
四十三年（1778）	30	乾隆三十八年（1773）所捐军需银第 5/10 限 30 万两
四十四年（1779）	30	乾隆三十八年（1773）所捐军需银第 6/10 限 30 万两（此后剩余四限银 120 万两被豁免）
四十五年（1780）	16.67	乾隆四十五年（1780）所捐南巡银第 1/6 限约 16.67 万两
四十六年（1781）	17.37	乾隆四十五年（1780）所捐南巡银第 2/6 限约 16.67 万两 当年所捐赈济银 0.7 万两
四十七年（1782）	50	乾隆四十五年（1780）所捐南巡银第 3/6 限约 16.67 万两 乾隆四十七年（1782）所捐河工银第 1/6 限约 33.33 万两
四十八年（1783）	50	乾隆四十五年（1780）所捐南巡银第 4/6 限约 16.67 万两 乾隆四十七年（1782）所捐河工银第 2/6 限约 33.33 万两
四十九年（1784）	70	乾隆四十五年（1780）所捐南巡银第 5/6 限约 16.67 万两 乾隆四十七年（1782）所捐河工银第 3/6 限约 33.33 万两 乾隆四十九年（1784）所捐南巡银第 1/5 限 20 万两
五十年（1785）	70	乾隆四十五年（1780）所捐南巡银第 6/6 限约 16.67 万两 乾隆四十七年（1782）所捐河工银第 4/6 限约 33.33 万两 乾隆四十九年（1784）所捐南巡银第 2/5 限 20 万两

续表

时间	总额(万两)	对应的捐输详情
五十一年（1786）	53.73	乾隆四十七年（1782）所捐河工银第5/6限约33.33万两 乾隆四十九年（1784）所捐南巡银第3/5限20万两 当年所捐赈济银0.4万两
五十二年（1787）	53.33	乾隆四十七年（1782）所捐河工银第6/6限约33.33万两 乾隆四十九年（1784）所捐南巡银第4/5限20万两
五十三年（1788）	53.33	乾隆四十九年（1784）所捐南巡银第5/5限20万两 乾隆五十三年（1788）所捐军需银第1/6限约33.33万两
五十四年（1789）	53.33	乾隆五十三年（1788）所捐军需银第2/6限约33.33万两 乾隆五十三年（1788）所捐工赈银第1/5限20万两
五十五年（1790）	53.33	乾隆五十三年（1788）所捐军需银第3/6限约33.33万两 乾隆五十三年（1788）所捐工赈银第2/5限20万两
五十六年（1791）	86.66	乾隆五十三年（1788）所捐军需银第4/6限约33.33万两 乾隆五十三年（1788）所捐工赈银第3/5限20万两 乾隆五十五年（1790）所捐万寿银第1/6限约33.33万两
五十七年（1792）	126.66	乾隆五十三年（1788）所捐军需银第5/6限约33.33万两 乾隆五十三年（1788）所捐工赈银第4/5限20万两 乾隆五十五年（1790）所捐万寿银第2/6限约33.33万两 乾隆五十七年（1792）所捐军需银第1/5限40万两
五十八年（1793）	0	（按：截至当年未完捐输银总计约346.66万两，从乾隆五十九年起分限十年，每年缴银约34.67万两）
五十九年（1794）	34.67	乾隆五十八年（1793）未完捐输银第1/10限约34.67万两
六十年（1795）	68	乾隆五十八年（1793）未完捐输银第2/10限约34.67万两 乾隆六十年（1795）所捐军需银第1/6限约33.33万两
总计	2342.08	—

备注：乾隆朝接受的两淮盐商请捐银总计约2906.1万两，其中乾隆四十五年（1780）豁免120万两，截至乾隆六十年（1795）实缴银数约2342.1万两（即本表统计数据）；剩余未完银约444万两，具体包括乾隆五十八年（1793）未完捐输银第3—10限（嘉庆元年至八年）合计约277.32万两，乾隆六十年（1795）所捐军需银第2—6限（嘉庆元年至五年）合计约166.67万两。

表7–3　嘉庆朝两淮盐商年度捐输负担详表

时间	总额（万两）	对应的捐输详情
元年（1796）	68	乾隆五十八年（1793）未完捐输银第 3/10 限约 34.67 万两 乾隆六十年（1795）所捐军需银第 2/6 限约 33.33 万两
二年（1797）	68	乾隆五十八年（1793）未完捐输银第 4/10 限约 34.67 万两 乾隆六十年（1795）所捐军需银第 3/6 限约 33.33 万两
三年（1798）	68	乾隆五十八年（1793）未完捐输银第 5/10 限约 34.67 万两 乾隆六十年（1795）所捐军需银第 4/6 限约 33.33 万两
四年（1799）	101.33	乾隆五十八年（1793）未完捐输银第 6/10 限约 34.67 万两 乾隆六十年（1795）所捐军需银第 5/6 限约 33.33 万两 嘉庆四年（1799）所捐军需银第 1/6 限约 33.33 万两
五年（1800）	126.33	乾隆五十八年（1793）未完捐输银第 7/10 限约 34.67 万两 乾隆六十年（1795）所捐军需银第 6/6 限约 33.33 万两 嘉庆四年（1799）所捐军需银第 2/6 限约 33.33 万两 嘉庆五年（1800）二月和三月所捐军需银第 1/6 限 25 万两
六年（1801）	109.67	乾隆五十八年（1793）未完捐输银第 8/10 限约 34.67 万两 嘉庆四年（1799）所捐军需银第 3/6 限约 33.33 万两 嘉庆五年（1800）二月和三月所捐军需银第 2/6 限 25 万两 嘉庆五年（1800）八月所捐军需与河工银第 1/6 限约 16.67 万两
七年（1802）	154.67	乾隆五十八年（1793）未完捐输银第 9/10 限约 34.67 万两 嘉庆四年（1799）所捐军需银第 4/6 限约 33.33 万两 嘉庆五年（1800）二月和三月所捐军需银第 3/6 限 25 万两 嘉庆五年（1800）八月所捐军需与河工银第 2/6 限约 16.67 万两 嘉庆六年（1801）六月所捐军需银第 1/5 限 40 万两 嘉庆七年（1802）所捐赈济银第 1/2 限 5 万两
八年（1803）	369.67	乾隆五十八年（1793）未完捐输银第 10/10 限约 34.67 万两 嘉庆四年（1799）所捐军需银第 5/6 限约 33.33 万两 嘉庆五年（1800）二月和三月所捐军需银第 4/6 限 25 万两 嘉庆五年（1800）八月所捐军需与河工银第 3/6 限约 16.67 万两 嘉庆六年（1801）六月所捐军需银第 2/5 限 40 万两 嘉庆七年（1802）所捐赈济银第 2/2 限 5 万两 当年正月所捐军需银 100 万两 嘉庆八年（1803）所捐城工银第 1/2 限 5 万两 当年十一月所捐河工银 110 万两

续表

时间	总额（万两）	对应的捐输详情
九年（1804）	240	嘉庆四年（1799）所捐军需银第 6/6 限约 33.33 万两 嘉庆五年（1800）二月和三月所捐军需银第 5/6 限 25 万两 嘉庆五年（1800）八月所捐军需与河工银第 4/6 限约 16.67 万两 嘉庆六年（1801）六月所捐军需银第 3/5 限 40 万两 嘉庆八年（1803）所捐城工银第 2/2 限 5 万两 当年四月所捐河工银 100 万两 当年八月所捐赈济银 20 万两
十年（1805）	101.67	嘉庆五年（1800）二月和三月所捐军需银第 6/6 限 25 万两 嘉庆五年（1800）八月所捐军需与河工银第 5/6 限约 16.67 万两 嘉庆六年（1801）六月所捐军需银第 4/5 限 40 万两 嘉庆九年（1804）十一月所捐河工银第 1/2 限 20 万两
十一年（1806）	96.17	嘉庆五年（1800）八月所捐军需与河工银第 6/6 限约 16.67 万两 嘉庆六年（1801）六月所捐军需银第 5/5 限 40 万两 嘉庆九年（1804）十一月所捐河工银第 2/2 限 20 万两 嘉庆十一年（1806）正月所捐河工银第 1/2 限 15 万两 当年二月所捐河工银 4.5 万两
十二年（1807）	77.5	嘉庆十一年（1806）正月所捐河工银第 2/2 限 15 万两 嘉庆十一年（1806）七月所捐河工银第 1/6 限 50 万两 嘉庆十二年（1807）四月所捐堤工银第 1/4 限 12.5 万两
十三年（1808）	102.5	嘉庆十一年（1806）七月所捐河工银第 2/6 限 50 万两 嘉庆十二年（1807）四月所捐堤工银第 2/4 限 12.5 万两 本年九月所捐万寿银 40 万两
十四年（1809）	200	嘉庆十一年（1806）七月所捐河工银第 3/6 限 50 万两 嘉庆十二年（1807）四月所捐堤工银第 3/4 限 12.5 万两 嘉庆十三年（1808）六月所捐河工银第 1/8 限 37.5 万两 本年七月所捐万寿银中现银 100 两
十五年（1810）	160	嘉庆十一年（1806）七月所捐河工银第 4/6 限 50 万两 嘉庆十二年（1807）四月所捐堤工银第 4/4 限 12.5 万两 嘉庆十三年（1808）六月所捐河工银第 2/8 限 37.5 万两 嘉庆十四年（1809）七月所捐万寿未完银第 1/2 限 50 万两 嘉庆十五年（1810）五月所捐漕船银第 1/5 限 10 万两

续表

时间	总额（万两）	对应的捐输详情
十六年（1811）	157.5	嘉庆十一年（1806）七月所捐河工银第 5/6 限 50 万两 嘉庆十三年（1808）六月所捐河工银第 3/8 限 37.5 万两 嘉庆十四年（1809）七月所捐万寿银未完第 2/2 限 50 万两 嘉庆十五年（1810）五月所捐漕船银第 2/5 限 10 万两 嘉庆十五年（1810）十二月所捐巡幸银 10 万两
十七年（1812）	277.5	嘉庆十一年（1806）七月所捐河工银第 6/6 限 50 万两 嘉庆十三年（1808）六月所捐河工银第 4/8 限 37.5 万两（剩余未完第 5—8 限推迟缴纳，合并于“嘉庆十七年十二月合并未完捐输河工银”） 嘉庆十五年（1810）五月所捐漕船银第 3/5 限 10 万两 嘉庆十七年（1812）所捐河工银中的 150 万两 当年十二月所捐供奉南河河神银 30 万两
十八年（1813）	246	嘉庆十五年（1810）五月所捐漕船银第 4/5 限 10 万两 嘉庆十七年（1812）所捐河工银中的 150 万两 “嘉庆十七年十二月合并未完捐输河工银”第 1/10 限 86 万两（剩余第 2—10 限银 774 万两推迟至道光朝）
十九年（1814）	10	嘉庆十五年（1810）五月所捐漕船银第 5/5 限 10 万两
二十年（1815）	66.67	“嘉庆十九年十二月合并未完捐输河工银”第 1/9 限约 66.67 万两（剩余第 2—9 限银推迟至道光朝）
二十一年（1816）	5.2	当年六月所捐赈济银 5.2 万两
二十二年（1817）	50	嘉庆二十二年（1817）二月所捐万寿银第 1/1 限 50 万两
二十三年（1818）	50	嘉庆二十二年（1817）二月所捐万寿银第 2/2 限 50 万两
二十四年（1819）	150	嘉庆二十二年（1817）六月所捐万寿银第 1/2 限 50 万两 嘉庆二十四年（1819）十一月所捐河工银中的 100 万两
二十五年（1820）	186.94	嘉庆十八年（1813）十一月所捐军需、河工银中的约 18.29 万两 嘉庆二十二年（1817）六月所捐万寿银第 2/2 限 50 万两 嘉庆二十五年（1820）八月所捐河工银 100 万两 “嘉庆十九年十二月合并未完捐输河工银”中的约 18.65 万两
总计	3243.32	—

说明：1.“嘉庆十七年十二月合并未完捐输河工银”860万两：嘉庆十三年（1808）至十六年（1811）五次为河工捐银1010万两，截至嘉庆十七年（1812）底，其中嘉庆十三年（1808）六月所捐河工银尚有未完5—8限银150万两；此外嘉庆十三年（1808）至十六年（1811）的另外四次河工捐银710万两，声明于嘉庆十八（1813）、十九（1814）、二十年

（1815）起限。上述合计860万两，于嘉庆十七年（1812）十二月改为分限十年。该项仅于嘉庆十八年（1813）按期缴纳86万两，剩余774万两被延期至道光朝。

2. “嘉庆十九年十二月合并未完捐输河工银”600万两，包括当年四月所捐100万两、十二月所捐400万两，此外嘉庆十七年（1812）所捐未完银100万两。该项于嘉庆十九年（1814）十二月获准从嘉庆二十年（1815）起分限九年，每年缴银约66.67万两。实际仅于嘉庆二十年（1815）缴纳第1限银约66.67万两，剩余银被延期至道光朝（根据道光初年报告，此前不知何时又还银约18.65万两，此项数额较小，暂附于嘉庆二十五年）。

3.本表统计嘉庆朝实收两淮盐商捐输银数约3243.3万两，其中包括乾隆朝请捐未完而至嘉庆朝缴纳的银数约444万两，此外2799.3万两系嘉庆朝请捐且在嘉庆朝缴纳的银数。

需要说明的是，笔者根据档案、官书等史料逐年统计得到的嘉庆朝两淮盐商请捐银数约4469.7万两，其中实缴银数约2799.3万两，表7-3即根据该数据统计；此外，根据道光初年的系统报告，嘉庆朝另有请捐并实缴银997万两（总共请捐银约5466.7万两），此项数据由于缺乏具体的记录而无法计入上述年度捐输负担。

学界对乾嘉两朝盐商捐输负担与盐商盛衰关系的考察，主要受到三方面的制约：一是数据的缺失与误导。此前的学者均认为乾隆朝是两淮盐商捐输（官府接受的请捐银数）的顶峰，并从而将盐商衰落归咎于乾隆朝的捐输。然而实际并非如此。据笔者统计，两淮盐商乾隆朝请捐银约2906.1万两、嘉庆朝请捐银约5466.7万两。考虑到两朝统治时间的差异，这种数据的对比强烈凸显出嘉庆朝对两淮盐商捐输索取的迫切。既有研究对乾隆朝数据的遗漏较为有限，但嘉庆朝的数额却远超以往学者的统计，因为既有数据（徐泓数据除外）的主要史料来源均为盐法志，而盐法志系统缺失嘉庆十年（1805）至二十五年（1820）的两淮盐商捐输数据，从而导致了严重的数据遗漏。就嘉庆朝数据而言，此前大多数学者统计的数据遗漏程度超过四分之三，即使徐泓的最新数据亦遗漏接近一半。[①]笔者所统计的最新数据，揭示了嘉庆朝盐商捐输此前不为

① 据前文，关于嘉庆朝两淮盐商的捐输数额，刘隽统计为890万两、陈锋统计为1280万两；徐泓的数据只有乾嘉两朝的总额5677.6万两（包括作者称为“报效捐输”银4750.6万两，以及作者声明未计入的“皇室庆典、乾隆南巡之报效”银927万两），若以陈锋统计的乾隆朝数据2876.6万两为参考，则徐泓统计的嘉庆朝数据约为2801万两。

人知的一幕。

二是核算方法的简单化以及由此导致的误差。大多数研究者只是在罗列数据后强调捐输银数（请捐银数）之多，从而在逻辑上认为捐输负担导致盐商衰落是一个不言自明的道理。对此，徐泓做了完全对立的考察，他虽然统计得出比此前所有学者都多的银数，但却有意识地量化捐输银数在盐商负担中的比重，从而得出捐输"约占成本十分之一"的结论，从而否认盐商因此衰落。当然，徐泓这里仍然是将捐输总额平均至相应的时段，根据前表的统计，我们可知这种核算仍然过于简单化，与盐商实际每年的捐输负担存在较大差异。

三是未曾区分请捐银数与实缴银数。如前表统计所示，因为盐商捐输大多系分期缴纳，加上减免与缓征政策，所以政府收到的捐输银数与请捐银数之间存在差额。既有研究所统计的捐输银数均系官府接受的请捐银数，而非实际缴纳的银数。

在前述乾隆朝、嘉庆朝两淮盐商年度实际捐输负担统计的基础上，我们可以对旧说与新说提出两点修正：第一，笔者总体上赞同旧说，也就是认为盐商捐输是清中期两淮盐商衰落的主要原因之一。徐泓认为"极盛"的乾隆朝两淮盐课600万两以上，由此估算平均每年捐输银约为盐课的十分之一。即使嘉庆朝仍参照这一盐课数据，笔者统计乾隆朝六十年之间年均请捐银约48.4万两（以总额约2906.1万两计）、嘉庆朝二十五年之间年均请捐银约218.7万两（以总额约5466.7万两计），其中乾隆朝年均请捐银数约占盐课的8.1%，而嘉庆朝年均请捐的银数超过盐课的36.4%，据此嘉庆朝捐输所造成的负担显然远远超出徐泓的估算。当然，请捐银数不等于盐商的实际负担，上述表格（表7–2，7–3）对乾嘉两朝两淮盐商年度实际捐输负担的统计亦支持笔者的论点。

第二，清代两淮盐商捐输的顶峰并非乾隆朝，而是嘉庆朝，对此新旧诸说均系统遗漏了嘉庆朝的大量数据，正是因此，旧说将两淮盐商衰落归咎于乾隆朝的捐输。而根据笔者最新的统计数据可知，两淮盐商不堪捐输的重负应是发生在嘉庆时期，兹统计乾嘉两朝盐商捐输差异如下（表7–4）。

表7-4 乾嘉两朝两淮盐商捐输差异简表

对比项	乾隆朝	嘉庆朝
请捐银数	（1）总额：约2906.1万两 （2）年度最高额：乾隆三十八年（1773）请捐银400万两、次之乾隆五十三年（1788）请捐银300万两 （3）请捐间隔：高于100万两的大额请捐之间一般存在多年间隔	（1）总额：约5466.7万两 （2）年度最高额：嘉庆十三年（1808）请捐银640万两、次之嘉庆十七年（1812）请捐银430万两 （3）请捐间隔：从嘉庆四年（1799）至二十五年（1820）几乎每年都有超出100万两的大额请捐
实缴银数	（1）总额：约2342.1万两（乾隆朝请捐并在期内缴完银） （2）分段特征：年度缴银超过100万两者仅见3年，从高到低依次为五十七年约126.66万两、十四年约107万两、三十八年100万两，而且均有相邻银数为零的一年；此外每年均为数十万两，逾半的年份缴银未超过50万两	（1）总额：约4240.3万两（包括乾隆朝请捐未完银约444万两，以及嘉庆朝请捐并在期内缴完银3796.3万余两） （2）分段特征：整个二十五年之间均有实缴银，年度缴银超过100万两的年份高达15年之多，最高为八年缴银约369.67万两，次之为十七年缴银277.5万两（这一数据尚未包括遗漏银997万两，由于缺乏具体的记录而无法计入年度捐输负担）

相较而言，乾隆朝对盐商捐输可说是取之有节，无论是请捐银数还是实缴银数，均可看出官府会考虑盐商的承受能力，而且做出精心的安排，总体上可说是相对克制。从嘉庆朝起，由于军需和河工经费的双重压力，官府对两淮盐商捐输的索取已经失去节制，不仅请捐数额呈现出大幅的增长，而且年度实缴银数也开始失控。从嘉庆十七年（1812）到二十五年（1820），朝廷至少五次被迫不断推迟两淮盐商未完捐输银的缴纳（详见表6-4），而嘉庆十九年（1814）至二十三年（1818）两淮盐商实缴银数与此前相比呈现断崖式下跌（详见表7-3），这些现象反映出嘉庆朝持续捐输导致的连年高额负担，已超出两淮盐商的承受能力。因此，若要给两淮盐商的衰落寻找一个明确的时间节点，则应是嘉庆朝晚期，而具体的原因则是嘉庆朝的无节制捐输（尤其是嘉庆四年至十八年持续缴纳动辄百万甚至数百万的捐款）。

第三节　捐输负担与两浙盐商盛衰

无论是在乾隆朝还是嘉庆朝，两浙盐商都是仅次于两淮盐商的第二大捐输者。具体而言，两浙盐商在乾隆朝请捐银608万两、嘉庆朝请捐银836万两。虽然我们考察认为清前中期参与捐输的有五大盐区，但无论是乾隆朝还是嘉庆朝，两淮和两浙盐商合计捐银占比均接近90%，其他盐区捐输十分有限（详见第五章）。因此，在前文考察两淮之后，兹再分析捐输负担与两浙盐商盛衰的关系。为此，这里先统计乾嘉两朝两浙盐商请捐银详表如下（表7–5）。

此处统计的原则如下：第一，统计“银数”指朝廷接受的请捐数额，未接受的部分不计入，更详细的数据详见第五章，银数单位为“万两”；第二，“时间”可能存在一个月左右的误差，尤其是嘉庆朝，盐法志所载系请捐时间，上谕档所载系谕准的时间。理论上当以前者为准，但盐法志系统缺失嘉庆七年（1802）以后数据，故此处统一以上谕档时间为准。由于嘉庆朝有时一年不止一项捐输，故时间具体到月。

表7–5　乾嘉两朝两浙盐商请捐银详表（单位：万两）

时间	银数	捐输事由	缴款方式	资料来源
乾隆十三年（1748）	10	金川军需	—	盐
乾隆十四年（1749）	40	南巡	分限三年	档1
乾隆二十四年（1759）	20	回部军需	分限两年	盐，档2
乾隆二十六年（1761）	8	万寿庆典	—	档3
乾隆三十八年（1773）	100	第二次金川军需	分限五年	盐，档4
乾隆四十五年（1780）	20	海塘工程	分限五年	盐，档5
乾隆四十七年（1782）	80	豫省河工	—	盐
乾隆四十九年（1784）	60	海塘工程	—	盐
乾隆五十三年（1788）	70	台湾军需	分限七年	盐，档6

续表

时间	银数	捐输事由	缴款方式	资料来源
乾隆五十五年（1790）	100	万寿庆典	本年缴40万两，其余分限三年	盐，档7
乾隆五十七年（1792）	100	第二次廓尔喀军需	分限三年	盐，档8
嘉庆四年（1799）四月	100	川楚军需	本年（己未纲）起分限五年	谕4–396，盐，档9
嘉庆五年（1800）二月	50	川楚军需	本年起分限五年（推测）	谕5–187，盐
嘉庆五年（1800）六月	50	川楚军需	次年（辛酉纲）起分限五年	谕5–812，盐，档10
	10	浙江海防		
嘉庆六年（1801）四月	50	川楚军需	次年（壬戌纲）起分限五年	谕6–359，盐，档11
嘉庆六年（1801）八月	30	赈济	次年（壬戌纲）起分限五年	谕6–903，盐
嘉庆七年（1802）二月	100	川楚军需	次年（癸亥纲）起分限五年	谕7–139
嘉庆九年（1804）七月	16	赈济	次年起分限两年（乙丑、丙寅）	谕9–852
嘉庆十年（1805）六月	20	赈济	次年起分限两年（丙寅、丁卯）	谕10–741
嘉庆十一年（1806）八月	50	黄河改道工程	戊辰纲（嘉庆十三年）缴纳	谕11–1282
嘉庆十三年（1808）闰五月	120	南河筹办要工	辛未纲（嘉庆十六年）起分限三年	谕13–699
嘉庆十三年（1808）九月	20	嘉庆帝五旬万寿	次年缴纳	谕13–1438
嘉庆十六年（1811）二月	50	南河筹办要工	癸酉纲（嘉庆十八年，1813）起分限三年	谕16–213
嘉庆十六年（1811）九月	40	王营减坝漫工	乙亥纲（嘉庆二十年，1815）起分限三年	谕16–1313
嘉庆十八年（1813）十一月	50	平天理教军需	本年起分限两年（癸酉、甲戌）	谕18–1120
嘉庆十九年（1814）三月	10	平天理教军需、赈济	本年缴纳	谕19–530
嘉庆二十三年（1818）二月	20	嘉庆帝六旬万寿	本年起分限两年	谕23–202
嘉庆二十五年（1820）正月	50	豫省武陟河工	本年缴纳	谕25–23

说明：1.“资料来源”一栏，盐法志和上谕档用简称，其中嘉庆《重修两浙盐法志》（延丰纂修，《续修四库全书》第841册）简称“盐”（数据集中在该志卷18《优恤·奖赏》，第386—392页）；《嘉庆道光两朝上谕档》（中国第一历史档案馆编，广西师范大学

出版社，2000年）简称为“谕”，其后数字为册数和编号。此外，中国第一历史档案馆藏朱批奏折、录副奏折和台北故宫博物院编《宫中档乾隆朝奏折》标注为“档”及其序号。档1：《闽浙总督喀尔吉善等奏报浙江盐商吴玉如等捐输银两以备南巡经费事》，乾隆十四年十二月十二日，朱批奏折，档号04-01-35-0621-016。档2：《浙江巡抚杨廷璋奏为盐商捐银请先于道库垫解分年完缴事》，乾隆二十四年二月十三日，朱批奏折，档号04-01-35-0621-038。档3：《浙江巡抚兼管盐政庄有恭奏为庆逢皇太后万寿两浙众商敬备庆典银两恳请查收事》，乾隆二十六年五月十九日，朱批奏折，档号04-01-14-0032-026。档4：《浙江巡抚三宝奏报浙江盐商捐助川饷一百万两事》，乾隆三十九年二月二十六日，台北故宫博物院编：《宫中档乾隆朝奏折》第34辑，第659—660页。档5：《浙江巡抚李质颖奏为盐商何永和等情愿捐银用于塘工请准办理事》，乾隆四十五年十月初一日，朱批奏折，档号04-01-05-0062-013。档6：《浙江巡抚觉罗琅玕奏报浙江盐商捐银事》，乾隆五十三年正月初五日，《宫中档乾隆朝奏折》第66辑，第871—872页；《浙江巡抚觉罗琅玕奏报盐商呈捐城工银两事》，乾隆五十三年二月初二日，《宫中档乾隆朝奏折》第67辑，第221—222页。档7：《浙江巡抚琅玕奏为恭逢皇上八旬圣寿浙商何永和等愿进银两再行代奏请赏收事》，乾隆五十五年六月二十五日，朱批奏折，档号04-01-14-0046-086。档8：《浙江巡抚福崧奏为两浙商人何永和等禀称今闻廓尔喀贼匪滋扰后藏情愿捐银一百万两据情转奏事》，乾隆五十七年二月初八日，朱批奏折，档号04-01-12-0236-081；《浙江巡抚福崧奏报浙商再请准捐银五十万两事》，乾隆五十七年四月初七日，录副奏折，档号03-0637-084。档9：《苏楞额奏为两浙商人请捐饷银事》，嘉庆四年三月二十七日，录副奏折，档号03-1710-007。档10：《两浙盐政延丰奏为盐商捐输银两请先于运库盐课项下垫解分纲缴还事》，嘉庆五年五月二十八日，朱批奏折，档号04-01-35-0482-044。档11：《两浙盐政延丰奏为两浙商人捐银请于运库盐课项下借垫分纲缴还事》，嘉庆六年三月十六日，朱批奏折，档号04-01-35-0483-023。

2.乾隆五十三年（1788）为台湾之役请捐银，初次40万两“分作四年完缴”，第二次30万两“俟前捐银四十万两扣完之后，再赏限三年”，故合计分限七年；乾隆五十七年（1792）为廓尔喀之役请捐银，初次和第二次各50万两，分限均为一年半，故合计分限三年；

3.乾隆四十七年（1782）和四十九年（1784）两次捐输分限不详，不过盐法志记载吏部于乾隆五十五年（1790）议叙这两次捐输的盐商，因此可以推断至此均已缴完。

4.嘉庆四年（1799）四月原本请捐银150万两，盐政请捐时声明“请先于运库借拨，即于本年秋拨项下起，分作三年六次解部交纳；商等于己未纲（嘉庆四年）为始，每纲着缴银三十万两，计五纲即可清还归款”。朝廷接受捐银100万两，谕旨中称“即照所奏，分作三年六次解交部库”。需要留意的是，谕旨所论为借拨款项解交户部的期限，并非捐输款项的缴纳期限；至于捐输款项的分限，谕旨未明确提及，应系同意盐政的分限方案。只是原请捐银150万两（故请每年缴银30万两），最终谕准接受100万两，故此处计为分限五年（每年缴银20万两）。与此类似，嘉庆五年（1800）六月谕准的川楚军需银50万两（原请捐100

万两）、浙江海防银10万两，亦仅提及款项解交期限；至于捐款分限方案，盐政请捐奏折中称“于辛酉纲起，每年输银二十二万两，计五纲即可清还归款”。此系根据捐银110万两计算，朝廷谕准捐银为60万两，同样计为分限五年，每年缴银12万两。此外，类似还有嘉庆六年（1801）四月所捐川楚军需50万两，不再另行解释。

5.嘉庆五年（1800）二月请捐银，上谕档未载分限详情，笔者亦未查到请捐的奏折，此处参照上一年请捐银“自本年起分限五年”的先例推断。

如表7-5所示，与两淮类似，两浙盐商在乾隆朝的请捐往往相隔多年，反映出朝廷对此尚有节制，然而从嘉庆四年（1799）起却陷入了连年请捐的困境。与两淮有所不同的是，嘉庆朝两浙盐商的请捐银数增幅相对有限，不过即便如此，两浙盐商仍从嘉庆中期开始持续请求延期缴纳捐输款项，反映出捐输带给两浙盐商的巨大压力。因未见减免记载，兹统计乾嘉两朝两浙盐商请捐银的缓征详表如下（表7-6）。

表7-6　乾嘉两朝两浙盐商请捐银缓征详表

时间	详情	针对款项（对照表7-5）	备注
乾隆五十九年（1794）五月	谕称“所有浙省商人应完闽饷、藏饷、外输等款银一百九十万两，着加恩自甲寅年（乾隆五十九年）为始，分限五年完纳清款”（①）	（1）“闽饷”即乾隆五十三年（1788）请捐台湾军需银；（2）“藏饷”即乾隆五十七年（1792）请捐第二次廓尔喀军需银	“外输”银与捐输无关，故不计；未完捐输银合并，改为从乾隆五十九年（1794）起分限五年
嘉庆七年（1802）初	嘉庆七年（1802）二月两浙盐政延丰奏折提及此事称“近复加恩，将捐输各款展限二年”（②） 嘉庆九年（1804）三月两浙盐政延丰提及此事称“两浙商人节次公捐共有六款……查第一捐至第五捐先经奴才奏蒙恩准各展限二年，应于乙丑（嘉庆十年）、丙寅（嘉庆十一年）、戊辰（嘉庆十三年）等纲输足”（③）	此即嘉庆七年（1802）之前（嘉庆四年至六年）所有请捐银，计5次290万两	嘉庆四年（1799）至六年（1801）5次请捐未完银，均从嘉庆八年（1803）起展限两年缴纳（即嘉庆八、九年免缴，从嘉庆十年起缴纳）

续表

时间	详情	针对款项（对照表7–5）	备注
嘉庆九年（1804）三月	两浙盐政延丰奏称“两浙商人节次公捐共有六款，应输银三百九十万两”；“截至壬戌纲（嘉庆七年）止”已完银122.76万两，未完银267.23万余两请“并为一款，自癸亥纲（嘉庆八年）起至丁卯纲（嘉庆十二年）缴足”，每纲缴银约53.45万两，获得谕准（③）	此即嘉庆九年（1804）之前（嘉庆四至七年）所有请捐银，计6次390万两；据请捐时分限计算，嘉庆四年（1799）至六年（1801）已完银92万两；根据截至嘉庆七年已完银数计算，嘉庆七年缴银30.76万两（对应捐输不详）	嘉庆四年（1799）至七年（1802）6次请捐未完银267.23万余两合并，改为分限五年，从嘉庆八年（1803）起至十二年（1807）缴完，每年缴银约53.45万两
嘉庆十一年（1806）十月	两浙盐政常显奏称“丙寅、丁卯、戊辰三纲（嘉庆十一至十三年）浙商应完公捐银两，恳请展限”，谕称“所有浙商应完各款银共一百八十四万八千九百五十二两零，着加恩展限二年，自丙寅纲起至庚午纲（嘉庆十五年）止，共为一款，分作五纲，牵匀完缴”（④）	包括两项：（1）嘉庆九年三月合并银剩余第4、5限约106.90万两；（2）嘉庆九年（1804）至十一年（1806）3次请捐未完银总计78万两	未完银约184.90万两合并，改为分限五年，自嘉庆十一年（1806）起至十五年（1810）缴完，每年缴银约36.98万两
嘉庆十三年（1808）十月	两浙盐政三义助奏称，嘉庆十一年谕准分限五年的合并未完捐输银约184.90万两，其中“丙寅纲（嘉庆十一年）及丁卯纲（嘉庆十二年）秋拨完缴银”约48.67万两，未完银约136.23万两请“展限二年，分作五纲完缴，自戊辰纲（嘉庆十三年）起至壬申纲（嘉庆十七年）止，每纲缴银二十七万二千四百五十三两零”，朱批“准其展限”（⑤）	即上栏所列嘉庆十一年（1806）十月合并银，其中已完第1/5限约36.98万两，第2/5限仅缴纳约11.69万两，总计剩余未完银约136.23万两	上栏所列合并银的未完部分约136.23万两（剩余三年），改为分限五年，从嘉庆十三年（1808）起至十七年（1812）缴完，每年缴银约27.25万两
嘉庆十六年（1811）正月	闽浙总督方维甸等奏称，嘉庆十三年（1808）闰五月请捐河工银120万两时“原议俟旧捐报效银两捐足之后于辛未纲（嘉庆十六年）起分限三年”；后因嘉庆十三年（1808）谕准“将旧捐各饷银展限二年，截至壬申纲捐足”，故请改为“仍俟壬申纲旧捐输足之后，于癸酉纲（嘉庆十八年）起分作三年带完归款”，获得谕准（⑥）	即嘉庆十三年（1808）闰五月请捐河工银120万两，请捐时声明于辛未纲（嘉庆十六年）起分限三年	由于上栏“旧捐”展限两年至嘉庆十七年（1812）缴完，故本项原声明于本年起限的捐银推迟两年，改为从嘉庆十八年（1813）起限（分期仍为三年）

续表

时间	详情	针对款项（对照表7–5）	备注
嘉庆十八年（1813）十一月	谕称两浙盐商本年十一月所捐军需银50万两“准其于癸酉、甲戌两纲（嘉庆十八、十九年）分年完缴”，“未完公捐河饷银二百一十万两，着展至乙亥纲（嘉庆二十年）起，分作六年完缴，每年缴银三十五万两”（⑦）	嘉庆十三年（1808）至十六年（1811）3次请捐河工银总计210万两（详见表5–7），第一款和第二款原应于十八年起分限三年、第三款应于二十年（1815）起分限三年	合并待缴河工银210万两，改为从嘉庆二十年（1815）起分限六年，每年缴银35万两（由于十八、十九两年需先缴新捐军需银各25万两）
嘉庆十九年（1814）二月	两浙盐政常显奏称，本年正月户部来文告知已否决嘉庆十八年（1813）展限缴款方案（详见上栏），要求将请捐河工银“悉按原限完缴”，但如此盐商负担过重，因此提出新方案“请将新捐公需银五十万两，汇入原捐河饷二百一十万两数内，共银二百六十万两，新旧牵匀，自癸酉纲（嘉庆十八年）起分作八年完纳，每纲缴银三十二万五千两”。二月获得谕准（⑧）	即上栏合并待缴河工银210万两，与嘉庆十八年（1813）十一月请捐军需（“新捐公需”）银50万两	嘉庆十三年（1808）至十八年（1813）请捐河工、军需银总计260万两，实际分限未改（仍为八年），但新旧款项合并平摊，从嘉庆十八年起每年缴银32.5万两
嘉庆十二年（1807）七月	两浙盐政广泰奏称“河工饷银二百六十万两，查前盐政常显奏明，自癸酉纲（嘉庆十八年）起分限八年完缴，每年应带输银三十二万五千两。除已输完两纲银六十五万两，其甲戌（嘉庆十九年）、乙亥（嘉庆二十年）各半纲河饷银三十二万五千两归入铳引案内带输；又，本年收完丙子纲（嘉庆二十一年）河饷银九万九千余两报拨外；尚有未交银一百五十二万五千七百五十两”；谕称“着加恩将带缴河饷银一百五十二万五千七百五十两，推展四年，自庚辰纲引上起输，仍按原限分五纲全完”（⑨）	此即上栏嘉庆十九年（1814）二月合并银（嘉庆十三至十八年请捐军需、河工银）260万两，至此已完银约107.22万两（具体年度缴纳分析详见说明2），未完银约152.58万两	上栏所列合并银的未完部分约152.58万两，获准展缓四年，改为从嘉庆二十五年（1820）起分限五年

续表

时间	详情	针对款项（对照表7-5）	备注
嘉庆十五年（1810）正月	谕称，两浙盐商本次为武陟河工请捐银50万两“即于本年引上先行输还”“其旧捐河饷银一百五十余万两，俟现捐河饷输足后，于辛巳纲引上照案接输归款”（⑩）	即上栏款项	即上栏所列未完银约152.58万，再次展缓至次年（道光元年辛巳纲）起限
嘉庆十五年（1810）十一月	两浙盐政广泰奏称前捐“尚未完银一百五十二万余两，原限辛巳纲起五年完交。今请于原限上加展五年，分限十年完缴”（⑪） 道光三年（1823）九月浙江巡抚奏折提及此事称“该商等本有旧捐河饷、输垫……等项”“河饷银一百五十二万余两，原分十纲带完，无庸置议”（⑫），据此可知前述奏请已获准	即上栏款项	即上栏所列未完银约152.58万，从分限五年改为分限十年

说明：1.“资料来源”以括号形式标注，具体如下：①中国第一历史档案馆编：《乾隆朝上谕档》第17册，第906页。②《两浙盐政延丰奏报浙商捐输银两数目事》，嘉庆七年二月初五日，录副奏折，档号03-1791-062。③《两浙盐政延丰奏报两浙商捐未完银两请并为一款征输事》，嘉庆九年三月初三日，朱批奏折，档号04-01-35-0627-012。④《常显奏为商捐银两请展限完缴事》，嘉庆十一年十月初三日，录副奏折，档号03-1793-114；中国第一历史档案馆编：《嘉庆道光两朝上谕档》第11册，第764—765页。⑤《三义助奏为浙商节次捐输未完银两请展限交纳事》，嘉庆十三年十月十八日，录副奏折，档号03-1796-099。⑥《方维甸等奏请将盐商公捐河工银两展至癸酉纲分三年带完事》，嘉庆十六年正月十二日，录副奏片，档号03-1799-114；中国第一历史档案馆编：《嘉庆道光两朝上谕档》第16册，第13页。⑦中国第一历史档案馆编：《嘉庆道光两朝上谕档》第18册，第374页。⑧《两浙盐政常显奏报酌议新旧捐输各饷请展限均匀完缴事》，嘉庆十九年正月二十九日，朱批奏折，档号04-01-35-0640-017；中国第一历史档案馆编：《嘉庆道光两朝上谕档》第19册，第80—81页。⑨《两浙盐政广泰奏为浙商课运支绌应缴各款请推展四年分五纲完清事》，嘉庆二十二年六月初九日，朱批奏折，档号04-01-35-0496-009；中国第一历史档案馆编：《嘉庆道光两朝上谕档》第22册，第236页。⑩中国第一历史档案馆编：《嘉庆道光两朝上谕档》第25册，第7页。⑪《两浙盐政广泰奏明浙商课本繁重转输不继请求量予调剂事》，嘉庆二十五年十一月二十日，朱批奏折，档号04-01-35-0499-032。⑫《浙江巡抚帅

承瀛奏为盐场被水请蠲缓灶课并由盐商捐给贫灶口粮事》，道光三年九月二十九日，朱批奏折，档号04-01-35-0502-011。

2.嘉庆二十二年（1817）两浙盐政广泰奏报的已完银数，包括合并至其他名目中缴纳的款项。该项银总计260万两，原获准自嘉庆十八年（1813）起分限八年，每年缴银32.5万两，实际缴纳情况如下：嘉庆十八年（1813）癸酉纲第1限缴银32.5万两，嘉庆十九年（1814）甲戌纲第2限、二十年（1815）乙亥纲第3限分别各缴一半银16.25万两，此即所谓“已输完两纲银六十五万两”；第2和第3限各剩余一半应缴银合计32.5万两归并至“铳引”款缴纳；嘉庆二十一年（1816）丙子纲第4限，至此并未全交，仅缴纳其中的9.9万余两（根据未完银数计算约为9.92万两）。名义上，上述已完银约107.22万两，实际包括归并至“铳引”款缴纳银32.5万两。而根据该奏报，“甲戌秋冬乙亥春夏一纲铳销引目应赔课银九十七万余两，奏明丙子纲（嘉庆二十一年）起限五年完缴，每年应带输银十九万余两”，“仍饬按照原限完交”。这项97万余两的“铳引应赔课银”（其中包括归入其中的32.5万两捐输银），从嘉庆二十一年（1816）起分限五年至嘉庆二十五年（1820）缴完。为方便后文核算年度实际捐输负担，此项银32.5万两称“归入铳引银”，计算方式为嘉庆二十一年至二十五年每年缴银6.5万两。

3.除了本表所列，另有盐政奏请展缓捐输款项而未获批准者。例如，嘉庆二十年（1815）三月，两浙盐政广泰奏称将“公费、余息、捐饷、赔课、公息五款，请自丁丑纲（嘉庆二十二年）起至壬午纲止，分作六纲带纳”；对此，嘉庆帝谕称，该盐商奏请两浙盐商新捐银100万两，同时又奏请缓交包括旧捐在内的各款，“显系希图推迟应交各款，故借为报效乞恩，其意以为此时若准其捐输，即不能不加之调剂。阅折内该盐政所请展缓各款，并未将银数声明，且分六纲带纳，更涉延宕。该商等既有此捐输之款，何不以之完纳课项，转欲呈进耶。广泰所奏自相矛盾，甚属取巧，着传旨申饬。所有该商等捐银一百万两，不准呈交”（《两浙盐政广泰奏为商力转输不继请调剂事》，嘉庆二十年（1815）三月初七日，录副奏折，档号03-1782-068；中国第一历史档案馆编：《嘉庆道光两朝上谕档》第20册，第124页）。

根据表7-6，两浙盐商请求缓征未完捐输银的现象，在乾隆朝仅见一次，但从嘉庆朝起则陷入反复呈请的境地。从嘉庆七年（1802）起，两浙盐商大概两三年就请求缓征一次，导致请捐银不断被延期缴纳。兹根据表7-5、7-6统计乾嘉两朝两浙盐商年度捐输负担详表如下（表7-7、7-8）。其中，由于乾隆朝两浙盐商请捐银大多未声明起限时间，此类一概计为“从次年起限”（之所以如此，是因为若系“本年起限”，则乾隆五十九年（1794）合并展限之时，未完捐输银十分有限，似不至于分限五年），如此乾隆五十九（1794）年展限时未完捐输银合计约86.67万两（乾隆五十四年请捐台湾军需银第6、7限银合计20万两，乾隆五十七年请捐廓尔喀军需银第2、3限合计约66.67万两）；未明确记载分限时间者4次，其中乾隆十三年（1748）、二十六年（1761）请捐银数额较小故计为“分限二年”，乾隆十三年（1748）、二十六年（1761）请捐银数额较大，参考此前两次请捐分期计为“分限五年”。因此，乾隆朝的年度数据存在一定误差。此外，未缴银的年份不纳入表格。

表7–7　乾隆朝两浙盐商年度捐输负担详表

时间	银数总额（万两）	对应的捐输详情
十四年（1749）	5	乾隆十三年（1748）请捐金川军需银第 1/2 限 5 万两
十五年（1750）	18.33	乾隆十三年（1748）请捐金川军需银第 2/2 限 5 万两 乾隆十四年（1749）请捐南巡银第 1/3 限约 13.33 万两
十六年（1751）	13.33	乾隆十四年（1749）请捐南巡银第 2/3 限约 13.33 万两
十七年（1752）	13.33	乾隆十四年（1749）请捐南巡银第 3/3 限约 13.33 万两
二十五年（1760）	10	乾隆二十四（1759）请捐回部军需银第 1/2 限 10 万两
二十六年（1761）	10	乾隆二十四（1759）请捐回部军需银第 2/2 限 10 万两
二十七年（1762）	4	乾隆二十六年（1761）请捐庆典银第 1/2 限 4 万两
二十八年（1763）	4	乾隆二十六年（1761）请捐庆典银第 2/2 限 4 万两
三十九年（1774）	20	乾隆三十八年（1773）请捐第二次金川军需银第 1/5 限 20 万两
四十年（1775）	20	乾隆三十八年（1773）请捐第二次金川军需银第 2/5 限 20 万两
四十一年（1776）	20	乾隆三十八年（1773）请捐第二次金川军需银第 3/5 限 20 万两
四十二年（1777）	20	乾隆三十八年（1773）请捐第二次金川军需银第 4/5 限 20 万两
四十三年（1778）	20	乾隆三十八年（1773）请捐第二次金川军需银第 5/5 限 20 万两
四十六年（1781）	4	乾隆四十五年（1780）请捐海塘银第 1/5 限 4 万两
四十七年（1782）	4	乾隆四十五年（1780）请捐海塘银第 2/5 限 4 万两
四十八年（1783）	20	乾隆四十五年（1780）请捐海塘银第 3/5 限 4 万两 乾隆四十七年（1782）请捐河工银第 1/5 限 16 万两
四十九年（1784）	20	乾隆四十五年（1780）请捐海塘银第 4/5 限 4 万两 乾隆四十七年（1782）请捐河工银第 2/5 限 16 万两

续表

时间	银数总额（万两）	对应的捐输详情
五十年（1785）	32	乾隆四十五年（1780）请捐海塘银第5/5限4万两 乾隆四十七年（1782）请捐河工银第3/5限16万两 乾隆四十九年（1784）请捐海塘银第1/5限12万两
五十一年（1786）	28	乾隆四十七年（1782）请捐河工银第4/5限16万两 乾隆四十九年（1784）请捐海塘银第2/5限12万两
五十二年（1787）	28	乾隆四十七年（1782）请捐河工银第5/5限16万两 乾隆四十九年（1784）请捐海塘银第3/5限12万两
五十三年（1788）	12	乾隆四十九年（1784）请捐海塘银第4/5限12万两
五十四年（1789）	22	乾隆四十九年（1784）请捐海塘银第5/5限12万两 乾隆五十三年（1788）请捐台湾军需银第1/7限10万两
五十五年（1790）	50	乾隆五十三年（1788）请捐台湾军需银第2/7限10万两 乾隆五十五年（1790）请捐庆典银中现银40万两
五十六年（1791）	30	乾隆五十三年（1788）请捐台湾军需银第3/7限10万两 乾隆五十五年（1790）请捐庆典剩余银第1/3限20万两
五十七年（1792）	30	乾隆五十三年（1788）请捐台湾军需银第4/7限10万两 乾隆五十五年（1790）请捐庆典剩余银第2/3限20万两
五十八年（1793）	63.33	乾隆五十三年（1788）请捐台湾军需银第5/7限10万两 乾隆五十五年（1790）请捐庆典剩余银第3/3限20万两 乾隆五十七年（1792）请捐廓尔喀军需银第1/3限约33.33万两
五十九年（1794）	17.33	乾隆五十九年（1794）合并未完捐输银第1/5限约17.33万两
六十年（1795）	17.33	乾隆五十九年（1794）合并未完捐输银第2/5限约17.33万两
总计	555.98	—

说明：乾隆朝两浙盐商请捐银608万两，截至乾隆六十年（1795）已完银约556万两；未完银约52万两，嘉庆元年（1796）至三年（1798）各缴银约17.33万两。

表7–8　嘉庆朝两浙盐商年度捐输负担详表

时间	总额（万两）	对应的捐输详情
元年（丙辰，1796）	17.33	乾隆五十九年（1794）合并未完捐输银第3/5限约17.33万两
二年（丁巳，1797）	17.33	乾隆五十九年（1794）合并未完捐输银第4/5限约17.33万两

续表

时间	总额（万两）	对应的捐输详情
三年（戊午，1798）	17.33	乾隆五十九年（1794）合并未完捐输银第5/5限约17.33万两
四年（己未，1799）	20	嘉庆四年（1799）四月请捐川楚军需银第1/5限20万两
五年（庚申，1800）	30	嘉庆四年（1799）四月请捐川楚军需银第2/5限20万两 嘉庆五年（1800）二月请捐川楚军需银1/5限10万两
六年（辛酉，1801）	42	嘉庆四年（1799）四月请捐川楚军需银第3/5限20万两 嘉庆五年（1800）二月请捐川楚军需银2/5限10万两 嘉庆五年（1800）六月请捐军需、海防银第1/5限12万两
七年（壬戌，1802）	30.76	本年缴银30.76万两（据嘉庆九年三月奏报推断，具体对应捐输不详）
八年（癸亥，1803）	53.45	嘉庆九年（1804）三月合并银（嘉庆四至七年6次请捐未完银）第1/5限约53.45万两
九年（甲子，1804）	53.45	嘉庆九年（1804）三月合并银第2/5限约53.45万两
十年（乙丑，1805）	61.45	嘉庆九年（1804）三月合并银第3/5限约53.45万两（第4、5限计入嘉庆十一年十月合并银） 嘉庆九年（1804）七月请捐赈济银第1/2限8万两
十一年（丙寅，1806）	36.98	嘉庆十一年（1806）十月合并银（嘉庆四至十一年9次请捐未完银）第1/5限约36.98万两
十二年（丁卯，1807）	11.69	嘉庆十一年（1806）十月合并银第2/5限的部分银约11.69万两（本限未完银及第3、4、5限被展限，计入嘉庆十三年十月合并银）
十三年（戊辰，1808）	27.25	嘉庆十三年（1808）十月合并银（嘉庆十一年十月合并银的未完部分）第1/5限约27.25万两
十四年（己巳，1809）	47.25	嘉庆十三年（1808）十月合并银第2/5限约27.25万两 嘉庆十三年（1808）九月请捐万寿银20万两
十五年（庚午，1810）	27.25	嘉庆十三年（1808）十月合并银第3/5限约27.25万两
十六年（辛未，1811）	27.25	嘉庆十三年（1808）十月合并银第4/5限约27.25万两
十七年（壬申，1812）	27.25	嘉庆十三年（1808）十月合并银第5/5限约27.25万两
十八年（癸酉，1813）	32.5	嘉庆十九年（1814）二月合并银（嘉庆十三至十八年请捐河工、军需银）第1/8限32.5万两

续表

时间	总额（万两）	对应的捐输详情
十九年（甲戌，1814）	26.25	嘉庆十九年（1814）二月合并银第2/8限的一半银16.25万两 嘉庆十九年（1814）三月请捐军需、赈济银10万两
二十年（乙亥，1815）	16.25	嘉庆十九年（1814）二月合并银第3/8限的一半银16.25万两
二十一年（丙子，1816）	16.42	嘉庆十九年（1814）二月合并银第4/8限中的约9.92万两（剩余未完银被展限至道光朝） “归入铳引银”第1/5限6.5万两
二十二年（丁丑，1817）	6.5	“归入铳引银”第2/5限6.5万两
二十三年（戊寅，1818）	16.5	嘉庆二十三年（1818）三月请捐万寿银第1/2限10万两 “归入铳引银”第3/5限6.5万两
二十四年（己卯，1819）	16.5	嘉庆二十三年（1818）三月请捐万寿银第2/2限10万两 “归入铳引银”第4/5限6.5万两
二十五年（庚辰，1820）	56.5	本年正月请捐河工银50万两 “归入铳引银”第5/5限6.5万两
总计	735.44	—

说明：1.嘉庆朝两浙盐商请捐银总计836万两，截至嘉庆二十五年（1820）已交银约683.45万两，未完银约152.58万两。

2.本表统计嘉庆朝两浙盐商实缴银约735.44万两，其中包括乾隆朝请捐未完而至嘉庆朝缴纳的银数约51.99万两，此外约683.45两系嘉庆朝请捐且在嘉庆朝缴纳的银数。

根据年度实缴捐银数可以看出，两浙盐商在乾隆朝约有超过半数的年份无须缴纳捐款，尤其是乾隆朝前中期，乾隆元年（1736）至十三年（1748）、十八年（1753）至二十四年（1759）、二十九年（1764）至三十八年（1773）这3个相对较长的连续时段均无需缴纳捐款。乾隆四十八年（1783）是一个转折点，由于此前一年和此后一年的两次大额请捐，两浙盐商的年度捐输负担骤然加重，而且形成持续缴纳高额银两的局面。随后乾隆五十三年（1788）、五十五年（1790）和五十七年（1792）这三次大额请捐又进一步加剧了年度捐输负担。正是如此，乾隆朝两浙盐商年度捐输负担的顶峰为乾隆五十八年（1793）缴银63.33万两。由于这一负担显然超出了两浙盐商的承受能力，次年乾隆帝谕准将未完捐输银展限并分五年缴纳，形成乾隆五十九年（1794）至嘉庆三年（1798）每年缴银17.33万两的新方案。笔者认为，乾隆五十九年（1794）调整的缴款方案应当是根据两浙盐商的承受能力而设计。尤其是，截至乾隆四十九年（1784），两浙盐商在需要缴纳捐款的年份，实际年度负担的最高额均未超过20万两。两相对照，我们可以认为两浙盐商年度可以承受的捐输负担应不超出20万两。

上述分析也得到嘉庆朝数据的证实。嘉庆元年（1796）至三年（1798）两浙盐商每年实缴捐银约17.33万两，从嘉庆四年（1799）到六年（1801）这一负担从20万两逐渐提高到42万两，因此嘉庆七年（1802）初两浙盐政即奏请将此前所有请捐未完银均推迟两年缴纳，也就是希望嘉庆八（1803）、九年（1804）均免缴捐款。此方案若能执行，显然可以直接缓解盐商的捐输负担。然而，或许是因为朝廷需费紧迫，根据嘉庆九年（1804）的新方案，上述嘉庆七年（1802）方案并未执行，而是再次调整，改为从嘉庆八年（1803）至十二年（1807）每年缴银约53.45万两。这份嘉庆九年（1804）的方案，无疑给盐商带来了极大的压力，加之后续又有新捐，至嘉庆十一年（1806）两浙盐政常显奏称：两浙盐商捐输未完银合计约184.90万两，“应于丙寅、丁卯、戊辰三纲内缴完清款，计每纲应缴银七十余万及五六十万余两不等。在商人情殷报效，原属出于至诚。第浙商资本素称微薄，久在圣明洞鉴之中。全仗辘轳转运，随时得有盈余。今丙寅、丁卯、戊辰三纲（嘉庆十一至十三年）各捐款同时并征，奴才体察商情，恐转运不无拮据”。[①]同时上报原方案嘉庆十一年（1806）至十三年（1808）应缴捐输清单如下：

> 丙寅纲：并款银五十三万四千四百七十六两一钱九分二厘，赈济银八万两，赈恤银十万两；丁卯纲：并款银五十三万四千四百七十六两一钱九分二厘，赈恤银十万两；戊辰纲：河工银五十万两。[②]

① 《常显奏为商捐银两请展限完缴事》，嘉庆十一年十月初三日，录副奏折，档号03-1793-114。

② 《常显呈丙寅丁卯戊辰三纲浙商应缴公捐银两清单》，嘉庆十一年十月初三日，录副奏折，档号03-1793-115。

嘉庆九年（1804）方案设置的每年缴银数额约53.45万两（分限五年），显然超出两浙盐商的承受能力，因此仅前三年按期缴纳，剩余两年银两至此合并入新捐；而且，本次方案将每年缴银数降低为约36.98万两（分限五年）。即便如此，嘉庆十一年（1806）方案此后仅按期缴纳第一限银，从第二限起即无法按期缴纳，由此反映出这一银数超出两浙盐商的承受能力。为此，嘉庆十三年（1808）朝廷再次允许展限，将每年缴银数降低为约27.25万两（分限五年）。经过盐政（代表盐商意愿）和朝廷的反复博弈，盐商实际每年缴银数终于达成一个双方都能接受的数额（约27.25万两）。可以作为旁证的是，此前的三次方案或未能执行，或仅部分执行，只有嘉庆十三年（1808）方案在后续彻底落实。正是由于嘉庆十三年（1808）方案的务实性，嘉庆四年（1799）至十一年（1806）总计476万两的请捐银，终于在嘉庆十七年（1812）全部缴完。

嘉庆十三年（1808）方案的每年缴纳银数在后续报告中亦曾作为参照数额出现。嘉庆十八年（1813）底至十九年（1814）初，两浙盐政再次因为分期方案问题与户部展开争论。嘉庆十九年正月，两浙盐政常显转述盐商呈文称：

> 商等当积疲之后，所有原捐河饷，若遵部议悉按原限完缴，则癸酉、甲戌两纲（嘉庆十八、十九年）每年应缴银五十六万余两，而乙亥纲（嘉庆二十年）完数尤为着重。查壬申纲（嘉庆十七年）以前捐完川楚各饷，每年仅缴银二十七万余两，已觉转运不继。兹应输捐项较前加增一倍有余，商等资本无多，办运、办课实有顾此失彼之虞，仍求奏明展限。[①]

简言之，两浙盐商所援引的“壬申纲以前捐完川楚各饷”每年缴银数额，即是嘉庆十三年（1808）方案的数额，该方案将未完捐输银分限五年，嘉庆十三年（1808）至十七年（1812）每年缴银27.25万两。值得注意的是，两浙盐商强调这项每年27.25万两的捐输负担，“已觉转运不继”，也就是说已经

---

① 《两浙盐政常显奏报酌议新旧捐输各饷请展限均匀完缴事》，嘉庆十九年正月二十九日，朱批奏折，档号04-01-35-0640-017。

超出其承受能力。对此，两浙盐政显然赞同盐商的观点，强调户部此前方案远远超出两浙盐商的承受能力，故再次请求将260万两的未完捐输银改为分限八年，每年缴银32.5万两，并特别强调，“比较旧捐川楚各饷每纲缴银二十七万余两之数，计已多输银五万两”。[①]本次方案显然仍然超出两浙盐商的承受能力，因为本次方案在后续执行中仅按期缴纳第一限，第二和第三限仅如期缴纳一半（剩余各半限银合并入其他款项），第四限所缴不足一半，随后未完银约152.58万两于嘉庆二十二年（1817）七月、二十五年（1820）正月两次展限后，推迟至道光元年（1821）起限（分限五年，每年缴银约30.52万两）；随后又再次于嘉庆二十五年（1820）十一月将分限五年改为分限十年，也就说将每年缴银数降低至约15.26万两。

在盐政与朝廷的拉锯中，两浙盐商不断延期缴纳请捐银，而且分年缴纳的银数也逐渐降低。从嘉庆二十年（1815）至二十四年（1819），两浙盐商每年实际缴纳的捐输银均低于20万两，这一数据再次接近乾隆朝前中期的年度数额。换言之，至嘉庆晚期两浙盐商已不堪重负，朝廷只能被迫接受这一相对较低的年度实缴捐输银数额。

小　结

在清代内地11个盐区中，参与捐输的主要是五大盐区，但实际主力为两淮和两浙，无论是乾隆朝还是嘉庆朝，两者捐输合计占比均接近90%，其他盐区的捐输相对可说十分有限。因此本章的考察集中在两淮和两浙盐商。

两淮盐商作为捐输的绝对主力，其请捐银数在乾隆朝约2906.1万两，嘉庆朝约5466.7万两；至于实缴银数，乾隆朝约2342.1万两，嘉庆朝约4240.3万两。如果说请捐银数相当于名义数额，只是给盐商带来精神压力，那么实缴银数则给盐商带来切实的负担。考虑到乾嘉两朝统计时长的差异，我们即使仅将实缴银数分乾隆朝、嘉庆朝按年平摊，也可以看出嘉庆朝两淮盐商年度捐输负担的

① 《两浙盐政常显奏报酌议新旧捐输各饷请展限均匀完缴事》，嘉庆十九年正月二十九日，朱批奏折，档号04-01-35-0640-017。

骤然加重。根据前文对乾嘉两朝两淮盐商年度实缴银数的统计和对比可知，两淮盐商的捐输负担虽然始于乾隆朝，但乾隆时期的年度负担尚在可承受能力之内，此时捐输对盐商的压力有限，这种局面至嘉庆朝不复存在。若要给两淮盐商的衰落寻找一个明确的时间节点，则应是嘉庆朝晚期，而具体的原因则是嘉庆朝的无节制捐输。

两浙盐商是仅次于两淮的捐输主力。纵观乾嘉两朝，两浙盐商年度捐输负担的骤然加重始于乾隆五十年（1785），并一直持续至嘉庆十九年（1814）。不过，与两淮相比，两浙盐商的年度捐输负担在嘉庆朝的增幅相对有限。尤其是，自嘉庆七年（1802）起，由于两浙盐政（盐商）的请求，朝廷基本每隔两三年就调整一次年度缴款数额，而总体趋势是将过高的负担逐步降低至盐商可以接受的额度。总之，两浙盐商在乾隆朝前中期的捐输负担有限，而在乾隆末期至嘉庆朝的捐输负担有所提高，但超出其承受能力的幅度有限。因此，相对两淮盐商而言，捐输对两浙盐商的影响比较有限。

两淮和两浙的差异也可以通过以下两个数据看出。第一，乾嘉两朝两淮、两浙请捐银的增长幅度。两淮盐商请捐银乾隆朝约2906.1万两，嘉庆朝约5466.7万两，增幅为88.1%；两浙盐商请捐银乾隆朝608万两，嘉庆朝836万两，增幅37.5%。如果再考虑到乾隆朝基数的悬殊，我们可以清楚看到嘉庆朝对两淮捐输的索取远高于两浙。第二，嘉庆朝请捐银的实缴比例。两淮盐商嘉庆朝请捐银约5466.7万两之中，至嘉道之际未完银约1670.4万两，占比约30.56%；两浙盐商在嘉庆朝请捐银836万两之中，至嘉道之际未完捐输银仅152万余两，占比约18.25%。无论是绝对数额还是占比，两浙盐商未完银均相对有限。换言之，嘉庆朝两浙盐商的请捐银大多能够实际缴纳，而两淮则否。这一对比亦可说明捐输对两浙盐商的影响远比两淮要小。

结 语

正文各章详细考察清代盐商捐输的发展趋势，系统梳理盐商捐输的制度化进程与制度变迁，全面统计清初至道光时期朝廷接受的盐商请捐银数，而且将两淮、两浙这两大捐输主力在乾嘉两朝的实缴银数落实到具体年份。在制度和数额考察的基础上，重新评估盐商捐输对国家财政和盐商本身的影响。在此不再详细总结前文的论点，而是对以下三个争议较大的问题展开讨论，同时对相关研究方法提出若干思考。

第一，清代盐商捐输的动机与性质，即盐商为何捐输的问题。

20世纪初著名盐业史家景学钤最早将“贿赂说”与“勒索说”并论，且认为盐商捐输的性质主要是盐商主动贿赂政府。由于清代盐商是具有垄断性的特权商人，后续主流观点是将盐商捐输视为政商之间的利益交换，总体上赞同贿赂说（详见绪论）。此外，陈锋认为应分时段讨论这一问题，盐商从乾嘉时期的踊跃捐输到道咸以后的劝输摊派，反映了捐输性质的变化，即由自愿转为强制；清政府的鼓励恩赏是乾嘉时期盐商捐输盛行的重要原因，“在乾嘉两朝，盐商对清廷的报效是竭尽全力，清廷对盐商的恩赏是无以复加。在一定程度上，盐商的报效是为了换取清廷的恩赏和顾眷，而清廷慷慨地奖赏又刺激了盐商的报效”。[①]

通过对盐商捐输运作流程和奖励政策的考察，笔者认为清代盐商捐输既非“贿赂”亦非“勒索”。考虑到盐商与政府的特殊关系，更准确地说清代盐商捐输始终是出于政府的指派。从动员模式来看，盐商捐输在清初就是出自盐

① 陈锋：《清代盐政与盐税》，中州古籍出版社，1988年，第226页。

政等地方官员的指派，至乾隆十三年（1748）起皇帝更是直接介入，从而盐商失去了讨价还价的空间。动员模式的转变直接影响到盐商捐输的数额，清初顺治、康熙到雍正三朝的92年之间，见于记录的盐商捐输次数不及20次，可以统计的银数不过116万余两，参与的盐区以两淮为主力，两浙有限参与，长芦和山东盐商至雍正朝始见一次请捐但为朝廷拒收。这种趋势在乾隆初期仍未改变，乾隆元年（1736）至十二年（1747）盐商捐银209万余两，其中仅一例为长芦所捐，其余均出自两淮。然而，随着乾隆朝初次金川之役的爆发，在乾隆帝亲自动员之下，从乾隆十三年（1748）到十四年（1749），长芦、山东、两淮、两浙、两广、河东、福建七个盐区的盐商们集体为此次战事捐银总计184万两。正是捐输动员方式的转变导致了盐商捐输的骤然增长，乾隆朝见于统计的盐商捐输银数高达3927万余两就是生动的体现。

就奖励政策而言，乾隆朝以授予实官等优渥政治条件奖励捐输的盐商，这自然也是盐商“踊跃”捐输的一大诱因，部分学者据此认为盐商捐输具有“贿赂”成分。然而需要指出的是，在乾隆末期清廷废止奖励实官政策之后，加之执行延宕导致奖励难以兑现，嘉庆朝的奖励对盐商而言显然缺乏吸引力。与此形成鲜明对比，嘉庆朝盐商请捐反而比乾隆朝更加“踊跃”。在嘉庆朝二十五年之间盐商请捐的银数竟然高达6927.6万两，远远超出乾隆朝六十年间的数额。乾嘉两朝盐商请捐数额与奖励政策相悖的反常现象，显示出盐商捐输的多寡显然并非出自盐商的主观意愿，否则难以理解为何在奖励政策名存实亡的嘉庆朝，盐商竟然如此“积极”地捐输巨额银两。在统治者看来，指派盐商捐输理所当然，上谕档中的密寄谕旨揭示了这一真相。

第二，盐商捐输所反映的政商关系在中国帝制时期是否具有典型性，可否由此引申出中国帝制国家对商业资本的抑制等问题。

学界一般认为，西方国家在近代率先走上资本主义道路，而中国自宋明以来就存在繁荣的商业，却始终未能发展出成熟的资本主义系统。学界围绕“资本主义萌芽”问题展开了广泛讨论，其中一种解释就是中国帝制国家对商业资本的抑制导致资本无法持续积累。盐商是中国帝制晚期资产最为雄厚的商业资本之一，时常作为这类论证的典范案例。何炳棣关于十八世纪中国商业资本的经典研究即是以两淮盐商（扬州盐商）[①]为例，认为“扬州盐商提供了我们一个中国内有的商业资本主义形式的有趣研究案例”，其问题意识在于“解释为何虽存在相当规模的商业资本，但盐商却未成功地发展出成熟的资本主义系统”。对此何氏详细考察了两淮盐商生活形态、文化表现及社会流动等对财富和资本的稀释，论及捐输对盐商资本积累的影响：

> 他（清人汪喜孙）估计在两淮盐商的黄金时代，总资本约在七到八千万两之间，事实上，这与我们估计十八世纪后半期盐商总盈利约二亿五千万两并无矛盾。汪氏和我们的估算数字之间的差异，正可以用两淮盐商无尽的捐输报效来解释。[②]

概言之，何炳棣认为捐输是盐商资本的主要流向之一，也就是说政府对捐输的索取是盐商资本无法维系集中的原因之一，盐商因而无法发展出“成熟的资本主义系统”。而且他进一步认为盐商虽然只是“一个特殊的商人群体”，但本文的结论可以反映“中国开放通商口岸之前的商业资本主义一般状况”。[③]

笔者完全赞同何炳棣关于捐输导致两淮盐商资本无法持续积累的认识，而且在正文统计到远超以往学者想象的两淮盐商捐输银数，尤其乾嘉两朝的巨额捐输显然是造成两淮盐商资本流失的主要原因之一。不过问题的关键是：盐商可否作为中国传统商人的典型，以盐商为例论证中国帝制国家对商业资本的抑制是否合适？因为这种做法并非个案，学界对明清晋商、徽商等代表性商人兴衰的经典研究往往采取了相似的思路，也就是以盐商的巨额捐输来佐证官府对

---

① 按：何炳棣英文论文之所以用“扬州盐商”而非“两淮盐商”，“由于当时西方学人每多不解两淮等专词，故论文标题用扬州”（何炳棣：《读史阅世六十年》，中华书局，2012年，第263页）。

② Ping-tiHo，“The Salt Merchants of Yang-chou:A Study of Commercial Capitalism in Eighteenth-Century China”，*Harvard Journal of Asiatic Studies,*Vol.17, No.1/2(Jun1954)，pp.130-168.（此处引用参考中文版，详见何炳棣著，巫仁恕译：《扬州盐商：十八世纪中国商业资本的研究》，《中国社会经济史研究》1999年第2期。）

③ Ping-ti Ho，“The Salt Merchants of Yang-chou:A Study of Commercial Capitalism in Eighteenth-Century China”,*Harvard Journal of Asiatic Studies*,Vol. 17,No. 1/2 (Jun 1954),pp.130-168.

商人的盘剥与压迫。[①]然而，盐商是普通商人吗？关于清朝政府与盐商关系的认识可否推广至一般商人群体？

盐商作为特权商人，是清代食盐专卖制度的产物，因此盐商与政府存在特殊的关系。简言之，食盐作为国家资源，清朝政府将垄断经营权授予特定盐商，而盐商正是在这种特许制度下获得丰厚利润，盐商资本的超高收益本质上源于政府的"恩赐"，此即绪论所引乾隆帝声明盐商系属"世受国恩者"的深层内涵。

盐商具有"官商"属性，政府以盐商捐输作为筹款方式理所当然。正如笔者在绪论中所言，对盐商而言，捐输属于感恩"报效"，因此具有义务成分；对政府而言，盐商区别于典当等商人，因此盐商捐输属于特权。乾嘉两朝是盐商捐输的顶峰，而乾隆帝和嘉庆帝均将盐商（包括广东行商）这种特权商人与典当等行业的一般商人区分开来，原则上反对普通商人捐输。换言之，盐商既然并非普通商人，政府对盐商捐输的索取也不具有普遍意义，因此不宜以盐商捐输为典型案例论证中国帝制国家对商业资本的抑制等问题，相应建立在这种案例之上的推论亦有重新检视的必要。

第三，盐商的身份问题。前文已指出盐商的"官商"属性，在此不妨进一步追问：盐商果真是商人吗？

在正文第四章考察政府对盐商捐输的奖励政策时，笔者已指出清代所谓盐商往往并不是指亲身经营盐务的商人，而是行盐商号的持有人，因此议叙清单中的"盐商"所标注身份包括现任、候选官员以及生员等。在正文第四章统计乾隆初期因捐输获得议叙的125人次盐商中，各类官员合计91人次，占比约72.8%，可见盐商拥有官职的比例相当高。如何解释这一现象？早期的研究者例如前引何炳棣往往从社会流动出发，认为盐商家庭在第二代或三代之后逐渐

① 例如，叶显恩在研究清代徽商的衰落和资本主义萌芽等问题时，认为捐输是徽商利润的流向之一，所举证即是两淮盐商（以徽商为主）的巨额捐输以及由此导致的"利润封建化"和对"资本主义萌芽"的阻碍。又如，黄鉴晖以盐商捐输为例论证"封建专制对山西商人的压迫剥削"。参见叶显恩：《徽商的衰落及其历史作用》，《江淮论坛》1982年第3期；叶显恩：《徽商利润的封建化与资本主义萌芽》，《中山大学学报（哲学社会科学版）》1983年第1期；黄鉴晖：《明清山西商人研究》，山西经济出版社，2002年，第466—476页。

转向读书或者从政，这当然得到了后续诸多研究的证实。这些研究往往强调商人在进入盐业领域后与统治阶层的关系，实际却不限于此。概言之，盐业并不是一个可以轻易进入或者说机会均等的领域，因此很多所谓盐商在进入盐业领域之初就不是纯粹的商人身份，他们或本为官僚，或为官僚的代理人。

这一问题相当复杂，在此仅举两例为证。一是雍正六年（1728）长芦巡盐御史郑禅宝奏称：长芦盐商安尚义、安岐“系侍郎臣永寿家人，原在天津料理盐行生意，其盐窝产业是否自置无凭查核。相应奏明，臣一面移咨侍郎臣永寿转饬安尚义等……”；[①]二是乾隆四年（1739）两淮盐政三保奏称“怡亲王江西吉安一府引窝，从前淮商黄光德承办八年，窝利并无拖欠；后奉庄亲王奏请仍交原办人马洪儒领出王府原本来扬办理”，而马洪儒系“王府之人，不善经理，不如民商惯于行运”，因此建议转交“淮南商人程可正”承办。[②]在第一个案例中，长芦盐商安氏实为官员永寿的家仆（“家人”），因此盐政才认为无法确认该盐商所经营的盐业是否为“自置”，换言之可以合理怀疑安氏只是在代办，而盐业的所有权很可能归属该官员。在第二个案例中，两淮盐商马洪儒同样只是王府盐业的代办者，其身份本非盐商，因此盐政才声称其不如真正的商人（“民商”）善于办理。

概言之，盐业经营显然并非纯粹的商品交易行为，遵从的不是市场逻辑而是权力逻辑，其“官场”属性要强于“市场”属性。我们之所以说盐商具有“官商”的属性，不仅是因为盐商的收益依赖于国家的食盐专卖制度，更是因为进入这一领域的盐商往往与政府有着千丝万缕的关系。无论是从议叙的清单来看还是从官员奏报显露出的蛛丝马迹来看，我们可以说盐业经营权很难为普通商人所得，或者说普通商人很难进入这一领域。因此，与其将盐商视为“商人”或商业资本，不如将其视为“官僚”或曰官僚资本（有时甚至是皇室资本）。从本质上讲我们可以认为“盐商非商”，尤其是处于顶层的大盐商实则是统治阶层（包括皇室和官僚）的代理人或说“白手套”。捐输反映了盐业资

① 《长芦巡盐御史郑禅宝奏报长芦商人安岐捐修天津城垣情形折》，雍正六年四月初二日，《雍正朝汉文朱批奏折汇编》第12册，第112页。

② 《两淮盐政三保奏请将江西吉安一府引窝仍交淮商办理事》，乾隆四年九月二十六日，朱批奏折，档号04-01-35-0444-011。

本的真相，揭示出盐业资本的运行逻辑与民间商业资本有着本质的区别，这正是本书标题强调“盐业资本的逻辑”之内涵。

除了上述关于具体问题的讨论，在此笔者以相关研究方法的思考结束本书的讨论。

其一，计量史学方法近年来再次得到历史学和相关学科的重视，笔者的研究亦系践行这一方法。同时笔者想要特别强调的是，数据的统计与分析不能脱离具体的制度考察。以本书的研究对象为例，如果未厘清盐商捐输的运行机制，则无法认识到请捐银数与实缴银数这两个层面的数据及其差异，仅仅根据请捐银数分析盐商捐输对国家财政的作用和对盐商自身的影响显然与历史真实相距甚远。概言之，缺乏制度考察的计量史学方法无论在形式上如何完美，实际上其结论都有可能似是而非，甚至严重偏离历史的真相。

其二，以往关于盐商负担的研究虽然也论及盐课之外的各项名目，但学界仅对盐课有相对系统的数据，本书考察了捐输的系统数据，至于善举、帑利、提引、办差、陋规等各项负担则缺乏系统的数据。唯有分项考察盐商的各项开支，才能真实反映盐商的实际负担，相应才能得出清代国家真实的盐业收入。换言之，盐业史的研究需要超越主要考察正税的局限，由此方能揭示清代国家经制财政之外的收入，从而理解“非正式财政收入”或说非税收入对清代国家财政运行的意义。

其三，在“清承明制”的基本框架下，学界总体上将清朝国家视为明代“封建专制”政权的延续，甚至认为清朝入关延缓了晚明以来的“资本主义萌芽”的发展，其前提是认为清朝入关前的社会处于较低的发展阶段。对此，已有学者提出不同认识，强调清朝入关前以边境贸易为主要财源，从而将以满洲主导、满蒙汉联合的清朝政权视为“商业军事集团”。[①]笔者同样强调清朝国家财政的“商业”属性。笔者认为，与明朝政权尤其是财政中的“农业”属性不同，清朝政权始终有意识地培植国家可以掌控的特权商人以获得大量的“非正式财政收入”，这种特权商人及其商业堪称隐性的“国有经济”。正是因为

---

① 〔日〕岸本美绪：《“后十六世纪问题”与清朝》，《清史研究》2005年第2期；黄国信：《清代食盐贸易制度市场化倾向及其因缘》，《盐业史研究》2019年第3期。

清朝政权策略性地通过盐商等特权商人筹集“非正式财政收入”，它才能支撑意识形态层面的“轻徭薄赋”与“永不加赋”政策，此实为清朝统治政策的阴面和阳面。明乎此，才能理解清代国家财政运行的实态，才能理解清代国家治理的灵活性。因此，清朝国家形态的“商业”属性尚待进一步的挖掘。

附　录

附表1　乾嘉道三朝广东行商捐输统计表（单位：万两）

请捐时间	银数	捐输事由	资料来源
乾隆三十八年（1773）	20	第二次金川之役军需	实 1
乾隆五十二年（1787）	30	台湾军需	实 2
乾隆五十七年（1792）	15*	廓尔喀军需	实 3，档 1
嘉庆四年（1799）六月	12	川楚军需	谕 4–603
嘉庆五年（1800）二月	10	川楚军需	谕 5–207
嘉庆五年（1800）五月	15	川楚军需	谕 5–634
嘉庆六年（1801）二月	15*	川楚军需	谕 6–166
嘉庆六年（1801）八月	25	永定河河工	谕 6–979
嘉庆七年（1802）八月	10	川楚军需	谕 7–658
嘉庆九年（1804）二月	20	豫省河工	谕 9–189
嘉庆九年（1804）九月	6	缉捕洋盗	谕 9–1048
嘉庆十年（1805）五月	12*	缉捕洋盗	谕 10–567
嘉庆十一年（1806）正月	10	缉捕洋盗	谕 11–38
嘉庆十二年（1807）五月	12*	缉捕洋盗	谕 12–272
嘉庆十三年（1808）七月	30	南河筹办要工	谕 13–1036
嘉庆十三年（1808）十二月	15*	南河筹办要工	谕 13–1872
嘉庆十四年（1809）正月	12	嘉庆帝五旬万寿	谕 14–90
嘉庆十四年（1809）五月	10*	澳门驻军	谕 14–655
嘉庆十六年（1811）九月	60	王营减坝漫工	谕 16–1448
嘉庆十九年（1814）正月	24	平天理教军需、豫省睢州黄河漫工	谕 19–52

续表

请捐时间	银数	捐输事由	资料来源
嘉庆二十二年（1817）七月	6*	广东海防	谕 22–744
嘉庆二十三年（1818）四月	10*	广东海防	谕 23–498
嘉庆二十三年（1818）五月	20	嘉庆帝六旬万寿	谕 23–666
嘉庆二十五年（1820）二月	30	豫省武陟河工	谕 25–107
嘉庆二十五年（1820）四月	30	豫省武陟河工	档 2
道光六年（1826）十一月	60	回疆军需	实 4
道光十年（1830）	20	新疆军需	—
道光十二年（1832）十二月	21	连山军需	档 3，谕 38–177
道光十五年（1835）四月	6	增修虎门海口等处炮台	实 5
道光十九年（1839）二月	8.6*	虎门海口炮台等工程	实 6
总计	574.6	—	—

说明：1.“资料来源”一栏用简称，其中《嘉庆道光两朝上谕档》（中国第一历史档案馆编，广西师范大学出版社，2000年）简称“谕”，其后数字为册数和编号。《清实录》简称为“实”并标注编号，实1：《清高宗实录》卷949，乾隆三十八年十二月丁未，《清实录》第20册，中华书局，1986年，第865页；实2：《清高宗实录》卷1294，乾隆五十二年十一月壬辰，《清实录》第25册，第362页；实3：《清高宗实录》卷1402，乾隆五十七年闰四月癸酉，《清实录》第26册，第832页；实4：《清宣宗实录》卷109，道光六年十一月辛巳，《清实录》第24册，第811页；实5：《清宣宗实录》卷265，道光十五年四月癸卯，《清实录》第37册，第64页；实6：《清宣宗实录》卷319，道光十九年二月壬午，《清实录》第37册，第990页。此外中国第一历史档案馆藏档案简称“档”并标注编号，档1：《署理两广总督郭世勋题为广东洋盐两商捐饷助剿并各起委员职名领解银数起程赴川日期事》，乾隆五十七年十月初九日，户科题本，档号02-01-04-17716-013。档2：《两广总督阮元、粤海关监督阿尔邦阿奏为盐商洋商恳请将前次未收之五十万两报捐银全数赏收事》，嘉庆二十五年四月初三日，录副奏折，档号03-1808-103；《奏为粤东洋盐二商恳请将余下五十万两捐银赏收事》（两广总督阮元、粤海关监督阿尔邦阿），嘉庆二十五年四月初九日，录副奏片，档号03-1808-096。档3：《两广总督卢坤奏报广东绅士盐商捐输连山军需银两请赏收事》，道光十二年十二月二十四日，朱批奏折，档号04-01-35-0666-122。

2.关于广东行商的捐输银数，既有研究以梁嘉彬、陈国栋的统计最具代表。前者根据盐法志统计乾隆三十八年（1773）至道光十二年（1832）的捐输银395万两（梁嘉彬：《广东十三行考》，商务印书馆，1937年，第387—391页）；后者又增补较多档案史料，并将统计时限下延至道光十五年（1835），统计捐银数508.5万两（陈国栋：《论清代中叶广东行商经营不善的原因》，［台北］《新史学》1990年1卷4期）。笔者统计乾嘉道三朝行商捐银总额为574.6万两。

3.总体而言，陈国栋的统计已较为完备，惟部分数据略有偏差。值得一提的是，陈国栋证实“在1808年以前，这类捐输（行商和盐商的合捐）皆由行商和盐商平均分摊”。为展示统计的差异，笔者新增与修订的数据标注星号（*）。陈国栋统计数据中只有道光十年（1830）捐银数据笔者未查到，故未标注资料来源。

4.由于依据史料的不同，此处时间或为地方官员奏报请捐的时间，或为朝廷谕准接受的时间，因此存在一定的时间差。例如，笔者此处所统计嘉庆二十五年（1820）两次各30万两的河工捐银，陈国栋统计的是总额60万两，系于嘉庆二十四年（1819）。

5.道光十二年（1832）十二月所捐连山军需银21万两，无论奏折还是谕旨中都称捐输者为“粤东绅士”，由于奏折援引捐输者伍元华等人呈文称“元华等父兄族属世业洋商”，故计为行商捐输。

6.部分请捐而未收捐输不纳入统计。此外有一例因数额不详未纳入统计。道光二十年（1840），广东行商为广东海防捐银，数额不详，“洋商伍绍荣等呈请，将茶叶一项应得行用银两，捐缴三年，按卯解库听候提用”（《清宣宗实录》卷334，道光二十年五月己亥，《清实录》第38册，第70页）。

附表2 乾隆朝盐商捐输分区统计详表（单位：万两）

盐区	时间	银数	捐输事由
两淮	三年（1738）	17.45	扬属旱灾赈济
		30	淮扬水利工程
	六年（1741）	7.10	淮扬水灾赈济
	七年（1742）	30	淮扬水灾赈济
	九年（1744）	31	备内府公事之用
	十年（1745）	48*	淮扬河道工程
	十一年（1746）	20	淮扬等属赈济
	十二年（1747）	16	备内府公用之需
	十三年（1748）	20	备内府公用之需
		100	初次金川之役军需
	十四年（1749）	10	初次金川之役军需
		100	南巡
	十六年（1751）	25*	修理皇家园林乐善园
	十七年（1752）	30	备内府公用之需

续表

盐区	时间	银数	捐输事由
两淮	十八年（1753）	30	通泰淮水灾
		60*	南河高堰工程
	二十年（1755）	100	初次准噶尔之役军需
		12.20*	运盐灶河工程
	二十一年（1756）	30*	江苏灾歉赈济
	二十二年（1757）	100	南巡
	二十三年（1758）	100	回部之役军需
		14.86*	淮扬运河工程
	二十四年（1759）	12.80*	挑浚淮北盐河
		2.18	通泰淮水灾
		1.76	挑浚盐河工需
	二十五年（1760）	5.57*	通泰盐河工程
		10	太后七旬万寿庆典
	二十六年（1761）	10*	太后七旬万寿庆典
		100	南巡
	二十九年（1764）	1*	武昌、汉阳长江堤工
	三十年（1765）	10*	江苏城工
	三十二年（1767）	100	缅甸之役军需
	三十六年（1771）	20	太后八旬万寿庆典
	三十八年（1773）	400	第二次金川之役军需
	四十五年（1780）	100	南巡
	四十六年（1781）	0.66	赈济
	四十七年（1782）	200	豫省工需
	四十九年（1784）	100	南巡
	五十一年（1786）	0.39	赈济
	五十三年（1788）	100	荆州工赈
		200	台湾林爽文之役军需
	五十五年（1790）	200	乾隆帝八旬万寿庆典
	五十七年（1792）	200*	第二次廓尔喀之役军需
	六十年（1795）	200	苗疆之役军需

续表

盐区	时间	银数	捐输事由
两浙	十三年（1748）	10	初次金川之役军需
	十四年（1749）	40*	南巡
	二十四年（1759）	20	回部之役军需
	二十六年（1761）	8*	太后七旬万寿庆典
	三十八年（1773）	100	第二次金川之役军需
	四十五年（1780）	20	助修海塘
	四十七年（1782）	80	豫省河工
	四十九年（1784）	60	助修海塘
	五十三年（1788）	40	台湾林爽文之役军需
		30*	
	五十五年（1790）	100	乾隆帝八旬万寿庆典
	五十七年（1792）	100	第二次廓尔喀之役军需
长芦	九年（1744）	10	赈济
	十三年（1748）	20*	初次金川之役军需
	二十四年（1759）	20	回部之役军需
	三十八年（1773）	60	第二次金川之役军需
	四十九年（1784）	10*	南巡
	五十三年（1788）	35	台湾林爽文之役军需
	五十七年（1792）	35	第二次廓尔喀之役军需
	五十九年（1794）	2*	直隶赈济
山东	十三年（1748）	10*	初次金川之役军需
	二十四年（1759）	10*	回部之役军需
	三十八年（1773）	30	第二次金川之役军需
	五十三年（1788）	15	台湾林爽文之役军需
	五十七年（1792）	15	第二次廓尔喀之役军需
两广	十四年（1749）	10	初次金川之役军需
	二十六年（1761）	4*	太后七旬万寿庆典
	三十八年（1773）	40*	第二次金川之役军需
	五十二年（1787）	20*	台湾林爽文之役军需
	五十七年（1792）	15*	第二次廓尔喀之役军需

续表

盐区	时间	银数	捐输事由
河东	十四年（1749）	14*	初次金川之役军需
	二十五年（1760）	3*	西巡五台山
	五十一年（1786）	20*	西巡五台山
福建	十四年（1749）	10*	初次金川之役军需
	二十六年（1761）	5*	太后七旬万寿庆典

说明：1.本表资料来源详见正文第五章，此处不再另行标注。既有研究对乾隆朝盐商捐银最全面的统计数据出自陈锋著作《清代盐政与盐税》，此处笔者新增或修订的数据加注星号。考虑到正文分事由统计，此处分盐区统计。

2.本表统计的银数系政府接受的请捐银数，未接受者不纳入统计（详见第五章）；银数以四舍五入的原则保留两位小数。

3.部分事由根据正文的考证有所调整。例如，乾隆三十二年（1767）两淮盐商以“备公”名义所捐银100万两，最终奉旨转交云南军前（缅甸之役），故计为“军需”。

4.以上分区银数总额约为3927万两，具体包括：两淮约2906万两、两浙608万两、长芦192万两、山东80万两、两广约89万两、河东37万两、福建15万两。

附表3　嘉庆朝盐商捐输分区统计详表（单位：万两）

盐区	时间	请捐银数	实收银数	捐输事由
两淮	四年（1799）四月	300	200	川楚军需
	五年（1800）二月	200	100	川楚军需
	五年（1800）三月	100	50	川楚军需
	五年（1800）八月	100	50	川楚军需
	五年（1800）八月	50	50	江苏邵家坝黄河漫工
	六年（1801）六月	200	200	川楚军需
	六年（1801）十月	50	0	赈济
	七年（1802）十月	10	10	赈济
	八年（1803）正月	200	100	川楚军需
	八年（1803）七月	10	10	湖北城工
	八年（1803）十一月	110	110	豫省衡家楼黄河漫工
	九年（1804）四月	100	100	豫省衡家楼黄河漫工
	九年（1804）八月	20	20	赈济
	九年（1804）十一月	40	40	南河高堰堤工

续表

盐区	时间	请捐银数	实收银数	捐输事由
两淮	十一年（1806）正月	30	30	黄河改道工程
	十一年（1806）二月	4.5	4.5	淮扬河道工程
	十一年（1806）七月	300	300	黄河改道工程
	十二年（1807）四月	50	50	江陵堤工
	十三年（1808）五月	300	300	南河筹办要工
	十三年（1808）六月	300	300	南河筹办要工
	十三年（1808）九月	40	40	嘉庆帝五旬万寿
	十四年（1809）七月	200	200	嘉庆帝五旬万寿
	十五年（1810）五月	50	50	江广漕运船只
	十五年（1810）十二月	10	10	巡幸五台
	十六年（1811）正月	150	150	南河筹办要工
	十六年（1811）八月	100	100	王营减坝漫工
	十六年（1811）九月	160	160	王营减坝漫工
	十七年（1812）八月	400	300	南河善后工程
	十七年（1812）九月	100	100	南河善后工程
	十七年（1812）十二月	30	30	供奉南河河神
	十八年（1813）十一月	100	100	平天理教军需、豫省睢州黄河漫工
	十九年（1814）四月	100	100	南河善后工程、豫省睢州黄河漫工
	十九年（1814）十二月	400	400	河工、赈济
	二十一年（1816）六月	5.2	5.2	赈济
	二十二年（1817）二月	320	100	嘉庆帝六旬万寿
	二十二年（1817）六月	220	100	嘉庆帝六旬万寿
	二十三年（1818）五月	10	0	巡幸盛京
	二十四年（1819）十一月	300	200	豫省武陟河工
	二十四年（1819）十二月	100	100	豫省武陟河工
	二十五年（1820）五月	100	100	协济淮北运本
	二十五年（1820）八月	200	100	豫省仪封漫工

续表

盐区	时间	请捐银数	实收银数	捐输事由
两浙	四年（1799）四月	150	100	川楚军需
	五年（1800）二月	100	50	川楚军需
	五年（1800）六月	100	50	川楚军需
	五年（1800）六月	10	10	浙江海防
	六年（1801）四月	100	50	川楚军需
	六年（1801）八月	30	30	赈济
	七年（1802）二月	100	100	川楚军需
	九年（1804）七月	16	16	赈济
	十年（1805）六月	20	20	赈济
	十一年（1806）八月	50	50	黄河改道工程
	十三年（1808）闰五月	120	120	南河筹办要工
	十三年（1808）九月	20	20	嘉庆帝五旬万寿
	十六年（1811）二月	50	50	南河筹办要工
	十六年（1811）九月	40	40	王营减坝漫工
	十八年（1813）十一月	50	50	平天理教军需
	十九年（1814）三月	10	10	平天理教军需、赈济
	二十年（1815）三月	100	0	豫省睢州黄河漫工
	二十三年（1818）二月	30	20	嘉庆帝六旬万寿
	二十五年（1820）正月	50	50	豫省武陟河工
长芦	四年（1799）三月	66	39.6	川楚军需
	五年（1800）六月	1.6	1.6	盐河工程
	六年（1801）八月	10.6	2.6	赈济
	八年（1803）十一月	10	0	赈济
	十一年（1806）九月	26	6	黄河改道工程
	十三年（1808）六月	34	15	南河筹办要工
	十三年（1808）十月	12	12	嘉庆帝五旬万寿
	十六年（1811）十一月	24	24	王营减坝漫工
	十八年（1813）十月	13	13	平天理教军需

续表

盐区	时间	请捐银数	实收银数	捐输事由
长芦	二十二年（1817）正月	20	0	天津海防
	二十四年（1819）六月	12	6	嘉庆帝六旬万寿
	二十五年（1820）正月	20	0	豫省武陟河工
	二十五年（1820）二月	20	10	豫省武陟河工
山东	四年（1799）三月	34	20.4	川楚军需
	六年（1801）八月	5	5	赈济
	十一年（1806）九月	14	14	黄河改道工程
	十三年（1808）六月	16	8	南河筹办要工
	十三年（1808）十月	8	8	嘉庆帝五旬万寿
	十六年（1811）十一月	16	16	王营减坝漫工
	十八年（1813）十月	7	7	平天理教军需
	二十四年（1819）六月	8	4	嘉庆帝六旬万寿
	二十五年（1820）正月	10	0	豫省武陟河工
	二十五年（1820）二月	10	5	豫省武陟河工
两广	四年（1799）六月	20	12	川楚军需
	五年（1800）二月	25	10	川楚军需
	五年（1800）五月	15	15	川楚军需
	六年（1801）二月	15	15	川楚军需
	六年（1801）八月	25	25	永定河河工
	七年（1802）八月	20	10	川楚军需
	九年（1804）二月	20	20	豫省衡家楼黄河漫工
	九年（1804）九月	4.7	4.7	缉捕洋盗
	九年（1804）九月	6	6	缉捕洋盗
	十一年（1806）正月	10	10	缉捕洋盗
	十二年（1807）三月	20	20	缉捕洋盗
	十三年（1808）七月	20	0	南河筹办要工
	十三年（1808）十月	20	20	缉捕洋盗
	十四年（1809）正月	8	8	嘉庆帝五旬万寿

续表

盐区	时间	请捐银数	实收银数	捐输事由
两广	十四年（1809）七月	3	3	缉捕洋盗
	十五年（1810）十一月	24	24	缉捕洋盗
	十五年（1810）十一月	2	2	缉捕洋盗
	十六年（1811）六月	84	84	广东海防
	十六年（1811）九月	40	40	王营减坝漫工
	十九年（1814）正月	16	16	平天理教军需、豫省睢州黄河漫工
	二十三年（1818）五月	20	10	嘉庆帝六旬万寿
	二十五年（1820）二月	40	20	豫省武陟河工
	二十五年（1820）	20	20	豫省武陟河工
河东	十六年（1811）正月	20	10	巡幸五台
	十八年（1813）十一月	3	3	平天理教军需

说明：1.本表资料来源详见正文第五章，此处不再另行标注。考虑到正文分事由统计，此处分盐区统计。银数以四舍五入原则保留一位小数。

2.两广盐商往往与广东行商共同捐输。本表数据中嘉庆五年（1800）二月、五年五月、六年（1801）八月、七年（1802）八月、九年（1804）九月、十一年（1806）正月6次未能区分的两广盐商和行商共同捐输，无论“请捐银数”“实捐银数”均以五五分成的原则加以估算。

3.根据本表统计，嘉庆朝政府接受的盐商请捐银数分别为：两淮4469.7万两、两浙836万两、长芦129.8万两、山东87.4万两、两广394.7万两、河东13万两。以上总计5930.6万两。此外，根据其他档案记载嘉庆朝政府接受的两淮盐商请捐银数为5466.7万余两，本表分年统计的详细数据遗漏997万两。据正文分析，目前所见档案呈现的其他盐区遗漏似乎有限。因此，嘉庆朝政府接受的盐商请捐银数约为6927.6万两。

参考文献

（一）文献史料

1.档案

故宫博物院明清档案部编：《关于江宁织造曹家档案史料》，中华书局，1975年。

台北故宫博物院编：《宫中档乾隆朝奏折》，台北故宫博物院，1982年。

张伟仁主编：《“中央研究院”历史语言研究所现存清代内阁大库原藏明清档案》，联经出版事业公司，1986年。

中国第一历史档案馆编：《嘉庆道光两朝上谕档》，广西师范大学出版社，2000年。

中国第一历史档案馆编：《康熙朝汉文朱批奏折汇编》，档案出版社，1985年。

中国第一历史档案馆编：《乾隆朝军机处随手登记档》，广西师范大学出版社，2000年。

中国第一历史档案馆编：《乾隆朝满文寄信档译编》，岳麓书社，2011年。

中国第一历史档案馆编：《乾隆朝上谕档》，档案出版社，1991年。

中国第一历史档案馆编：《鸦片战争档案史料》，天津古籍出版社，1992年。

中国第一历史档案馆编：《雍正朝汉文朱批奏折汇编》，江苏古籍出版社，1989年。

中国第一历史档案馆编：《雍正朝内阁六科史书·户科》，广西师范大学出版社，2007年。

中国第一历史档案馆编：《雍正朝内阁六科史书·吏科》，广西师范大学出版社，2002年。

中国第一历史档案馆藏《户科题本》。

中国第一历史档案馆藏《录副奏折》。

中国第一历史档案馆藏《朱批奏折》。

中国第一历史档案馆等编：《清代长芦盐务档案史料选编》，天津人民出版社，2014年。

中国第一历史档案馆、扬州市档案馆编：《清宫扬州御档》，广陵书社，2010年。

2.盐法志

崇福修，宋湘等纂：嘉庆《山东盐法志》，于浩辑：《稀见明清经济史料丛刊》第1辑第22—25册，国家图书馆出版社，2009 年。

单渠等纂修，方濬颐等续纂：嘉庆《两淮盐法志》，于浩辑：《稀见明清经济史料丛刊》第2辑第26—33册，国家图书馆出版社，2012年。

丁宝桢等纂修：光绪《四川盐法志》，《续修四库全书》第842册，上海古籍出版社，2002年。

黄掌纶等撰，刘洪升点校：嘉庆《长芦盐法志》，科学出版社，2009年。

觉罗石麟纂：《初修河东盐法志》（雍正本），学生书局，1966年。

民国盐务署编：《清盐法志》，于浩辑：《稀见明清经济史料丛刊》第2辑第1—15册，国家图书馆出版社，2012年。

阮元等修：道光《两广盐法志》，于浩辑：《稀见明清经济史料丛刊》第1辑第39—43册，国家图书馆出版社，2009年。

王定安等纂修：光绪《重修两淮盐法志》，《续修四库全书》第842—845册，上海古籍出版社，2002年。

王定柱纂：同治《山东盐法续增备考》，于浩辑：《稀见明清经济史料丛刊》第1辑第26—27册，国家图书馆出版社，2009年。

王世球等纂修：乾隆《两淮盐法志》，于浩辑：《稀见明清经济史料丛刊》第1辑第4—9册，国家图书馆出版社，2009年。

延丰纂修：嘉庆《重修两浙盐法志》，《续修四库全书》第840—841册，上海古籍出版社，2002年。

佚名：《福建盐法志》，于浩辑：《稀见明清经济史料丛刊》第1辑第29—31册，国家图书馆出版社，2009年。

载泽等修：宣统《东三省盐法志》，于浩辑：《稀见明清经济史料丛刊》第1辑等44—45册，国家图书馆出版社，2009年。

3.史书、政书

《清实录》，中华书局，1985年。

伊桑阿等编著，关志国等点校：《大清会典·康熙朝》，凤凰出版社，2016年。

允禄等监修：《大清会典·雍正朝》，沈云龙主编：《近代中国史料丛刊》三编第77辑，文海出版社，1994年。

允禄奉敕编，弘昼续编：《世宗宪皇帝上谕内阁》，《景印文渊阁四库全书》第415册，台湾商务印书馆，1986年。

赵尔巽等：《清史稿》，中华书局，1977年。

中国第一历史档案馆编：《嘉庆帝起居注》，广西师范大学出版社，2006年。

中国第一历史档案馆编：《乾隆帝起居注》，广西师范大学出版社，2002年。

中国第一历史档案馆编：《雍正朝起居注册》，中华书局，1993年。

4.一般古籍

包世臣撰，李星点校：《包世臣全集·中衢一勺》，黄山书社，1993年。

程穆衡：《金川纪略》，陈力主编：《中国野史集粹》第3册，巴蜀书社，2000年。

贺长龄、魏源等编：《清经世文编》，中华书局，1992年。

盛康辑：《皇朝经世文续编》，来新夏主编：《清代经世文全编》第54—

80册，学苑出版社，2010年。

宋荦：《西陂类稿》，《清代诗文集汇编》第135册，上海古籍出版社，2010年。

陶澍撰，陈蒲清等校点：《陶澍全集》，岳麓书社，2009年。

王守基：《盐法议略》，中华书局，1991年。

萧奭撰，朱南铣点校：《永宪录》，中华书局，1959年。

杨晋龙主编：《汪喜孙著作集》，"中央研究院"中国文哲研究所，2003年。

姚文然：《姚端恪公文集》，《四库未收书辑刊》编纂委员会编：《四库未收书辑刊》第7辑第18册，北京出版社，2000年。

（二）研究著作

〔美〕曾小萍著，董建中译：《州县官的银两：18世纪中国的合理化财政改革》，中国人民大学出版社，2005年。

〔美〕关文斌著，张荣明等译：《文明初曙：近代天津盐商与社会》，天津人民出版社，1999年。

〔美〕吴玉廉著，林蕾译：《奢华之网：十八世纪的徽州盐商、社会阶层和经世之道》，社会科学文献出版社，2023年。

〔日〕岩井茂树著，付勇译，范金民审校：《中国近世财政史研究》，江苏人民出版社，2020年。

曾仰丰：《中国盐政史》，商务印书馆，1937年。

陈锋：《清代军费研究》，武汉大学出版社，1992年。

陈锋：《清代盐政与盐税》，中州古籍出版社，1988年。

戴逸：《乾隆帝及其时代》，中国人民大学出版社，1992年。

丁长青主编：《民国盐务史稿》，人民出版社，1990年。

杜家骥：《杜家骥讲清代制度》，天津古籍出版社，2014年。

冯尔康：《雍正传》，人民出版社，1985年。

高王凌：《乾隆十三年》，经济科学出版社，2012年。

郭正忠主编：《中国盐业史（古代编）》，人民出版社，1997年。

何炳棣：《读史阅世六十年》，中华书局，2012年。

何平：《清代赋税政策研究：1644—1840年》，中国社会科学出版社，1998年。

黄鉴晖：《明清山西商人研究》，山西经济出版社，2002年。

黄鉴晖：《山西票号史（修订本）》，山西经济出版社，2002年。

黄鉴晖等编：《山西票号史料（增订本）》，山西经济出版社，2002年。

吉朋辉著，天津市档案馆编：《皇权的力场：清前中期天津大盐商的兴衰》，天津社会科学院出版社，2022年。

纪丽真：《明清山东盐业研究》，齐鲁书社，2009年。

蒋静一编著：《中国盐政问题》，正中书局，1936年。

赖福顺：《乾隆重要战争之军需研究》，台北故宫博物院，1984年。

赖惠敏：《乾隆皇帝的荷包》，中华书局，2016年。

梁嘉彬：《广东十三行考》，商务印书馆，1937年。

倪玉平：《博弈与均衡：清代两淮盐政改革》，福建人民出版社，2006年。

欧宗佑：《中国盐政小史》，商务印书馆，1927年。

四川自贡市盐业历史博物馆编：《中国盐业史辞典》，上海辞书出版社，2010年。

田斌：《中国盐税与盐政》，江苏省印刷局，1929年。

汪崇筼：《明清徽州盐商研究》，巴蜀书社，2012年。

王振忠：《明清徽商与淮扬社会变迁（修订版）》，生活·读书·新知三联书店，2014年。

魏秀梅：《陶澍在江南》，“中央研究院”近代史研究所，1985年。

吴四伍：《清代捐纳与国家治理》，社会科学文献出版社，2021年。

吴廷燮：《清财政考略》（影印民国三年铅印本），《清末民国财政史料辑刊》第20册，北京图书馆出版社，2007年。

伍跃：《中国的捐纳制度与社会》，江苏人民出版社，2013年。

许大龄：《明清史论集》，北京大学出版社，2000年。

盐务署编：《中国盐政沿革史·山东》，盐务署，出版时间不详。

盐务署编：《中国盐政沿革史·长芦》，盐务署，1914年。

张海鹏、王廷元主编：《明清徽商资料选编》，黄山书社，1985年。

张海鹏、王廷元主编：《徽商研究》，安徽人民出版社，1995年。

张毅：《明清天津盐业研究：1368—1840》，天津古籍出版社，2012年。

张正明、薛慧林主编：《明清晋商资料选编》，山西人民出版社，1989年。

周琍：《清代广东盐业与地方社会》，中国社会科学出版社，2008年。

（三）研究论文

Ping-tiHo, “The Salt Merchants of Yang-chou: A Study of Commercial Capitalismin Eighteenth-Century China”, *Harvard Journal of Asiatic Studies*, Vol.17, No.1/2 (Jun1954), pp.130-168.

〔日〕岸本美绪：《“后十六世纪问题”与清朝》，《清史研究》2005年第2期。

〔日〕佐伯富：《清代における鹽業資本について（上）》（特輯中國近世の資本形態），《東洋史研究》1950年第11卷第1号。

〔日〕佐伯富著，顾南、顾学稼译：《清代盐政之研究》，《盐业史研究》1993年第2期。

本白（景学钤）：《论报效》，《盐政杂志》1915年第19期。

本白（景学钤）：《票本问题》，《盐政丛刊》1922年第2期。

常建华：《捐纳、乡贤与宗族的兴起及建设——以清代山西洪洞苏堡刘氏为例》，《安徽史学》2017年第2期。

常文相：《明代商人的社会参与》，《中国史研究》2019年第3期。

陈锋：《补贴与攫取：清代盐商获利方式的多样化》，《江汉论坛》2021年第4期。

陈锋：《近百年来清代盐政研究述评》，《汉学研究通讯》2006年第2期。

陈国栋：《论清代中叶广东行商经营不善的原因》，（台北）《新史学》1990年1卷4期。

韩燕仪：《清代乾隆前期湖广部定盐价制度中的政治博弈》，温春来主编：《区域史研究》2020年第1辑（总第3辑），社会科学文献出版社，2020年。

何炳棣著，巫仁恕译：《扬州盐商：十八世纪中国商业资本的研究》，《中国社会经济史研究》1999年第2期。

黄国信：《清代食盐贸易制度市场化倾向及其因缘》，《盐业史研究》2019年第3期。

黄凯凯：《清代两淮盐商捐输新探》，《清史研究》2022年第2期。

江晓成：《清代捐纳、捐输概念考辨》，《清史研究》2023年第2期。

鞠德源、林永匡：《乾隆勒索盘剥官商民史料》，《故宫博物院院刊》1982年第1期。

林永匡、王熹：《清代两淮盐商与皇室》，《故宫博物院院刊》1988年第3期。

林永匡、王熹：《清代长芦盐商与内务府》，《故宫博物院院刊》1986年第2期。

林永匡：《乾隆帝与官吏对盐商额外盘剥剖析》，《社会科学辑刊》1984年第3期。

刘隽：《道光朝两淮废引改票始末》，《中国近代经济史研究集刊》1933年第1卷第2期。

舒满君：《盐商与积欠：雍正朝江南赋税清查中的异数》，《史林》2020年第4期。

宋立杰：《有偿的互动：明清商人善举考》，《西南大学学报（社会科学版）》2017年第2期。

王宏斌：《报效与捐输：清代芦商的急公好义》，《盐业史研究》2012年第3期。

王世华：《从明清地方公共事务看徽商"士"意识的觉醒》，《安徽师范大学学报（人文社会科学版）》2022年第1期。

王思治、金成基：《清代前期两淮盐商的盛衰》，《中国史研究》1981年第2期。

王志明：《康熙雍正时期捐纳考析》，李国章、赵昌平主编：《中华文史论丛》总第79辑，上海古籍出版社，2005年。

韦庆远、吴奇衍：《清代著名皇商范氏的兴衰》，《历史研究》1981年第3期。

徐泓：《清代两淮盐商没落原因的探讨》，卞利主编：《徽学》第7卷，黄山书社，2011年。

薛宗正：《清代前期的盐商》，中国社会科学院历史研究所清史研究室编：《清史论丛》第4辑，中华书局，1982年。

叶显恩：《徽商的衰落及其历史作用》，《江淮论坛》1982年第3期。

叶显恩：《徽商利润的封建化与资本主义萌芽》，《中山大学学报（哲学社会科学版）》1983年第1期。

朱偰：《中国盐法中之专商制问题》，《国立中央大学社会科学丛刊》1935年第1期。

朱义成：《清中叶盐商没落的原因及影响》，《盐业史研究》1991年第1期。

左步青：《清代盐商的盛衰述略》，《故宫博物院院刊》1986年第1期。

后 记

本书各章虽系近5年陆续写作，但相关思考可以追溯到10年前。2015年，即读博第三年，我在导师刘凤云教授的指导下，确定以清代捐输制度作为博士学位论文选题。这篇论文侧重考察制度，同时初步统计了盐商等典型群体的捐输数额。如今，这部以盐商捐输为主题的著作先期完成，我只能用“先易后难”来安慰自己。

2017年入职福建师范大学社会历史学院后，我首先想到的是从博士论文中拆分若干小论文在期刊发表，以解决青年教师面临的考核压力。然而，我实在难以适应从学生时代大段时间投入写作到工作后勉力平衡教学与科研关系的模式转换。在校园读书的时候，刘凤云师教导我们，学术研究要有汉代大儒董仲舒三年目不窥园的精神，那时的我也确实可以连续数月心无旁骛地待在图书馆写作，但工作后哪有这样的机会！兜兜转转，转瞬三年，我多次在电脑上打开新文档，尝试撰写导言、搭建框架，可是每每以失败告终。这期间，虽也写了两篇小论文，却均未达到心理预期，反复投稿的挫折更是严重打击了我的学术信心。好在刘老师不断给予鼓励和指导，否则我可能至今仍身陷人生低谷。直到2020年暑假，我跟刘老师商定，先着手撰写关于盐商捐输数额的论文，并计划在三个月内集中精力完成初稿。后来，刘老师告诉我，正是这篇论文让她觉得我终于摆脱了过去几年的迷茫和无助。从这篇论文开始，我重新找回了学术自信，并一鼓作气写出“运作流程”和“奖励政策”两篇论文。

上述三篇已发表的论文在收入本书时均经过补充和调整。其中，《清乾嘉两朝盐商捐输数额新考》发表于《中国经济史研究》2021年第4期，其主体内容构成本书第五章，而论文第五节“乾嘉两朝盐商捐输的延期缴纳与减免”则调整到本书第六章。书中对原数据进行了核对与修订，完善了统计遗漏和归类存疑的内容，并增补嘉庆朝数据的详细史料来源。《清前中期盐商捐输运作流程研究》发表于《中国社会经济史研究》2022年第1期，《清前中期盐商捐输奖励政策及其演变》发表于《山东社会科学》2022年第9期，分别对应本书的第三、四章，此次修改主要充实论述，并增补相关统计表格。这三部分的初稿，曾在由同事吴树国教授、李永教授、陈晔副教授、刘明鑫博士、朱义群博士和我组成的古史讨论小组中报告，各位老师均提出了详细修改意见。在投稿过程中，也得到相应期刊编辑部和匿名外审专家的宝贵意见，刊物责任编辑帮助提高了文稿质量。

在对上述三篇论文修改的同时，我以“清代商人捐输资料整理与研究”为题，获得北京用友基金会第四届“商的长城”项目资助。若非项目要求以著作结项，我大概仅会写成若干主题论文，而非完成这本著作。负责项目管理的冯丽婕女士和王梓耘女士热情、耐心地帮助解决了从项目立项到书稿出版的诸多问题。学院林立强教授在项目申请和后续研究中都提供了专业意见。

从2023年秋季学期起，我有幸跟随南开大学历史学院常建华教授做访问学者。常老师不仅在课堂上讲授明清史和社会史的理论知识，还在课外传授治学的方法和经验，并督促书稿的写作。常老师对本书的选题立意、核心概念、论述思路、对话对象等关键问题提出了详细意见，这些意见对本书的定稿至关重要。叶青教授等学院领导同意我访学一年，从而保障了书稿写作的时间。

初稿完成后，刘凤云师对书稿的结构和论述思路再次提出了详细修改意见。中国人民大学财政金融学院何平教授、国务院发展研究中心魏加宁研究员指出书稿在理论使用和论述逻辑方面的一些问题。同门和卫国、袁飞、郝英明、王敬雅、张一弛、郭宇昕、包小冰、何永智，以及同学赵庆丰、孔勇等，皆在不同阶段对本书提出了修改建议。我的学生陈惠云协助整理了大量史料，极大地提高了我的写作效率。本书的出版得到广西师范大学出版社肖爱景女士、陈显英女士的大力支持，责任编辑郭婷婷女士在改进文字表述和订正错误方面给予了悉心、专业的指导。在此一并向各位师友表达诚挚的感谢。

本书出版在即，我的心情可谓是且喜且忧。盐业史研究是一个积累丰厚的领域，诸多前辈在此已有开拓性的成就。在21世纪的今天，借助新史料和新方法，我得以呈现自己的一得之见。这些论点尚需接受学界的检验，我也期待更多同行展开深入对话。在书中，我秉承临文不讳和直接对话的原则，对前贤时彦均直书其名，并针对相关论点展开讨论。窃以为，这不仅是学术表达的坦诚，更是对既有典范研究及其作者的致敬。此外，我深知本书部分论述稍显枯燥，这主要是由于我的写作技巧尚有不足，在此向读者致以诚挚的歉意。读者不妨先看绪论的“核心论点与创新之处”，再根据兴趣选择相应章节阅读。

工作以来，我一直承担学院本科生史学论文写作的教学任务，深知学生常常为选题所困扰，甚至觉得很多领域已题无剩意。然而事实并非如此，任何研究者都无法脱离时代的限制，同时，每个时代也都为研究者提供了重新书写历史的机遇和可能。更何况，我们正处在一个史料获取便捷、社会变革加速的时代，即使是看似成熟的研究领域，随着新史料和新方法的出现，仍可以发现既有研究的薄弱之处，进而找到突破口，实现创新。本书选择在这样一个名家辈出、成果丰硕的领域展开讨论，若能为年轻学子带来希望和信心，则幸甚。

江晓成2024年6月于福建师范大学领先楼